**출산의
인문학**

iMH
경희대학교 인문학연구원
HK+통합의료인문학연구단
통합의료인문학
학 술 총 서 _ 04

출산의
인문학

김양진 김현수 민유기 박승만 신지혜 염원희 윤은경 이남희 정연보
지음

Medical Humanities in Childbirth

도서출판 모시는사람들

경희대학교 인문학연구원 / HK+통합의료인문학연구단 / 통합의료인문학 학술총서04

출산의 인문학

등록 1994.7.1 제1-1071
1쇄 발행 2022년 1월 25일

기   획 경희대학교 인문학연구원 HK+통합의료인문학연구단
지은이 김양진 김현수 민유기 박승만 신지혜 염원희 윤은경 이남희 정연보
펴낸이 박길수
편집장 소경희
편   집 조영준
관   리 위현정
디자인 이주향
펴낸곳 도서출판 모시는사람들
        03147 서울시 종로구 삼일대로 457(경운동 수운회관) 1207호
전   화 02-735-7173, 02-737-7173 / 팩스 02-730-7173

인   쇄 (주)성광인쇄(031-942-4814)
배   본 문화유통북스(031-937-6100)
홈페이지 http://www.mosinsaram.com/

값은 뒤표지에 있습니다.
ISBN 979-11-6629-084-8   94000
세트   979-11-6629-001-5   94000

이 저서는 2019년 대한민국 교육부와 한국연구재단의 지원을 받아 수행된
연구임(NRF-2019S1A6A3A04058286).

인간은 태어난 순간부터 죽을 때까지 수많은 위험과 고통을 겪는다. 특히 생명 탄생의 첫 순간인 출산은 생명이 탄생하는 기쁨의 순간일 뿐만 아니라, 그 고통으로 인해 죽음에 이를 수도 있는 위협적인 사건이라는 점에서 역설적이다. 그러한 고통 해소의 방법으로 출산이 의료라는 혁신과 만나게 되면서 다양한 선택의 가능성이 주어지게 되었고, 새로운 출산문화를 형성하게 되었다. 이 책은 임신과 출산, 육아를 아우르는 과정에서 벌어지는 의료적 상황과 이에 대한 인문학적 해석을 시도한 여덟 편의 글을 담고 있다. 다양한 관점을 아우르기 위해 '출산의 인문학'이라 하였으나, 좀 더 정확히 말한다면 '출산의 의료인문학'이라 해야 할 것이다.

의료인문학은 '좋은 의사 만들기'를 목적으로 의대 내에서 이루어진 학문이었지만, 의료가 인간 삶의 모든 국면에 개입하고 있는 현실을 고려한다면 인문학적 관점에서 의료의 문제를 사유하는 연구는 의대에 한정되는 것보다 인문학의 한가운데에서 논의되어야 할 필요성이 있다. 여러 분야의 인문학 연구자들이 출산의 의료와 문화에 대해 논의한 『출산의 인문학』은 의료인문학의 지평을 확장하고자 디딤돌을 놓는 책이라 할 수 있다. 앞으로 인문학적 관점에서 의료를 바라보는 시각의 필요성을 부각하고, 관련 논의를 심화하는 마중물 역할을 할 것이라 기대한다.

이 책은 경희대학교 HK+통합의료인문학연구단에 의해 기획되었다. 본 연구단은 인문학과 의료의 융복합을 위해 의료에 대한 인문학의 다시 쓰기 (re-writing)를 시도한다. 이를 통해 의료인의 인문학적 소양을 높이는 것은 물론, 의료에 대한 사회 일반의 이해를 높이기 위해 '출생, 노화, 질병, 죽음 (生老病死)'에 대한 학제 간 연구를 수행하고 있다. 『출산의 인문학』은 본 연구단의 이러한 연구 역량이 발휘된 결과물로, 역사와 문화, 철학, 정치, 경제, 사회 등 여러 분야의 관점에서 출산에 대한 다양한 논의의 장을 마련하고자 하였다. 모든 생명은 태어나는 순간부터 나이 들고 언젠가는 죽게 된다. 본 연구단은 생로병사라는 인간의 운명과 이를 극복하려는 노력인 의료를 함께 사유하는 기회를 마련하기 위해 앞으로도 생로병사에 대한 다양한 논의를 담은 인문학 학술총서를 발간할 예정이다.

본 학술총서는 출산을 둘러싼 제반 문제를 논의한 여덟 편의 글을 싣고 있다. 임신과 피임, 태교, 산전검사와 몽고증, 유산 방지와 낙태의 민간전승, 가족계획사업, 라마즈 분만법 논쟁, 대리모, 이상적인 육아 방법 등이 그것이다. 이 책의 전개 순서는 임신을 준비하는 단계부터 임신 기간과 출산 상황에서 벌어지는 의료적 상황, 그 후 육아에 이르기까지의 과정으로 배치하였다. 의료가 발달하기 이전부터 전승되어 온 전통적인 출산 의례에서도 임신 전 단계로부터 아이의 출생과 육아에 이르기까지의 과정 전체를 '출산'으로 보았던 만큼 출산에 관한 인문학적 논의는 그 과정을 아우르는 것이어야 했다.

첫 번째 글인 「천연한 자연과 완전한 자연: 1970년대 중반 한국 가톨릭 가족계획 사업과 자연피임법의 경합」에서는 한국 가톨릭 가족계획 사업이 진행되던 와중인 1970년대 중반에 벌어진 두 가지 자연피임법의 경합을 조명한다. 자연법을 강조하는 가톨릭 교회에서는 가임기에 금욕함으로써 출산을 조절하는 자연주기법을 권장해 왔다. 이와 달리 한국의 가톨릭계 종합병원인 성모병원 산부인과 의사는 스테로이드 제재로 배란을 유도하여 주기를 조절하는 배란조절법을 제시하였다. 자연주기법과 배란조절법을 옹호하는 두 진영 모두 '자연'을 근거로 자신의 방법을 정당화했으나, 그 의미는 차이가 있었다. 자연주기법의 '자연'은 인위적 개입을 배제한 '천연한 자연'이었고, 배란조절법을 옹호하던 일군의 의사는 '자연'을 '태초의 완전성'으로 상정하였기에 월경의 '자연적 질서'를 회복할 수 있다면 스테로이드 제제의 투여라는 인위적 개입은 문제가 아니라는 견해였다. 요컨대 자연피임법의 방법을 둘러싼 1970년대 중반의 논쟁은 '천연한 자연'과 '완전한 자연'의 충돌이었다.

「18세기의 태교인문학, 『태교신기(胎敎新記)』」는 사주당 이씨가 1800년에 엮은 태교에 관한 전문 서적인 『태교신기』를 주석에 충실하게 해석함으로써 저자의 관점을 좀 더 명확하게 분석한 글이다. 태교의 개념을 먼저 '교(敎)'의 개념으로부터 '태(胎)'의 개념으로 나아가며 서술하였는데, 사람의 기질이 부모에게서 말미암는다는 점과 부부가 한 방에 거하는 때부터 여성이 임신하는 기간까지 모두 태교의 과정이며, 가르침에서 스승의 역할은 아이가 장성한 뒤에야 논할 수 있기에 태교가 중요하다는 점을 거듭 말하고 있다. 또한 만물의 본성은 처음 발생할 때부터 결정되기 때문에 태는 성품의 근본이 되며, 아이는 뱃속에서부터 희로애락애오욕의 칠정(七情)을 배우기 때문에 임부가 감정적으로 절도가 있어야 한다는 점과 임부뿐만 아니라 온 집안 사람이 함께 노력해야 한다는 점을 강조하였음을 정리하였다.

「몽고증과 미국 사회의 '오리엔트적 상상(Oriental Imaginary)'」에서는 20세기 초반 '몽고증(mongolism)'을 둘러싼 의학 담론을 살펴보고, 현대 미국 사회의 '동양적 상상'과 몽골주의의 역사를 탐구하였다. 여기서 동양적 상상이란, 몽골이라는 말을 들어봤거나 '몽골'을 직접 본 미국인들이 그 결점을 현대 인종 관계의 관점에서 상상하고 개념화하는 방식을 탐구하는 개념이다. 임신 중 이루어지는 산전검사는 결함 있는 아이가 태어날지 모른다는 공포를 다스리는 방법이었으며, 현재 사용하는 대부분의 산전검사는 특히 출산 전 태아의 몽고증 유무를 밝혀내려는 노력에서 나왔다. 최첨단 과학기술의 발달을 이끈 데는 몽고증이 내포한 인종적 '차이' 혹은 '퇴행'의 공포를 떨쳐내려는 열망이 중요한 역할을 한 것이다.

이 글에서는 몽골 역사에 대한 서구의 기존 연구를 검토하고, 미국 신문의 건강 칼럼을 분석하여 의학 지식의 대중적 수용과 전달을 조명하였다. 몽고증의 역사는 과학과 의학의 현상을 설명하는 데 의료전문가와 미국 대중의 보편적인 인종적 이해관계가 중요한 역할을 했음을 보여준다. 오랜 시간에 걸쳐 이들은 몽고증을 특정한 결함으로 '상상'해냈고, 이러한 상상은 의학 지식의 생산과 전달은 물론 대중이 전문의료지식을 받아들이고 이해하기까지의 과정에 큰 영향을 미쳤음을 확인할 수 있다.

「유산 방지와 낙태를 위한 전통 속신의 전승과 한의학적 해석」은 의료가 보편적이지 못했던 시대부터 전승되어 온 유산 방지와 낙태 속신(俗信)을 '민간의료지식'으로 명명하고, 그 의미를 새롭게 해석하고자 하였다. 이를 위해 속신과 동시대에 공존해 온 한의학과의 상관성을 속신의 효능과 원리의 측면에서 살펴보았다. 유산과 낙태 문제를 해소하기 위해 속신과 한의학에서는 모두 특정한 물질을 섭취하는 방법을 전승하였다. 특히 낙태 속신은 다양한 뿌리류를 전승하였는데, 한의학적으로 보면 혈을 뭉친 것을 흩거나 막혀 내려가지 못하는 것을 내려가게 하는 효능과 관련이 있다. 또한 속신의 원리를 담은 이야기인 속신담(俗信談)을 통해 속신이 '기(氣)'를 매개로 연결되는 물질과 인체 간의 관계성을 고려한 사고를 담고 있음을 확인하여, 속신과 한의학이 원리적 측면에서 상관성이 있음을 파악하였다. 속신은 서민이 생활을 어려움을 헤쳐 나가는 지혜이면서, 한편으로는 오랜 세월 전승된 치유적 지식과 실천이 의료지식과 상호교류하며 이어져 온 결과물이다.

「생명의 경제화와 연구자원으로서의 출산」에서는 한국의 1960-70년대 가족계획사업은 재생산(reproduction)이 기술적, 사회적으로 실험의 대상이 되었던 장이었다는 관점에서 살펴보았다. 재생산적 신체가 기술 발전을 위해 활용될 필요가 있는 자원으로 부각된 중요한 계기로 본 것이다. 당시 좁은 의미의 임상시험뿐 아니라 다양한 피임 기술의 안전성 테스트나 발전 과정, 재생산, 생의료 관련 연구에서 재생산 신체가 이용되면서, 향후 신생식기술과 생명공학기술의 발달로 이어질 수 있었다.

또한 이러한 연구자원으로서의 몸을 '생명경제(bioeconomy)'와 '생명의 경제화(economization of life)' 개념을 중심으로 분석하였다. 생명경제 논의는 미시적 수준에서 생체조직들이 상품화되고 유통되는 경제뿐 아니라 개인이 약물 개발, 기술 개발의 실험 대상이 되는 현상을 포함한다. 생명경제 분석은 분자화된 측면을 좀 더 강조해 오면서, 거시적 차원의 인구 중심 개입과 분리된 '새로운' 현상으로 강조되곤 했지만, 이 연구에서는 1960-70년대 가족계획사업 당시 재생산적 신체가 연구자원으로 떠오른 과정을 통해 인구에 대한 개입, 경제발전에 대한 전망 등 집합적 차원의 담론 및 실천과 생명경제의 부상이 연관되어 있음을 살펴보았다.

「라마즈 분만법: 과학성과 관계성의 조화」는 베이비붐 시기 프랑스에서의 라마즈 분만법의 성장과 쇠퇴 원인을 분석하였다. 소련에서 발명된 정신생리학 혹은 정신예방 무통분만은 1952년 의사 라마즈에 의해 프랑스에 도입되었다. 프랑스공산당은 과학성과 사회적 관계성을 강조하며 이 분만법을 적극적으로 선전했다. 가톨릭교회도 출산증진주의 입장에서 1956년부터 이 분만법을 지지했다. 여성의 능동적, 의식적 출산 준비를 중시하기에, 이 분만법은 여성주의 활동가들에게도 환영을 받았다. 그러나 1968년 이후 급진적 여성주의 활동가들은 무통분만법이 권위주의와 가부장적 가족 논리와 관련성이 있다고 비판하였다. 출산에 관한 사회적 관심을 중시했던 프랑스공산당의 영향력도 쇠퇴했다. 무엇보다 여성의 자기결정권이 증가했고, 산모들은 점점 무통분만보다 산고 제거에 효과가 컸던 경막외 마취주사를 선호하였다. 라마즈 분만법의 성장과 쇠퇴는 출산에 관한 사회적 인식의 변화와 여성의 자기결정권 확대를 보여준다.

「상업적 대리 출산의 상품화 문제에 대한 철학적 고찰」에서는 상업적 대리출산의 상품화 문제를 철학적 시각에서 폭넓게 고찰하였다. 오늘날 대리임신은 불임을 치료하는 의료기술인 보조생식술(assisted reproductive technology) 가운데 한 방법이며, 통상 대리출산을 함축한다. 이 글에서는 상업적 대리출산 문제를 실제 법률은 물론, 플라톤의 철인정치론과 마이클 샌델의 견해를 바탕으로 비판적으로 논의하였으며, 상업적 대리출산이 금지된 나라들에서조차 '아기공장'을 비롯한 불법적 대리출산이 이루어지고 있는 현실을 지적하였다. 프랑스와 같이 다양한 방식의 가족 구성이 허용되는 사회일 경우, '모든 여성에 대한 개방을 위한 의료보조생식(PMA)'과 같이 대리출산 문제에 대한 좀 더 복잡한 논의가 요구됨을 확인하였다. 머지않은 미래에 구현될 인공자궁 기술을 통해 상업적 대리출산이 지닌 여성 몸의 비하 문제는 해소할 수 있을 것으로 기대된다. 그러나 그것을 앞당길 근년의 연구들에도 불구하고, 인공자궁 출산은 모체를 통한 출산과 동등한 건강한 삶의 영위가 가능하도록 최대한 높은 목표를 설정하여 개발이 이루어져야만 한다는 점을 당부한다.

마지막으로 「예방육아의 첨병: 벤자민 스파크의 『육아전서』」에서는 제2차 세계대전 이후 미국 사회에서 민주주의적 시민으로서 아이를 키우기 위해 부모들이 어떤 자세와 정보를 가져야 하는지 강조한 소아과 의사 벤자민 스파크(Benjamin Spock)의 양육서 『육아상식(The Common Sense Book of Baby and Child Care)』을 통해 예방의학과 정신건강의 개념이 육아에 어떤 영향을 미쳤는지를 살펴보았다.

이미 20세기 초부터 아이를 키우는 문제는 개인과 가족의 영역을 넘어 전문가와 복지의 영역이 되었다. 이 글은 당시 스파크의 양육 정보가 '의학 정보'라는 이름으로 부모, 특히 엄마들의 감정과 행동, 그리고 아이들의 성장과정을 어떻게 의학의 통제 영역으로 넣었는지에 대해 살펴보았다. 양육의 문제는 부모의 기대치를 충족시켜 자신의 아이를 키우는 개념을 넘어, 당시 유행하던 아이들의 적절한 발달 상황에 대한 정보와 그에 대한 전문가들의 견해를 습득해 그것에 따를 것을 요구하는 형태로 이루어지게 되었다. 대부분의 양육서와 마찬가지로 『육아 상식』은 아이를 잘 키워내야 한다는 목적은 동일했지만, '어떻게 하면 잘 키우는 것인가'에 대한 관점에 변화가 일어나는 데 기여하였다. 단순히 신체적으로 건강한 아이가 아니라, 어떻게 건강하고 행복한 아이로 자라게 할 수 있을지에 대한 관심은 예방의학(Preventive Medicine) 차원에서 양육에 접근하는 계기를 마련하게 된 것이다.

이 학술총서가 출간될 수 있었던 것은 경희대학교 HK+통합의료인문학연구단의 지원이 있어 가능했다. 본 연구단의 박윤재 단장님을 비롯하여,『출산의 인문학』이 다양한 전공의 집필자로 구성될 수 있도록 물심양면 애써주신 목포대학교 유연실 교수님, 전남대학교 신지혜 교수님과 매끄러운 편집과 출판을 맡아준 도서출판 모시는사람들의 노고에 감사드린다. 무엇보다 이 학술총서의 기획 의도에 공감하고 훌륭한 원고를 내어주신 여러 집필자들께 다시 한번 존경과 감사의 마음을 전한다.

2021년 12월
필자들을 대신하여 염원희 씀.

출산의 인문학

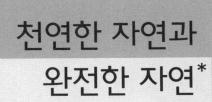

천연한 자연과
완전한 자연*

– 1970년대 중반 한국 가톨릭 가족계획 사업과 자연피임법의 경합

박승만 (가톨릭대학교 의과대학 인문사회의학과 연구강사)

* 이 글은 박승만, 「천연한 자연과 완전한 자연: 1970년대 중반 한국 가톨릭 가족계획 사업과 자연
  피임법의 경합」, 『의사학』 29(1), 대한의사학회, 2020, 81-119쪽에 게재한 논문을 정리하고 보완
  한 것이다.

1. 들어가는 말

『가톨릭대사전』에 따르면 가톨릭 교회는 여성의 월경 주기를 이용한 자연피임법, 즉 자연주기법만을 허용한다. 사전에는 자연주기법의 간단한 역사가 기록되어 있다. 후술할 달력주기법과 기초체온법을 거쳐 점액관찰법이 등장하였고, 이렇게 자연주기법에 해당하는 여러 방법이 순차적으로 개발됨으로써 자연피임법이 완성되었다는 서술이다. 여기에서 자연피임법은 자연주기법과 동의어로 사용된다. '가족계획' 항목의 집필자는 아예 "자연적 방법"이 "한마디로 주기 금욕법"이라 단언한다.[1] 그러나 눈을 돌려 1970년대 중반으로 가면, 자연주기법과 자연피임법의 등식은 성립하지 않는다. 가톨릭계 병원에서 근무하던 일군의 산부인과 의사가 자연주기법이 아닌 또 다른 형태의 자연피임법을 제시했기 때문이다. 이들은 자연주기법의 효용성에 의문을 제기하며, 스테로이드 제제로 배란을 유도하여 주기를 조절하는 배란조절법을 내어놓았다. 이는 일견 가톨릭 교회에서 반대하는 경구

---

1 「가족계획」, 한국가톨릭대사전 편찬위원회 엮음, 『한국가톨릭대사전』, 한국교회사연구소, 1994.

피임약과 그리 다르지 않았지만, 배란조절법을 옹호하던 여러 의사는 이것이 자연주기법을 대체할 새로운 자연피임법이 될 수 있다고 주장했다.

중요한 점은 자연주기법을 옹호하는 진영은 물론이거니와 배란조절법을 옹호하는 진영 역시도 '자연'을 근거로 자신의 방법을 정당화하려 했다는 사실이다. 자연피임법을 둘러싼 논쟁에서 자연의 정당성은 의심의 대상이 아닌 소여의 전제였다. 오히려 쟁점은 자연을 규정하는 방식이었다. 먼저 자연주기법의 '자연'은 인위적 개입을 배제한 '천연한 자연'을 의미하였다. 이러한 규정에 따르면 스테로이드 제제를 투여하는 배란조절법은 자연적일 수 없었다. 그러나 배란조절법을 옹호하던 일군의 의사는 '자연'을 '태초의 완전성'으로 상정했다. 월경의 '자연적 질서'를 회복할 수 있다면 스테로이드 제제의 투여라는 인위적 개입은 아무래도 문제가 아니라는 견해였다. 이처럼 양 진영은 자연 자체를 문제 삼기보다는 자연을 저마다의 견해에 맞게 재규정함으로써, 자신의 주장을 옹호하였다.

두 진영의 논쟁은 자연 개념의 복수성과 맥락 의존성을 드러낸다. 일찍이 사상사가 아서 러브조이(1873-1962)는 자연이라는 개념이 다양한 의미를 가질 수 있음을 보여주었다. 그는 자연은 인간의 손길이 닿지 않은 무언가를 의미할 수도 있지만 또 한편으로는 바람직한 상태를 의미하기도 하며, 여기에 타고난 본성이나 신체 등의 의미를 한데 그러모으면 자연이 뜻하는 바만 적어도 예순여섯 가지에 달한다고 지적하였다.[2] 과학사가 로레인 대스턴(1951-)과 페르난도 비달은 여기에서 더 나아가, 다양한 의미의 자연이 각각

---

2 Arthur O. Lovejoy and George Boas, *Primitivism and Related Ideas in Antiquity*, New York: Octagon Books, 1973: pp.447-456.

어떠한 맥락에서 사용되었고 그를 통해 어떠한 권위가 발휘되었는지 살펴야 한다고 주장하였다. 이들은 러브조이가 드러낸 복수의 자연 이면의 정치성을 읽어내려 하였다.[3]

흄(David Hume, 1710-1773)이 제기한 문제와는 다르다는 점에 주의하자. 주지하듯 흄은 도덕론을 다룬 『인간 본성에 관한 논고』 3편에서 당위가 존재로부터 도출될 수 없음을 지적하며 자연이 도덕의 기반이 될 수 있는지 따져 물은 바 있다.[4] 그러나 흄과 달리 대스턴과 비달은 서로 다른 의미의 자연이 권위와 접속하는 방식과 맥락을 탐구의 대상으로 삼았다. 자연의 권위에 의문을 제기하기보다는 자연을 재규정함으로써 권위를 획득하려던 한국의 자연피임법 논쟁에 시사점을 던지는 통찰이다. 만약 1970년대 중반 한국에서의 자연피임법 논쟁이 자연의 도덕적 권위를 둘러싼 공방으로 진행되었다면 흄이 제기한 문제를 중심으로 논쟁을 해석할 수도 있겠으나, 모두가 자연의 권위를 인정하는 상황에서는 대스턴과 비달의 문제의식이 더욱 적절하다.

한국 가톨릭 교회의 가족계획 사업을 다룬 글은 많지 않다. 그마저도 윤리 문제를 살펴본 글이나 사업에 주도적으로 참여하였던 몇몇 원로의 회고 정도가 대부분이며, 역사학의 연구는 충분치 않다. 가톨릭과 가족계획 사업이라는 두 항의 조합이 어색하게 보이는 탓이다. 한국 가족계획 사업의 역사를 다룬 연구에서 가톨릭 교회는 대개 "종교적 이유에서 가족계획에 부정

---

3 Lorraine Daston and Fernando Vidal, "Doing What Comes Naturally" in *The Moral Authority of Nature*, eds. by Lorraine Daston and Fernando Vidal, Chicago: University of Chicago Press, 2004: pp.1-20.
4 데이비드 흄, 『도덕에 관하여: 인간 본성에 관한 논고』 제3권, 이준호 옮김, 서광사, 1998.

적"이라거나, "가족계획 사업이 국가정책화된 뒤에 여기에 대해 명시적으로 반대 의사를 밝힌 세력" 정도로 서술된다.[5] 그러나 이는 사실과 온전히 일치하지 않는다. 가톨릭 교회가 정부의 가족계획 사업에 반대 의사를 표명한 것은 맞지만, 그렇다고 가족계획 사업의 필요성 전반을 부정하지는 않았기 때문이다. 가톨릭 가족계획 사업의 면모를 들여다보기 위해서는 가톨릭 교회와 가족계획 사업을 양극에 두는 대립 구도를 해소할 필요가 있다.

물론 예외적인 연구도 있다. 최선혜와 이원희, 김대기의 글이다. 최선혜는 수도회의 문서를 바탕으로 가족계획 사업을 향한 한국 가톨릭 교회의 대응을 살피고 이를 통해 가톨릭 교회가 추구해 온 생명권 수호의 의미를 명료하게 되새겼으며, 이원희와 김대기는 성골롬반외방선교수녀회의 활동을 전반적으로 살피는 가운데 수녀회에서 적극적으로 추진했던 자연주기법 교육 활동을 다루었다.[6] 두 논문은 가톨릭 교회와 가족계획 사업의 교집합을 드러내고, 그 역사적 의미를 밝혔다는 점에서 큰 의미가 있다. 그러나 두 논문의 여러 저자는 가톨릭 교회의 자연피임법을 자연주기법과 동일시하며, 그러한 탓에 배란조절법과 자연주기법의 경쟁이나 그 속에서 벌어진 자연의 재규정과 같은 사건은 그들의 시선에서 비켜나 있다.

이러한 이론사와 연구사의 흐름 속에서 이 글은 한국 가톨릭 가족계획 사업이 진행되던 와중인 1970년대 중반에 자연주기법 진영과 배란조절법 진

5　조은주, 『가족과 통치: 인구는 어떻게 정치의 문제가 되었나』, 창비, 2018, 57쪽; 배은경, 「한국사회 출산조절의 역사적 과정과 젠더: 1970년대까지의 경험을 중심으로」, 서울대학교 박사학위논문, 2004, 200쪽.

6　최선혜, 「1960-1970년대 한국 정부의 가족계획 사업에 대한 가톨릭의 대응」, 『인간연구』 9, 가톨릭대학교 인간학연구소, 2005, 183-202쪽; 이원희, 김대기, 「성골롬반외방선교수녀회의 의료활동: 강원도를 중심으로」, 『교회사학』 14, 수원교회사연구소, 2017, 333-368쪽.

영이 자연을 어떻게 규정하였고 이를 통해 무엇을 의도했는지 살피려 한다. 이어지는 절에서는 먼저 가족계획 사업이 국내외에서 활발하게 진행되는 가운데 가톨릭 교회가 자연피임법을 강조하게 된 과정을 조망하고, 자연주기법과 배란조절법을 옹호하는 두 진영이 자연을 저마다의 방식에 따라 규정함으로써 소기의 목적을 추구하는 모습을 알아본다. 그런 다음에는 두 가지 기술과 개념의 경쟁이 어떻게 마무리되었는지 돌아보고, 마지막에서 전체 논의를 정리한다. 이는 그동안 주목받지 못했던 한국 가톨릭 교회의 가족계획 사업을 재조명하는 동시에, 자연주기법과 자연피임법의 등식에 담긴 역사성을 드러내려는 시도이다.

2. 자연의 강조: 가족계획 사업의 부상과 가톨릭 교회의 대응

'가족계획을 허가하되, 자연적인 방법만을 인정한다.' 가족계획에 대한 가톨릭 교회의 공식 입장이다. 그러나 이는 인구 문제가 전면에 드러나면서 비로소 정리된 결과였다. 그전까지만 해도 가족계획은 그 자체로 죄였다. 1930년에 반포된 교황 비오 11세(Pius XI, 1857-1939)의 회칙 「정결한 혼인」은 이를 보여주는 대표적인 문헌이다. 여기에서 비오 11세는 "부부 행위는 일차적으로 자녀 출산을 위한 것인 만큼, 부부 행위를 하면서 부부 행위 고유의 결과와 목적을 의도적으로 피하는 사람들은 자연의 순리를 거스르는 것이며 본질적으로 사악하고 수치스러운 일을 하고 있"다고 선언했다.[7] 의도

---

7 비오 11세, 「정결한 혼인」; 이창영, 『생명윤리: 가톨릭 교회의 가르침』, 한국천주교중앙협의회, 2003, 616-167쪽에서 재인용.

적으로 임신을 피하는 일은 모두 단죄의 대상이었다.

교황청의 입장은 인구 문제가 세계적인 관심사로 재부상하면서 변화하였다. 인구의 증감에 따라 인류의 운명이 결정된다는 토마스 맬서스(Thomas Malthus, 1766-1834)의 주장은 제2차 세계대전의 종전과 함께 새로운 형태로 부활하였다. 인구 증가는 빈곤을, 빈곤은 공산화를 야기하기에, 공산주의의 확장으로부터 '자유 세계'를 수호하기 위해서는 인구 문제를 해결하는 일이 긴요하다는 논리였다. 이에 따라 개발도상국의 인구가 중요한 의제로 급부상하여, 세계 각국에서 유례없는 규모의 가족계획 사업이 진행되었다.[8] 사태 인식과 실천의 정당성 여부를 떠나, 이러한 변화는 가톨릭 교회에 크나큰 숙제를 안겨주었다. 가톨릭 교회는 급변하는 현대 세계의 문제에 대한 의견을 내어놓아야만 했다.

이러한 변화 속에서 교황청은 오늘날까지 내려오는 견해, 즉 가족계획 자체는 불가피하나 그 방법은 자연적이어야 한다는 입장을 발표하였다. 1951년에 이루어진 교황 비오 12세(Pius XII, 1876-1958)의 「이탈리아 가톨릭 산파조합 회의에서 한 훈화」가 시작이었다. 여기에서 비오 12세는 먼저 불임 수술과 같이 인위적으로 생식에 개입하여 "새로운 생명을 창조하는 능력"을 가로막는 일이 도덕적이지 못하다고 선언하였다. 그런 다음 그는 의학적, 경제적, 사회적인 이유가 있을 때 비가임기를 이용하여 자연적으로 가족계획을 수행하는 일은 가능하다고 덧붙였다.[9] 어떠한 상황이 여기에 해당하는

---

8 Marc Frey, "Neo-Malthusianism and Development: Shifting Interpretations of a Contested Paradigm," *Journal of Global History*, 6 (2011): pp.78-81.
9 Piux XII, "To Midwives" in *The Human Body: Papal Teachings*, eds. by Monks of Solesmes, Boston, MA: Daughters of St. Paul, 1960: p.165.

지에 관해서는 구체적으로 언급되지 않았으나, 비가임기를 이용한 자연주기법의 사용을 처음으로 인정했다는 점에서 이는 중요한 변화였다.[10]

이는 교황 바오로 6세(Paul VI, 1897-1978)가 공포한 회칙 「인간 생명」에서 보다 체계적으로 정리되었다. 비오 12세와 마찬가지로 바오로 6세는 인위적인 개입에 대한 거부를 드러냈다. "이미 시작된 출산 과정의 직접적인 중단과 무엇보다 직접적인 낙태 … 직접적인 불임 시술 … 부부 행위 이전이나 도중에 또는 그 자연적 결과의 발달 중에, 목적으로든 수단으로든 출산을 가로막는 모든 행위[는] 배제되어야" 한다는 선언이었다. 이는 인간에게 주어진 권한을 넘어서는 일이었다. "출산 능력은 인간 생명의 탄생을 본질적으로 지향하며, 하느님께서 그 원천이시기 때문"에 인간은 자신의 몸과 출산 능력에 대해 "무제한의 지배권을 가지고 있지" 않다는 이유였다.[11]

대안은 자연주기법이었다. 바오로 6세는 "부부의 신체적 또는 심리적 상태나 외적인 상황들 때문에 출산에 간격을 두어야 할 중대한 이유가 있다면, 출산 기능에 내재된 자연적 주기를 고려하여 비가임기에만 부부 행위를 함으로써 … 출산을 조절하는 것은 정당하다"고 썼다. "자연적 과정의 진행을 가로막는" 피임과 달리 자연주기법은 "자연적인 능력을 정당하게 이용하는 것"이기에, 자연법에 어긋나지 않는다는 판단이었다. '자연적인 능력' 또는 '출산 기능에 내재된 자연적 주기'라는 표현을 눈여겨보자. 이는 자연주기법이 창조의 순간에 신에 의해 갖추어진 방법이라고 보는 것을 의미한다.

---

10 John T. Noonan, Jr., *Contraception: A History of Its Treatment by the Catholic Theologians and Canonists*, enlarged edition, Cambridge, MA: Harvard University Press, 1986: pp.445-447.
11 바오로 6세, 『인간 생명』, 박은호, 정재우 옮김, 한국천주교중앙협의회, 2018, 13항, 14항.

이렇게 자연주기법은 단죄의 대상에서 "하느님께서 … 지혜롭게 마련"한 "자연법의 규범"에 따른 일로 고양되었다.[12]

한국 가톨릭 교회의 처지와 대응 역시 교황청의 그것과 다르지 않았다. 먼저 인구 문제에 대한 답을 내어놓아야 한다는 점에서 한국 가톨릭 교회는 교황청보다 더 시급한 상황에 놓여 있었다. 박정희 군사정권이 5·16 군사정변으로 정권을 찬탈한 직후부터 가족계획 사업을 강력하게 밀어붙였기 때문이었다. 제1차 경제개발 5개년계획이 종결되는 1966년까지 인구성장률을 2.74%로 감소시킨다는 계획이 발표되었고, 목표량을 달성하기 위해 가용한 모든 수단이 동원되었다.[13] 특히나 여기에는 콘돔이나 루프, 정관 불임 수술과 난관 불임 수술, 인공유산 등의 방법이 포함되었기에, 가톨릭 교회는 이를 저지하기 위해서라도 입장 표명을 서두를 수밖에 없었다.

교황청과 같이 한국 가톨릭 교회는 가족계획의 필요성을 인정하되, 그 방법은 자연적이어야 한다는 입장을 내어놓았다. 5·16 군사정변이 일어나고 4개월이 지난 1961년 9월 26일, 한국 주교단은 「인구 문제와 산아제한」이라는 공동 교서(敎書)를 발표했다. 먼저 여기에서 주교단은 인구 증가라는 "문제 자체나 그 중요성을 무시할 의도[가] 전혀 없"으며, "현재의 [인구] 증가율이 그대로 지속된다면 … 인구를 지탱할 만큼의 경제 성장과 식량 증가를 이룩하기는 매우 힘든 것으로 보"인다고 씀으로써 가톨릭 교회가 가족계획 사업 자체를 반대하지는 않음을 분명히 했다.[14]

다만 방법은 "자연법과 인간의 품위에 적합한 방법"이어야 했다. 주교단

12 바오로 6세, 『인간 생명』, 11항, 16항, 17항.
13 대한민국정부, 『제1차 경제개발 5개년계획: 1961-1966』, 대한민국정부, 1962, 40-41쪽.
14 한국 주교단 공동 교서, 「인구 문제와 산아제한」, 『경향잡지』 53-11, 1961.11, 4쪽.

의 입장은 분명했다. 주교단은 인간의 생식 능력을 고의로 막고 생명을 해치는 당대의 방식을 "사회적 타락과 야수적인 부도덕"이라 일축했다. "정신적인 요소들을 부정하거나 멸시하고, 오직 인간의 온 행복을 현세의 쾌락 속에만 두는 일종의 유물론적 사상에 기인"한다는 진단이었다.[15] 대안은 비오 11세가 훈화를 통해 공인한 자연주기법이었다. 이러한 입장은 이후에도 계속해서 반복되었다. 1964년 5월 민주공화당의 모자보건법 제정 시도에 맞서 발표된 성명서 「'국민 우생 법안'에 대한 우리의 견해」, 1968년 9월 회칙 「인간 생명」의 반포를 기념하여 발표된 공동 교서 「우리들이 지녀야 할 올바른 인식과 자세」에서 주교단은 자연법의 중요성을 다시금 되새겼다.[16]

이처럼 가톨릭 교회의 견해는 굳건했다. 자연법에 합치되지 않는 방법은 죄악이며, 따라서 오직 자연법에 어긋나지 않는 방법만을 사용해야 한다는 의견이었다. 그러나 이것으로는 충분하지 않았다. 가임기에 금욕함으로써 임신을 피하려면, 먼저 언제부터 언제까지가 가임기인지 또 언제부터 언제까지가 비가임기인지 알아야 했기 때문이다. 이는 수많은 질문으로 이어졌다. 가임기를 정확하게 파악할 수 있을까. 파악할 수 있다면 어떻게 알 수 있을까. 파악할 수 없다면 특정한 날짜에 가임기를 유도할 수는 없을까. 이 질문에 대한 답은 하나가 아니었다. 앞으로의 논쟁을 예고하는 지점이었다.

15 한국 주교단 공동 교서, 「인구 문제와 산아제한」, 5-6쪽.
16 한국 주교단 성명서, 「'국민 우생 법안'에 대한 우리의 견해」, 『경향잡지』 56-6, 1964.6, 4-5쪽; 한국 주교단 공동 교서, 「우리들이 지녀야 할 올바른 인식과 자세」, 『경향잡지』 60-10, 1968.10, 6-13쪽.

3. 천연한 자연: 개입이 부재한 자연과 점액관찰법

20세기 전반까지 자연주기법은 크게 두 가지로 양분되었다. 하나는 월경 주기와 배란일의 관계를 바탕으로 가임기와 비가임기를 추정하는 달력주기법이었다. 일본의 오기노 규사쿠(荻野久作, 1882-1975)와 오스트리아의 헤르만 크나우스(Hermann Knaus, 1892-1970)의 연구를 바탕으로, 네덜란드의 존 스뮐더르스(John Smulders)와 미국의 레오 랏츠(Leo Latz, 1903-1994) 등이 마름질한 방법이다.[17] '오기노-크나우스법'이라고도 불린 달력주기법에 따르면, 월경 주기를 정확하게 예측할 수 있으면 임신을 조절하는 일도 불가능하지 않았다. 배란은 월경에 2주 앞서서 일어나기 때문에, 다음 월경일과 배란일을 예측하여 이를 전후로 금욕한다면 임신을 피할 수 있다는 전망이었다.

또 다른 방법은 기초체온법이었다. 가톨릭 신부인 빌헬름 힐레브란트(Wilhelm Hillebrand, 1892-1959)가 만들고, 이후 게르하르트 되링(Gerhard Döring, 1920-1992), 루돌프 폴만(Rudolf F. Vollman), 존 마셜(John Marshcall, 1922-2014) 등이 발전시킨 방법이다.[18] 기초체온법 역시 달력주기법과 마찬가지로 배란을 예측함으로써 가임기와 비가임기를 추정하는 방식이다. 다만 차이는 배란일을 계산하는 방식이다. 기초체온법을 주장한 여러 의사는

---

17 Richard J. Fehring, "A Historical Review of the Catholic Scientists Who Answered the Call of Humanae Vitae" in *Humanae Vitae, 50 Years Later: Embracing God's Vision for Marriage, Love, and Life*, ed. by Theresa Notare, Washington, DC: The Catholic University of America Press, 2019: pp.149-152.

18 Fehring, "A Historical Review of the Catholic Scientists Who Answered the Call of Humanae Vitae": pp.152-155.

배란을 전후로 체온이 하강하였다가 상승하며, 따라서 기상 직후에 측정한 기초체온의 변화를 추적함으로써 배란일을 알아낼 수 있다고 주장하였다.

두 가지 방법은 가톨릭 교회의 견해에 온전히 부합했다. 달력주기법과 기초체온법을 주창한 이들은 감히 주기나 체온을 조작하려 들지 않았기 때문이었다. 앞서 살핀 바와 같이 가톨릭 교회는 "자연적 과정의 진행을 가로막는" 방법을 금하고, "출산 기능에 내재된 자연적 주기를 고려"한 방법만을 허가했다.[19] 다시 말해 가톨릭 교회에서 가능한 가족계획이란 자연에 대한 인위적 개입 없이, 있는 그대로의 '천연한 자연'을 활용하는 방식뿐이었다. 자연을 기록하기만 해도, 즉 천연한 자연을 포착하기만 해도 가임기와 비가임기를 정확하게 파악할 수 있다고 가정하는 달력주기법과 기초체온법은 여기에 완벽하게 들어맞는 방법이었다. 가톨릭 교회는 환영의 뜻을 내비쳤다. 교황 비오 12세는 앞서 언급한 1951년의 「이탈리아 가톨릭 산파 조합 회의에서 한 훈화」에서 비가임기를 이용한 출산 조절은 정당하다고 연설했고, 실제로 많은 가톨릭 신자 가정이 자연주기법을 이용하여 가족계획을 진행하였다.[20]

그러나 당대의 많은 이들은 달력주기법과 기초체온법의 유용성을 의심했다. 실패율이 너무 높기 때문에 가족계획 사업에는 적당하지 않다는 지적이었다. 먼저 달력주기법은 월경 주기가 일정하지 않다면 성공하기 힘든 방법이었다. 반복되는 주기를 바탕으로 배란일을 추정하는 방식이기에, 주기가 되풀이되지 않는다면 계산의 정확도를 담보할 수 없기 때문이었다. 기초

---

19 바오로 6세, 『인간 생명』, 16항.
20 Gerald J. Schnepp and Joseph P. Mundi, "Sociological Implications of Rhythm Method Practice," *Linacre Quarterly*, 19-2 (1952): pp.44-49.

체온법 역시 마찬가지였다. 배란을 전후로 체온이 낮아졌다가 올라간다고 하지만, 낙폭은 작고 상승 폭은 컸다. 그러한 탓에 기초체온법은 배란을 사전에 예측하기보다는 외려 사후에 알아내기 알맞은 방법이었다. 정자가 2일 이상 생존할 수 있음을 고려한다면, 배란의 사후 예측은 그다지 쓸모가 없었다.

이는 처음부터 제기된 한계이기도 했다. 산부인과학의 거장 에밀 노박(Emil Novak, 1884-1957)은 월경 주기의 불규칙성을 근거로 비가임기라는 개념 자체에 의문을 제기했다. 그는 오기노와 크나우스가 가정하는 바와 같이 월경 주기가 4주로 고정되어 있다면 가임기와 비가임기를 계산해볼 수도 있겠지만, 개인에 따라 주기가 짧거나 길 수도 있고 규칙적이지 않을 수도 있기 때문에 절대적인 비가임기는 존재하지 않는다고 지적했다. 노박은 이러한 방법이 임신을 촉진하는 데에는 적절하나, 임신을 피하는 데에는 별다른 효과가 없다고 결론 내렸다.[21] 대중의 반응도 같았다. 프랑스인들은 달력주기법의 실패로 태어난 아이를 '베베 오기노'(bébés Ogino) 또는 '프티 오기노'(petits Ogino)라 부르며 이죽거리곤 했다.[22]

달력주기법과 기초체온법의 한계는 새로운 자연주기법의 개발로 이어졌다. 1960년대 초반, 호주의 존 빌링스(John J. Billings, 1918-2007)와 에블린 빌링스(Evelyn L. Billings, 1918-2013) 부부가 고안한 점액관찰법이었다.[23] 멜

21 Emil Novak, "Two Important Biologic Factors in Fertility and Sterility: (a) Is There a "Safe Period?," (b) Anovulatory Menstruation as a Possible Cause of Sterility," *Journal of the American Medical Association*, 102-6 (1934): pp.452-454.
22 Anne-Claire Rebreyend, "Sexualités vécues. France 1920-1970," Clio. Histoire, *Femmes et Sociétés*, 18 (2003): p.212.
23 점액관찰법은 빌링스 부부에 의해 '배란법'(ovulation method)이라고도 불리었다. 여기

버른의 대주교 다니엘 매닉스(Daniel Patrick Mannix, 1864-1963)의 뜻에 따라 1952년부터 가정 사목을 맡게 된 몬시뇰 모리스 카타리니히(Maurice Joseph Catarinich, 1917-2005)는 이듬해 존 빌링스에게 자연주기법의 보완을 주문하였다. 존 빌링스와 화학자 제임스 브라운(James B. Brown, 1919-2009), 그리고 이후 연구팀에 합류한 에블린 빌링스는 월경에 수반되는 신체 증상에 주목하였고, 수년의 연구 끝에 점액과 배란의 연관성을 밝혀내어 이를 점액관찰법으로 정리하였다.[24]

빌링스 부부의 주장에 따르면 점액관찰법은 기존 자연주기법의 한계를 극복할 수 있는 유용한 대안이었다. 앞에서 지적한 바와 같이 달력주기법과 기초체온법은 낮은 정확성과 유용성이라는 한계를 노출했다. 달력주기법은 주기가 불규칙할 경우 성공을 거두기 힘들었고, 기초체온법으로는 배란을 미리 알 수 없었다. 빌링스 부부의 전망은 달랐다. 이들은 자궁 경부의 점액 분비가 배란에 앞서 달라지기 때문에, 점액의 변화만 잘 관찰한다면 주기의 규칙성과 무관하게 배란일을 사전에 알아낼 수 있다고 주장했다. 점액관찰법은 월경 주기가 불규칙한 경우에도 쓸 수 있다는 점에서 달력주기법을, 배란을 사전에 예상할 수 있다는 점에서 기초체온법을 극복하는 방법

에서는 후술할 배란조절법과의 혼란을 피하고자 점액관찰법으로 통일하여 표기하였다.
24 Charles W. Norris, "The Life and Times of John J. Billings: The Mucus Symptom, a Physiologic Marker of Women's Fertility," Linacre Quarterly, 77-3 (2010): pp.323-328; Evelyn L. Billings, et al., "Symptoms and Hormonal Changes Accompanying Ovulation," Lancet, 299-7745 (1972): pp.282-284. 빌링스 부부는 학술지에 연구 성과를 싣기 전, 결과를 정리하여 『배란법』이라는 이름의 단행본으로 먼저 배포하였다. John J. Billings, The Ovulation Method, Melbourne: Advocate Press, 1964. 존 빌링스와 에블린 빌링스는 각각 1969년과 2003년, 점액관찰법을 개발한 공로를 인정받아 성 대 그레고리오 교황 기사 훈장을 받았다. 이는 점액관찰법에 대한 가톨릭 교회의 공인을 의미했다.

이었다.

점액관찰법은 전 세계의 가톨릭 교회를 중심으로 빠르게 퍼져나갔다. 한국 역시 예외가 아니었다. 점액관찰법 도입의 선봉에는 춘천교구의 주교 박토마(Thomas Stewart, 1925-1994)가 있었다. 박정희 군사정권의 가족계획 사업이 가정과 생명의 가치를 심각하게 위협한다고 생각했던 박토마는 1966년에 춘천교구장으로 임명받은 뒤, 자연주기법의 교육과 보급을 사목의 주요 목표로 설정했다.[25] 그는 직접 호주로 찾아가 빌링스 부부를 만났고, 이후 성골롬반외방선교수녀회에 소속된 두 명의 수녀를 보내어 빌링스 부부에게 점액관찰법을 지도받게 했다.[26] 이후 수녀회에서 운영하던 춘천 성골롬반병원과 삼척 성요셉의원을 중심으로, 점액관찰법의 교육이 활발하게 진행되었다.[27]

이러한 흐름은 1972년을 계기로 전국 규모로 확장되었다. 박토마는 1972년 추계 주교회의 정기총회에 참석하여 사목자는 "신자들의 죄스러운 행위를 단죄하며 권고하는 외에 실지로 어려운 처지에 놓인 가정을 도와주어야" 하며, 이를 위해 "오기노-크나우스 방법보다 더 확실한 빌링스 박사의 방법을 연구, 번역 보급"하는 일이 시급하다고 주장했다.[28] 박토마의 주장은 신속하게 받아들여졌다. 이듬해인 1973년 춘계 주교회의 정기총회에서 '행복한 가정' 사업의 추진이 의결되었고, 1975년 5월에는 '한국 행복한 가족협

---

25 최선혜,「1960-1970년대 한국 정부의 가족계획 사업에 대한 가톨릭의 대응」, 195쪽.
26 행복한 가정 운동 협의회,『행복한 가정운동 25년: 1975-2000』, 천주교 서울대교구 평신도사목국 가정사목부, 2000, 19쪽.
27 이원희, 김대기,「성골롬반외방선교수녀회의 의료활동」, 361-362쪽.
28 「주교회의 추계 정기총회: 결정 사항」,『경향잡지』64-11, 1972.11, 11쪽.

회' 창립총회 및 세미나가 개최되었다.[29] 지금까지 자연주기법의 확산을 책임지던 춘천 성골롬반병원에 더하여 같은 수도회가 운영하던 목포 성골롬반병원, 툿찡포교베네딕도수녀회 대구수녀원에서 운영하던 대구 파티마병원, 그리고 서울대교구의 성모병원 등에 가족계획 클리닉을 설치하고, 이를 중심으로 한 자연주기법의 확산을 결의하는 자리였다.[30]

한국 가톨릭 주교회의는 점액관찰법의 보급을 의결하는 한편, 1972년의 추계 주교회의 정기총회 직후 자연주기법의 보완과 발전을 위한 연구위원회의 결성을 주문하기도 했다.[31] 이에 가톨릭병원협회는 이듬해 2월부터 행복한 가족 사업연구위원회를 조직하여 "교회적 방법"의 연구를 진행하였다.[32] 연구위원회는 막 미국 연수를 마치고 돌아온 성모병원 산부인과의 김승조(金丞兆, 1934-) 교수를 주축으로 기존에 존재하던 달력주기법과 기초체온법, 점액관찰법의 의의와 한계를 종합적으로 검토하였다. 1973년 봄, 연구위원회는 주교회의 정기총회에 다음과 같은 보고를 제출했다. "오기노 주기법, 체온법, 증상법, 빌링스 방법, 그로든 방법 등을 종합적으로 이용하며, 특히 그로든 방법을 좀 더 개발해 나가겠다." 연구위원회의 보고에 대해 주교회의는 "자연법에 위배되지 않는 방법을 개발해 보겠다는 이 연구위원회의 계획을 계속 추진하도록 촉구하고, 주교회의는 그에 수반되는 윤리 문제

---

29 「주교회의 춘계 정기총회: 결정 사항」, 『경향잡지』 65-5, 1973.5, 20쪽; 「교회의 이모저모」, 『경향잡지』 67-7, 1975.7, 64쪽.
30 조규상, 「행복한 가정운동의 국내외동향」, 『한국가톨릭병원협회지』 7-1, 1976, 7-9쪽.
31 맹광호, 「한국에 있어서의 가톨릭 가족 계획 현황과 그 전망」, 『한국가톨릭병원협회지』 5-2, 1974, 31쪽.
32 「'행복한 가족' 사업연구위원회설치와 운영경위」, 『한국가톨릭병원협회지』 4-2, 1973, 10쪽.

를 검토해 나가기로" 한다는 결정을 내렸다.[33] 문제의 씨앗은 연구위원회가 언급한 '그로든 방법'이었다. 이는 정말 '자연법에 위배되지 않는 방법'이었을까? 질문의 답은 자연의 정의에 달려있었다.

4. 완전한 자연: 개입으로 완성되는 자연과 배란조절법

1973년 춘계 주교회의 정기총회에 보고된 '그로든 방법'은 독실한 가톨릭 신자였던 미국의 산부인과 의사 해럴드 그로든(Harold M. Groden)이 개발한 방법이었다. 그로든은 달력주기법과 기초체온법을 신뢰하지 않았다. 정확도가 떨어진다는 이유에서였다. 그가 내어놓은 대안은 배란 유도였다. "주기 가운데 생리학적으로 정확한 시점에 배란이 일어나도록" 한다면 배란의 시점을 확실히 알 수 있고, 그를 바탕으로 가임기와 비가임기 또한 정확하게 계산할 수 있다는 주장이었다. 그로든은 주기를 28일로 상정하고, 15일 차부터 25일 차까지 약을 복용함으로써 14일 차에 배란을 유도하는 프로그램을 기획했다.[34]

문제는 무엇으로 배란을 유도하는가였다. 그로든이 선택한 방법은 경구용 에스트로겐-프로게스테론 복합제였다. 배란에 선행하는 호르몬의 변화를 인위적으로 조성함으로써, 배란을 유도하는 방법이었다. 시험을 위해 35명의 여성이 모집되었다. 모두 신실한 가톨릭 신자로 다른 피임법은 일절 사용하지 않는 이들이었다. 그로든은 시험이 성공적이라고 썼다. 배란을 의

---

33 「주교회의 춘계 정기총회: 결정 사항」, 『경향잡지』 65-5, 1973.5, 20쪽.
34 Harold M. Groden, "Ovulation Regulation", *Linacre Quarterly*, 32-1 (1965): pp.67-69.

미하는 여러 증거, 이를테면 기초체온의 상승이나 자궁 경부 점액 및 자궁 내막의 변화 등을 바탕으로 시험 대상자 모두가 14일 차에 배란하였음을 확인했기 때문이었다. 그는 확신에 찬 어조로 이렇게 썼다. "약으로 보강된 자연적 황체호르몬 배출이 난포자극호르몬의 때이른 또는 과다한 분비를 막음으로써 [난포의] 조기 성숙을 방지했다고 말할 수 있다. 시험 결과 모든 환자는 14일 차에 배란했다."[35]

그로든의 연구를 접한 김승조 교수는 배란조절법이 자연피임법의 희망이라고 생각했다. 당시 가톨릭대학 의학부 산부인과학교실의 주임교수로서 자연피임법 연구를 총괄하던 김승조는 그로든과 마찬가지로 달력주기법과 기초체온법의 유용성을 신뢰하지 않았다. 1973년에 『한국가톨릭병원협회지』에 투고한 「가톨릭적 가족계획과 자연피임법」이라는 글에서 그는 이들 방법에 대한 비판적인 의견을 조심스럽게 드러냈다. "배란 일자[가] 실제로는 더 넓고 일정하지 않"기 때문에 달력주기법에 수정이 필요하다는 지적은 달력주기법을 쓸 수 없다는 말과 다르지 않았고, 기초체온법의 경우 실패율이 낮지만 "정충과 난자 생존 기간과 금욕일을 어떻게 잡느냐"가 문제라는 지적은 실제 활용의 어려움에 대한 토로였다.[36]

빌링스의 점액관찰법 역시 비판을 피하지 못했다. 김승조는 점액관찰법에 대해 "어디까지나 환자가 자신이 알아차릴 수 있어야 하는 것이 중요"하며, "자기 증상의 변화를 잘 느낄 수 있는 분에게는 권할 수 있고 성공률을 높일 수도 있다"고 평했다.[37] 점액관찰법의 높은 난도와 그에 따른 실패의

---

35 Harold M. Groden, "Ovulation Regulation": pp.70-72.
36 김승조, 「가톨릭적 가족계획과 자연피임법」, 『한국가톨릭병원협회지』 4-2, 1973, 8-9쪽.
37 김승조, 「가톨릭적 가족계획과 자연피임법」, 9쪽.

가능성을 간접적으로 지적하는 문장이었다. 그는 이듬해 천주교중앙협의회에서 발행하는 잡지인 『사목』에 투고한 글을 통해 자연주기법 일반에 대한 비판을 반복하는 한편, 점액관찰법을 향한 반대의 목소리를 높이기도 했다. "월경 주기가 짧은 부인과 반대로 너무 긴 부인"은 "배란일을 종잡을 수 없"고, "여러 형태의 부인과적 질환, 특히 경관염을 심히 오래 앓는 부인"의 경우에는 "배란을 예민하게 예측하지 못"하며, "생활환경의 변화, 정신적, 신체적 변화"가 점액에 영향을 주기도 하므로, 점액관찰법은 재고의 여지가 있다는 지적이었다.[38]

김승조의 비판을 비껴간 유일한 방법은 배란조절법이었다. "배란일을 정확히 알지 못하고 또 그 배란이 같은 부인에 있어서도 변화가 심"하여 "피임 효과가 낮다"는 것이 "자연법의 가장 결정적인 결점"이라면, "배란을 조절"하는 방법이 유력한 대안이 될 수 있다는 논리였다.[39] 자궁내장치나 경구피임약처럼 가톨릭 교회가 허락하지 않는 피임법을 쓸 수 없는 상황에서, 그리고 가톨릭 교회가 허락하는 달력주기법과 기초체온법, 점액관찰법의 유용성이 의심받는 상황에서, 김승조는 배란조절법에 온 희망을 걸 수밖에 없었다. 김승조가 주교회의에 "오기노 주기법, 체온법, 증상법, 빌링스 방법, 그로든 방법 등을 종합적으로 이용"하면서도, "특히 그로든 방법을 좀 더 개발해 나가겠다"고 보고한 이유가 바로 여기에 있었다.[40] 김승조 연구팀은 그로든이 제시한 에스트로겐-프로게스테론 복합제를 시험하는 한편, 배란을

---

38 김승조, 「인구문제와 가족계획: 빌링스법을 중심으로 한 자연피임법」, 『사목』 36, 1974, 32쪽.
39 김승조, 「가톨릭적 가족계획과 자연피임법」, 10쪽.
40 「주교회의 춘계 정기총회: 결정 사항」, 『경향잡지』 65-5, 1973.5, 20쪽.

유도할 수 있는 다른 후보 약물을 탐색하기도 했다.[41]

그러나 기술적 가능성이 모든 문제의 해결을 의미하지는 않았다. 무엇보다 큰 문제는 배란조절법이 과연 자연적인 방법을 강조하는 가톨릭 교회의 방침과 어긋남이 없냐는 것이었다. 일견 배란조절법은 가톨릭 교회의 가르침에 전적으로 합치된 것처럼 보였다. 그로든이 배란조절법을 처음으로 소개한 지면은 미국가톨릭의학협회의 기관지인 『계간 리나커』였고, 한국에 배란조절법을 들여 온 김승조 역시 『한국가톨릭병원협회지』나 천주교중앙협의회 『사목』과 같은 곳에서 배란조절법을 옹호하곤 했으니 말이다. 더 나아가 김승조는 앞서 살펴본 바와 같이 한국 가톨릭 주교회의에 제출한 보고서에서 '그로든 방법'을 연구하겠다는 의지를 밝히기도 했다. 겉으로 보기에 배란조절법은 이미 가톨릭 교회가 공인한 자연피임법이나 다름없었다.

문제는 자연의 정의에 있었다. 만약 자연법의 '자연'이 앞에서 살펴본 것처럼 인위적인 개입이 없는 '천연함'을 의미한다면, 경구용 에스트로겐-프로게스테론 복합제를 투여하는 배란조절법은 분명 자연적이지 않은 방법이었다. 그로든은 이 문제를 처음부터 알고 있었다. 「배란 조절」이라는 글에서 배란조절법을 소개하며, 의학적 설명을 미루어두고 "신학적인 고려"를 먼저 언급한 까닭이었다. 그로든의 전략은 자연의 권위를 인정하되, 그것에 새로운 의미를 부여하는 방식이었다. 그는 다음과 같은 문장으로 글의 서두를 열며, 자연법을 향한 자신의 믿음을 분명히 했다. "가톨릭 교회는 인간 생식의 도덕적 측면에 관한 견해를 바꿀 수 없고, 바꾸지 않을 것이며, 바

---

41 김승조 연구팀은 에스트로겐-프로게스테론 복합제에 더하여 클로미펜, 시클로페닐, 에피메스트롤, 생식샘자극호르몬방출호르몬, 에르고크립틴 등을 추가로 시험하였다. 김승조, 최성기, 「성선기능자극제에 의한 배란유발」, 『녹십자의보』 3-5, 1975, 216-223쪽.

꾸어서도 안 된다. 이를 향한 기본 원칙은 변할 수 없으니, 비자연적인 것을 금하는 자연법의 핵심이기 때문이다."[42]

자연법을 향한 믿음을 강조한 다음, 그로든은 자연이란 인간 본연의 '완전함'을 의미한다는 관점을 제시했다. 인간에게는 창조 당시의 완전한 상태가 있으며, 이것이야말로 진정한 자연적 상태에 해당한다는 생각이었다. 그는 인간이 창조 이후 "영적일 뿐만 아니라 신체적"으로도 타락했으며, 신체적 타락이 "기계적, 구조적, 기능적 결함"으로 드러난다고 주장했다.[43] 그로든이 관심을 두었던 월경 주기 역시 마찬가지였다. 그는 14일 차에 배란이 일어나는 28일의 주기가 자연적이라고 상정했다. 자연주기법의 시행을 곤란하게 만드는 짧거나 길거나 불규칙한 주기는 자연에서 벗어난 '타락의 결과'였다.[44]

---

42 Harold M. Groden, "Ovulation Regulation": p.66.

43 Harold M. Groden, "Ovulation Regulation": p.66.

44 원죄 이전의 상태를 '완전한 자연'으로 간주하는 그로든의 논리는 인간의 상태에 대한 성 보나벤투라(Bonaventura, 1221-1274)의 이해를 연상케 한다. 보나벤투라에 따르면, 인간은 본디 신에 의해 죽을 수 없는 존재로 창조되었으나, 원죄에 대한 형벌로 말미암아 (propter poenam peccati) 불가사(不可死)의 삶을 영위할 수 없는 현재의 상태에 이르게 되었다. 그러나 이러한 차이에도 불구하고 영원한 삶을 누리는 인간의 본성에는 변화가 없으며, 인간은 최후의 심판 이후에 다시 죽음이라는 형벌에서 벗어나게 된다. 보나벤투라에게 이는 영혼과 신체, 인간 존재의 통일성을 설명하는 전제가 되는데, 이에 대해서는 다음을 참고하라. 정현석, 「보나벤투라의 인간학에서 영혼의 자립가능성과 인간의 통일성의 관계」, 『가톨릭철학』 15, 한국가톨릭철학회, 2010, 35-66쪽. 한편 이러한 이해는 도미니코회의 수도사 로망의 웜베르(Humbert de Romans, 1190-1277)가 전한 강론에서도 반복된다. 『의학부 구성원들에게(*Ad studentes in medicina*)』라는 이름의 강론에서 그는 법학은 타락 이후 상실한 정의를, 철학(artes liberalis)은 타락 이후 상실한 지혜를, 의학은 타락 이후 상실한 영원한 생명을 회복하는 수단이라 말했다. Humbert de Romans, "Ad studentes in medicina LXVI" in Joseph Ziegler, *Medicine and Religion c. 1300: The Case of Arnan de Vilanova*, Oxford: Oxford University Press, 1998: pp.314-315.

자연적 상태 또는 완전함으로부터의 괴리는 개입의 정당성을 뒷받침하는 근거가 되었다. 그는 다시 창조의 순간으로 돌아갔다. 인간은 신으로부터 "악과 불완전을 … 예방하고 바로잡을 수단을 부여"받았으니, 개입을 통해 자연으로부터의 이탈을 바로잡는 일은 정당하다고 강변하였다. 따라서 "의료인의 목표는 구조와 기능 면에서 인간 본래의 생리적 완성을 복원"하는 데 있었다. 당뇨를 인슐린으로 치료하여 혈당 수치를 정상으로 되돌리고, 악성빈혈을 비타민 B12와 간 추출물 또는 엽산으로 치료하여 적혈구를 제자리로 돌리는 일은 "자연적 기능을 회복"하는 정당한 개입이었다. 그로든은 배란조절법 역시 같은 의미에서 정당하다고 주장했다. 약을 주기 때문에 겉보기에는 경구피임약과 유사할지 모르지만, 경구피임약이 "자연적 기능"인 배란을 억제한다면 배란조절법은 오히려 "정확한 시점에 배란이 일어나도록" 함으로써 "여성의 생식 주기를 완성"한다는 이유에서였다.[45]

　그로든은 이렇게 자연의 개념을 바꾸어놓았고, 이로써 두 가지 효과를 가져왔다. 하나는 인위적 개입의 여부와 자연성에 대한 판단의 분리였다. 자연을 천연한 상태로 가정한다면, 천연함을 해치는 개입은 곧 비자연을 의미했다. 그로든의 구도에서는 달랐다. 그에게 자연성이란 오직 신체의 상태로 판단되는 문제, 다시 말해 신체의 구조와 기능이 완전한지 여부에 의해 결

45　Harold M. Groden, "Ovulation Regulation": pp.67-70. 그로든은 이와 같은 주장의 신학적 정당성을 확인하기 위해 매사추세츠주 웨스턴 교구의 존 린치(John J. Lynch) 신부에게 자문하기도 했다. "New Drug Will Make Rhythm Practicable, Physician Claims," *National Catholic Reporter*, 1-15, 1965: 10. 존 린치 신부는 가톨릭계 학교인 웨스턴대학에서 도덕 신학을 연구하고 강의하던 교수이자, 『계간 리나커』에 의료 윤리에 대한 글을 기고하던 인물이었다. 특히 여러 피임법의 신학적 정당성과 부당성을 정치하게 제시한 인물로 이름이 높았으며, 그로든이 그에게 자문한 것도 바로 이런 이유 때문이었다.

정되는 문제였다. 또 다른 하나는 정당한 개입의 가능성이었다. 이제 개입은 그 자체로 악이 아니었다. 자연성의 회복 또는 완전성의 복원을 목표로 하는 한, 개입은 정당할 수 있었다. 위에서 살펴본 표현, "약으로 보강된 자연적 황체호르몬 배출"이라는 말을 되돌아보자. 그로든에게 자연이란 약이라는 개입을 통해 달성될 수 있는 상태, 더 나아가 어떤 상황에서는 약으로 보강해야만 도달할 수 있는 상태였다.

김승조 역시 배란조절법을 옹호하는 글을 내어놓았다. 그는 그로든과 같은 논리를 반복했다. 그가 보기에도 자연이란 본연의 완전함을 의미하며, 완전함을 회복하기 위한 것이라면 개입 역시 정당할 수 있었다. 점액관찰법을 포함한 여러 자연주기법을 비판하고 배란조절법을 옹호했던 「가톨릭적 가족계획과 자연 피임법」에서 그는 "인위적인 노력이 가미되었다고 볼 수도 있"으나 "일반 피임약이 배란을 억제하는 것으로 피임 효과를 내는 것에 반해서 이 방법은 배란을 일정한 기간에 유도시키는 것이라는 점에서 자연법의 테두리를 벗어나지 않는다"고 썼다. 여기에서 더 나아가 그는 "신은 우리에게 창조하고 변화시킬 수 있는 과학적인 두뇌도 주셨다"는 말을 덧붙였다.[46] 인간 존재의 창조로부터 개입의 정당성을 구하는 문장이었다. 그러나 이러한 옹호에도 불구하고, 배란조절법은 끝내 수용되지 못했다. 가족계획 사업에 대한 가톨릭 교회의 원칙을 무너뜨릴 위험성 때문이었다.

46 김승조, 「가톨릭적 가족계획과 자연피임법」, 8, 10쪽.

5. 자연의 확립: 교도권의 재확인과 개입의 한도

　점액관찰법의 대안으로 제시된 배란조절법은 끝내 가톨릭 교회에 수용되지 않았다. 한국 가톨릭 주교단은 1976년 6월 25일에 발표한 사목교서 「건전한 가족계획」을 통해, 점액관찰법을 유일한 "자연적인 방법"으로 공인했다.[47] 이는 배란조절법의 폐기를 의미했다. 김승조의 제안이 발표된 1973년의 춘계 주교회의 정기총회 이후, 주교단의 이름으로 생산된 그 어떤 문서도 배란조절법을 언급하지 않았다. 사목교서 「건전한 가족계획」의 서술은 상징적이다. 여기에는 자연법에 합치되는 방법과 그렇지 않은 방법이 모두 명기되었는데, 점액관찰법이 자연피임법의 동의어로 쓰인 한편 배란조절법은 그 어디에도 이름을 올리지 못했다. 배란조절법은 마치 처음부터 없었던 방법인 것처럼, 그대로 증발해 버렸다.

　배란조절법이 기각되고 점액관찰법이 채택된 이유는 무엇이었을까. 하나는 점액관찰법의 의학적 권위가 확립되었다는 점이다. 김승조가 배란조절법에 희망을 걸던 1973년 봄까지만 하더라도, 점액관찰법을 향한 의심은 의학적으로 정당했다. 점액관찰법의 유용성을 뒷받침하는 문헌이 그리 많지 않았던 탓이다. 상황은 서서히 변해 갔다. 기점은 1972년이었다. 저명한 학술지 『란셋』에 점액관찰법의 효과를 제시하는 논문이 실리고, 미국 가톨릭 교회의 주도로 자연적 가족계획의 방법을 논의하기 위해 열린 '아틀리하우스 회의'에서 점액관찰법이 전도유망한 방법으로 조명되면서, 미국의

---

47 한국 주교단 사목교서, 「건전한 가족계획」, 『경향잡지』 68-8 (1976.8), 24쪽.

여러 가톨릭계 의료기관이 본격적으로 점액관찰법을 보급하기 시작했다.[48] 결과는 고무적이었고, 이러한 소식을 접한 한국 가톨릭 주교단은 사목교서 「건전한 가족계획」을 통해 "꾸준한 연구와 실험 결과로 이제는 주기법의 여러 가지 문제점[이] 거의 해결되었"다고 공표했다.[49]

또 다른 이유는 춘천교구의 경험과 박토마 주교의 확신이었다. 상기한 바 춘천교구는 박토마를 중심으로 점액관찰법의 도입과 확산에 앞장선 곳이다. 박토마의 입장은 확고했다. 그는 "신자 부부 약 2,000명과 비신자 부부 약 2,000명"에게 교육을 한 결과, "생리상으로는 실패하는 일이 없다"고 확언했다. 물론 엄밀한 통제를 거친 경험은 아니었지만, 4,000명이라는 수는 절대 작지 않았다. 또한, 이는 성골롬반병원과 성요셉의원에 근무하는 산부인과 의사와 간호사 등이 생산하여 보고한 자료이기도 했다. 이로써 박토마의 발언은 종교적 권위에 더하여 의학적 권위를 갖출 수 있었다. 박토마는 확신에 찬 어조로 점액관찰법을 향한 비판을 일갈했다. 점액관찰법의 실패는 "한두 번쯤 강의를 듣고 다 아는 체"하거나 제대로 된 "지도나 감독을 받지 않기" 때문이지, 방법 자체의 문제는 아니었다. 그는 정식으로 훈련받은 요원에게 교육을 받는다면 "이 방법이야말로 … 어떤 자연적인 방법보다도 이해하기 쉽고 안전한 방법이므로 이상적"이라 단언했다.[50]

점액관찰법을 향한 박토마의 확신은 주교단의 입장에 강하게 반영되었다. 점액관찰법을 공인한 1976년의 주교단 사목교서 「건전한 가족계획」은

---

48 Fehring, "A Historical Review of the Catholic Scientists Who Answered the Call of Humanae Vitae": pp.158-160.
49 한국 주교단 사목교서, 「건전한 가족계획」, 24쪽.
50 박토마, 「가톨릭 가족계획사업과 신앙생활」, 『한국가톨릭병원협회지』 6-1, 1975, 18-19쪽.

두 달 전에 발표된 박토마의 글 「혼인과 가정생활」에서 많은 문장을 가져왔다. "혼인생활과 가정생활을 함에 있어서 우리 교우들이 현대 사회의 위험한 견해와 사악한 행습에 물들거나 빠지지 않도록" 사목교서를 작성했다는 서두의 문장이나 "자녀를 낳지 말아야 할 타당한 사유가 있을 때에 주기법에 따라 한동안 금욕 생활을 하는 것은 하느님의 법을 어기는 것이 아니"라는 문장은 두 글이 일치하는 사례 중 일부에 불과하다.[51] 가장 중요한 부분은 점액관찰법에 대한 언급이다. 위에서 언급하였듯 주교단은 사목교서 「건전한 가족계획」을 통해 점액관찰법의 문제가 해결되었음을 공표하였는데, 이는 박토마의 글과 정확히 일치했다. 점액관찰법을 향한 박토마의 신뢰가 주교단의 입장에 그대로 녹아들었음을 시사하는 부분이다.

물론 이 두 가지 이유만으로는 배란조절법이 가톨릭 교회의 문헌에서 갑자기 사라져 버린 이유를 모두 설명할 수 없다. 점액관찰법을 향한 확신이 곧 배란조절법의 폐기를 의미하지는 않기 때문이다. 그러나 앞서 살핀 바와 같이 주교회의는 배란조절법을 명시적으로 부정하기보다는 무시하는 길을 택했고, 그러하기에 배란조절법이 기각된 이유를 알아내기란 쉽지 않다. 한 가지 단서는 1973년의 춘계 주교회의 정기총회 회의록이다. 김승조가 배란조절법의 개발을 보고한 바로 그 회의이다. 김승조와 그로든이 걱정했던 것처럼, 주교단은 배란조절법이라는 새로운 기술의 윤리적 정당성을 확신하지 않았다. 주교단은 "그로[든] 방법을 개발한 필리핀 주교단에 정보 제공을 요청"하고, 이를 바탕으로 입장을 정리하기로 결정했다.[52] 그렇다면 공은 필

---

51 한국 주교단 사목교서, 「건전한 가족계획」, 21, 24쪽; 박토마, 「혼인과 가정생활」, 『한국 가톨릭병원협회지』 7-1, 1976, 3, 5쪽.
52 「주교회의 춘계 정기총회: 결정 사항」, 『경향잡지』 65-5, 1973.5, 20쪽.

리핀 주교단에 던져진 셈이다.

필리핀 주교단은 배란조절법이 '비자연적'이라 판단했다. 월경 주기와 배란일을 고정하는 과정에서 다른 생리적 기능의 훼손이 일어난다는 이유였다. 상기하였듯 그로든은 배란조절법이 경구피임약과 다르게 '자연적 기능'을 억제하지 않는다고 주장했다. 필리핀 주교단의 의학 자문이었던 마닐라 산토토마스대학교 의과대학의 빈센테 로살레스(Vincente J. A. Rosales)의 생각은 달랐다. 로살레스는 여러 연구를 바탕으로, '자연적'이라던 배란조절법이 기실 '자연을 거스르는' 경구피임약과 다르지 않다고 결론 내렸다. 배란조절법에서 사용되는 약이 경구피임약과 동일하게 자궁 경부 점액을 변화시켜 정자의 이동을 막는 한편, 배란 자체를 억제하는 때도 적지 않기 때문이었다. 로살레스는 배란조절법을 '11일짜리 경구피임약'이라 일축하며, "주기법을 활용하여 가족계획을 시도하는 보수적인 환자는 이 방법을 받아들이기 어려울 것으로 보인다"고 썼다.[53]

이는 자연을 재규정함으로써 논란을 우회하려던 논리가 더는 유효할 수 없음을 의미했다. 배란조절법이 기실 경구피임약에 지나지 않는다는 사실은 '완전한 자연'의 실패를 의미했다. 그로든과 김승조는 자연을 완전한 상태로 정의하고, 자연성을 회복하는 정당한 개입의 가능성을 확보하고자 했지만, 이는 모두 무위로 돌아갔다. 로살레스가 드러낸 바와 같이 약을 이용

---

53 Vincente J. A. Rosales, "The Groden Method of Family Limitation," *Boletin Eclesiastico de Filipinas*, 50-563 (1976): pp.720-722. 같은 이유로 로살레스는 배란조절법에서 이용되는 에스트로겐-프로게스테론 복합제를 'pill'이라 불렀다. 이는 다분히 의도적이다. 'pill'은 경구피임약을 가리키는 말로 자주 쓰이는 단어이기 때문이다. 반대로 배란조절법과 경구피임약을 구분하고자 했던 그로든은 'pill'이라는 말 대신 'tablet'이라는 단어를 사용했다. Harold M. Groden, "Ovulation Regulation": p.69.

한 배란의 유도가 정상적인 또는 자연적인 생리 기능의 억제를 수반한다면, 완전성이라는 목표는 결코 달성될 수 없었다. 월경 주기만 제자리로 돌아왔을 뿐, 나머지는 외려 자연에서 멀어졌기 때문이었다. 개입의 정당성 역시 마찬가지였다. 개입은 완전성의 회복을 전제할 때에만 정당했다. 복원의 가능성이 기각된 상황에서, 정당한 개입이란 애초에 존재할 수 없었다. 배란이 억제된 상태를, 자궁 경부가 점액으로 막힌 상태를 완전하다고 할 수 있는가. 그렇다면 이러한 변화를 유도하는 약물의 투여를 정당하다고 할 수 있는가. 자연의 의미는 이제 논란의 대상이 아니었다. 개입이 곧 비자연이기에, 자연은 곧 개입의 부재 즉 '천연'을 의미했다.

논리의 붕괴는 곧 배란조절법의 폐기로 이어졌다. 배란조절법에 쓰이는 경구용 에스트로겐-프로게스테론 복합제가 기실 경구피임약에 지나지 않는다는 필리핀 주교단의 판단이 전해진 이후, 한국 주교단 역시 배란조절법을 기각하였다. 경구피임약을 공개적으로 금지한 상황에서, 배란조절법을 허용할 수는 없는 일이었다. 이는 자칫 자연법을 강조하는 가톨릭 교회의 원칙을 훼손하는 일로 이어질 수 있었다. 마침 점액관찰법이라는 대안도 마련된 상황이었다. 김승조를 비롯한 성모병원의 의료진 역시 주교단의 판단을 따라야 했다. 행복한 가족 사업연구위원회는 주교단의 요청으로 설치된 사실상의 산하 기관이었고, 성모병원과 가톨릭대학 의학부 역시 가톨릭 교회의 '가르치는 권한'인 교도권(敎導權) 아래에 있었다.

가톨릭 교회에 의해 의학적 개입의 범위가 다시 한번 규정되면서, 점액관찰법을 향한 태도는 확연히 달라졌다. 1973년과 1974년의 글에서 보이던 비판적 태도는 한풀 누그러졌다. 김승조는 1976년에 발표한 글 「배란법에 의한 가족계획의 새로운 지견」에서 점액관찰법을 과거의 한계를 극복한 방법이라 소개하였다. "단점이랄까 설명이 부족하였던 점들"이 없지 않았지만 이후 빌링스 부부가 "실제적이고 구체적인 면을 보완"하여 부족한 면을 채 웠기 때문에, 이제는 어느 정도 유용한 방법이 되었다는 서술이었다.[54] 김승 조는 이렇게 과거의 주장과 모순을 일으키지 않는 방식으로, 점액관찰법을 향한 달라진 태도를 표명했다. 이렇게 자연피임법을 둘러싼 논쟁은 완전한 자연에 대한 천연한 자연의, 배란조절법에 대한 점액관찰법의 승리로 종결 되었다.

6. 나가는 말: 논쟁을 정리하며

자연피임법을 둘러싼 논쟁의 핵심은 어떤 기술이 더 나은가를 비교하는 데에 있지 않았다. 쟁점은 무엇을 허용할 수 있는지, 즉 무엇을 논의의 장으로 들여 올 수 있는지였다. 공론장의 안팎은 자연법이라는 담장으로 구분 되었고, 그러기에 논쟁은 여느 기술 경쟁과 달리 기술적 우월성이나 경제적 효율성보다는 자연성 또는 윤리성을 중심으로 진행되었다. 물론 기술 자체에 대한 논의가 부재하지는 않았다. 하지만 그것은 윤리성에 대한 논의에 복속되었다. 기술의 의학적 측면에 대한 언급은 그것의 자연성을 증명하거나 부정하기 위해 이루어질 뿐이었다. 그로든이 의학적 설명보다 '신학적 고려'를 먼저 제시했던, 그리고 로살레스가 배란조절법의 의학적 효과를 문제 삼기보다는 자연성 여부만을 집요하게 따져 물었던 까닭이었다. 기술적

---

54 김승조, 「배란법에 의한 가족계획의 새로운 지견」, 『한국가톨릭병원협회지』 7-1, 1976, 10쪽.

우월성 또는 의학적 효용성은 기술이 공론장 내부에 들어간 이후에야 논의될 수 있는 차후의 사안이었다.

자연법이라는 굳건한 담장을 넘기 위해, 배란조절법을 옹호하던 이들은 자연을 재규정하는 전략을 채택했다. 가톨릭 교회의 울타리 내에서 '자연'은 부정의 대상이 될 수 없었다. 그것은 당연히 인정하고 받아들여야 할 전제였다. 점액관찰법을 내세우던 이들은 물론이거니와 배란조절법을 내건 이들 역시 자연의 윤리적 권위를 의심하지 않았고, 의심할 수도 없었다. 쟁점은 자연의 정의에 있었다. 자연이 인간의 개입이 없는 천연한 상태라면 점액관찰법만이 허용될 터였고, 자연이 태초의 완전한 상태라면 배란조절법이 보다 유력할 터였다.

천연한 자연과 완전한 자연의 경쟁이 대리한 점액관찰법과 배란조절법의 경합은 자연의 의미가 확정되면서 전자의 승리로 귀결되었다. 정당한 개입의 가능성은 철저히 부정당했다. 완전성이라는 이상을 달성하기 위해서라면, 개입은 어떠한 자연적 기능도 저하하거나 억제하지 않아야 했다. 만약 그러한 일이 일어난다면 그것은 이미 완전함과 거리가 있었다. 배란조절법 진영의 그로든과 김승조는 배란의 유도가 태초의 완전성에서 벗어난 월경 주기를 다시 정상으로 되돌릴 뿐, 그 어떠한 기능에도 영향을 미치지 않는다고 주장했다. 그러나 점액관찰법 진영의 로살레스는 배란조절법이 가져오는 부수적인 영향을 거론하며, 개입에 수반되는 부작용의 필연성을 지적했다. 이렇게 개입은 비자연이 되고, 자연은 천연이 되었다. 자연의 의미가 확정되는, 그리하여 배란조절법의 정당성이 기각되는 지점이었다.

자연의 정당성과 의미가 확립된 이후에도, 논란은 없지 않았다. 자연주기법을 향한 의심의 시선은 그리 쉽게 걷히지 않았다. 가톨릭 교회 바깥뿐만이 아니었다. 내부에서도 도전이 제기되었다. 사목교서 「건전한 가족계획」이 반포되고 3년이 지난 1979년 6월, 가톨릭 교회의 기관지나 다름없었던 『경향잡지』에 「가톨릭의 멍에」라는 글이 게재되었다. '생명수'라는 가명을 쓴 익명의 투고자는 "인공피임법은 자연법을 거스르기 때문에 윤리적으로 옳지 못"하다는 가톨릭 교회의 가르침에 "몇십 년 후에 태어날 후손들이 우리를 비웃는 소리가 귓전에 들리는 것만 같다"는 원색적인 비난을 퍼부었다. 뒤이어 그는 "무엇이 '자연스러운가' 묻기보다는 무엇이 '인간적인가' 물어야 한다"고 썼다. "그리스도인은 아리송한 자연법을 따라 사는 사람이기보다 … 이웃 사랑에 메인 사람"일진대, "가족은 가장 가까운 이웃이며, 가족의 행복을 위해서 불가불 인공피임법을 사용해야 할 상황이 없다고는 못"한다는 이유였다.[55]

논리는 투박했지만, 파급은 적지 않았다. 자연보다 인간이 중요하다는 주장은 가톨릭 윤리의 토대인 자연법 자체를 문제 삼는다는 점에서 무모하면서도 강력한 도전이었기 때문이다. 박토마 주교가 빠른 반박을 내어놓은 이유도 여기에 있었다. 두 달 뒤에 출간된 『경향잡지』 1979년 8월호에서 박토마는 '생명수'의 「가톨릭의 멍에」가 "교회의 공식 가르침과 교도권을 반대"하는 글이라 선언했다. 살인이나 자살과 같이 "인공적인 모든 일이 윤리적인 행위가 될 수[는] 없"음에도, 그것을 근거로 "하느님이 세우신 자연 질서"인 "자연법의 가르침"을 부정하고 그릇된 논리를 내세웠다는 이유에서였다.[56] 새로운 내용은 없었다. 이미 확립된 자연의 중요성을 재차 확인한 정

---

55 생명수, 「가톨릭의 멍에」, 『경향잡지』 71-6, 1979.6, 87쪽.
56 박토마, 「비자연적 피임은 죄다: '가톨릭의 멍에'를 읽고」, 『경향잡지』 71-8, 1979.8, 78-79쪽.

도였다. 하지만 그것이 중요했다. 동일한 논리의 반복은 곧 입장의 불가변성을 의미했다.

가톨릭 가족계획 사업은 이후 교회가 인정한 '천연한 자연'의 틀 속에서 진행되었다. 다른 가능성이 제거된 상황에서 점액관찰법은 가톨릭 교회가 공인한 유일한 자연피임법이나 다름없었고, 이는 전국 규모로 확장된 행복한 가정 운동을 통해 보급되고 확산하였다. 이러한 움직임을 기념하기 위해, 1983년에는 점액관찰법을 개발한 빌링스 부부가 내한하여 행복한가정 운동본부와 가톨릭병원협회가 주최한 '크리스찬 가정과 인간성장'이라는 특별 세미나에서 강연하기도 했다.[57] 다시 서두에서 소개한 『가톨릭대사전』의 「가족계획」 항목으로 돌아가자. 여기에서 "자연적 방법"은 "한마디로 주기 금욕법"이라 규정된다. 그러나 처음부터 그랬던 것은 아니었다. 자연의 의미를 고정하고 자연피임법의 방법을 확정하는, 그리고 의료 행위에 대한 교도권을 재확인하고 의학적 개입의 범위를 한정 짓는 일련의 과정을 거치며, 자연주기법과 자연피임법은 비로소 하나가 되었다.

---

57 「자연피임법 부작용 없어 각광」, 《동아일보》, 1983년 11월 9일, 7면.

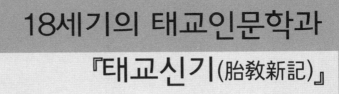

18세기의 태교인문학과
『태교신기(胎教新記)』

김양진 (경희대학교 국어국문학과 교수)

1. 머리말

『태교신기(胎教新記)』(1800/1938)는 생로병사의 첫 출발인 출산에 앞서 출산을 대하는 태도를 '태(胎)에 대한 가르침'의 관점에서 논의한 책이다. 본고에서는 『태교신기(胎教新記)』의 출간 사항과 본문 내용을 개관함으로써 이 책이 태교의 인문학적 측면에서 어떠한 위상을 가지고 있는지를 종합적으로 점검해 보고자 한다.

이 책은 1800년 조선 후기 진주 유씨 한규의 아내 완산 이씨 사주당(1739~1821)[1]이 62세 되던 해에 엮은 책으로 한문 원문 21장(42엽)으로 되어 있으며 3녀1남의 자녀를 낳으면서 겪은 태교의 경험을 바탕으로 딸들과 며느리들에게 교훈을 주기 위해 남의 자녀를 낳으면서 겪은 태교의 경험을 바탕으로 딸들과 며느리들에게 교훈을 주기 위해 여러 경서(經書)의 내용을 참고하여 작성되었다.

---

1 사주당 이씨는 어려서부터 『소학(小學)』 『주자가례(朱子家禮)』 『여사서(女四書)』 등을 비롯한 경서(經書)를 두루 읽고 익혀 당대에 여류문장가로서 널리 알려진 인물이다. 학식과 부덕이 뛰어나, 동해모의(東海母儀)라는 칭송을 받았고 아들 유희의 학문적 발전을 위해 몸소 시험을 통해 스승을 선택한 것으로 유명하다.

유희의 발문에 따르면 처음 사주당 이씨가 작성한 『태교신기(胎教新記)』(1880)는 음식, 의서, 임산부의 금기 등을 모아서 책으로 만든 『교자집요(教子輯要)』를 바탕으로 하여 작성한 것이다. 사주당은 이 책에서 「양태절목(養胎節目)」만 뽑고 『소학』의 「소의(少儀)」와 「내칙(內則)」의 내용을 보충한 것인데 여기에 유희가 언해와 음의(音義)를 달아 1년 뒤인 유희의 28번째 생일날 완성하여 필사본의 상태로 가전(家傳)되어 왔다.

이 책은 이와 같이 오랫동안 유문(柳門)에서 가전되다가 1938년에 경북 예천에서 채한조(蔡漢祚, 1890~1950)가 우승지 신작(申綽, 1760~1828)이 쓴 사주당 이씨에 대한 묘지명(1821) 일부와 정인보의 〈태교신기음의서략(胎教新記音義序略)〉을 서문으로 삼고 〈태교신기장구대전(胎教新記章句大全)〉을 본문 삼아 싣고 그 뒤에 신작이 쓴 묘지명 나머지 부분을 부인의 행장으로 삼아 제시한 뒤, 유희의 한문 발(跋)과 두 딸이 쓴 언한문 혼용문 발(跋), 그리고 후손인 권상규, 이충호, 권두식, 유근영이 쓴 한문 발문까지를 더하여 석판본과 목판본으로 간행하였다.

여기에 유씨 집안에 전해오던 원문의 필사본, 필사본 태교신기언해와 1810년 5월에 사주당 이씨(72세)가 하루만에 써서 더불여 두었다는 부설(附說) 〈태극이기성정귀신인심도심지결(太極理氣性情鬼神人心道心之訣)〉과 〈기삼백주설(朞三百註說)〉,[2] 〈역설(易說)〉을 추가하여 주석을 더한 내용을 I부로 하고, 판본소개 및 연구사를 II부로 하여 1995년 삼광출판사를 통해 출간한 것이 강헌규 선생 주석의 『(註釋影印)태교신기언해(胎教新記諺解)』이다.

---

2 이 부분의 내용은 원문이 온전하게 실려 있지 못하다. 내용이 전개되다가 중간에 '試官'에 대한 주석 및 해설에 대한 내용으로 덮여 있는 것을 볼 때, 편집 과정에 유희의 과시문(科試文)에 대한 주석 내용과 뒤섞인 듯하다.

이상의 내용을 바탕으로 『태교신기(胎教新記)』의 관련 자료들을 작성 시기의 순서에 따라 정리해 보면 다음과 같다.

〈표1〉『태교신기(胎教新記)』 관련 자료들의 작성 시기

번호	작성연도	작성자	내용	기타
①	1800년	사주당 이씨(62세)	〈胎教新記〉/〈胎教新記大全〉[3]	수고본(手稿本)
②	1801년	서파 유희	〈胎教新記音義〉	
③	1801년	서파 유희	〈胎教新記諺解〉	
④-1	1810년	사주당 이씨(72세)	〈틱극리긔셩졍귀신인심도심디결〉	
④-2	1810년	사주당 이씨(72세)	〈긔삼빅주셜〉	
④-3	1810년	사주당 이씨(72세)	〈역셜〉	
⑤-ㄱ	1821년	신작	〈사주당이씨묘지명〉㉠	
⑤-ㄴ	1821년	신작	〈사주당이씨묘지명〉㉡	
⑥	1801년	서파 유희	한문 拔①	
⑦	1810년	맏딸	언문 拔①	
⑧	1810년	둘째딸	언문 拔②	
⑨	1936년	權相圭	한문 발②	
⑩	1937년	李忠鎬	한문 발③	
⑪	1937년[4]	權斗植	한문 발④	
⑫	1936년	柳近永	한문 발⑤	
⑬	1937년[5]	정인보	『胎教新記音義序略』	
⑭	1937년	이강년	태교신기역문	
⑮	1938년	채한조 편	『胎教新記 單』	석판본/목판본
⑯	1967년	한제찬	『태교신기의역』	

3 이 책의 최초 제목은 '〈胎教新記〉'이나 사주당의 삼남 유희가 〈音義〉 및 〈諺解〉를 덧붙여 재편집하면서 '〈胎教新記大全〉'으로 이름을 바꾸었다.
4 한국학중앙연구원의 서지 정보에는 權斗植의 발문이 1836년에 작성된 것으로 잘못 기록되어 있다. 권두식의 발문은 이충호와 마찬가지로 丁丑年(1837)년에 작성된 것이다.
5 정인보의 글은 병자년 음력 12월에 작성되었는데 병자년은 1936년이나 양력으로 환산하면 해가 바뀌어 1937년이 된다.

⑰	1991년	최삼섭, 박찬국	『역주 태교신기』	
⑱	1995년	강헌규	『註釋影印胎教新記』	삼광출판사

　사주당 이씨가 작성한 최초의 『태교신기(胎教新記)』는 수고본(手稿本) 1
책으로, 서문과 원문을 합하여 26장(서문 5장+원문21장)과 언해 43장[6]을 합하
여 모두 69장이다. 이 책의 전체 내용은 한문 원문 및 언해문의 2부로 구성
되고 각 내용이 10장으로 구성되어 있다. 한문 원문은 먼저 짤막한 서론을
통해 태교의 중요성을 알리고 그 방법을 설명하는 본문 내용을 10장으로 나
누어 각 장마다 하위 절로 세분하여 1행 20자로 제시하였고 그에 대한 보충
설명을 한 칸 내려서 각 절에 대한 종합평과 함께 실었다. 여기에 난상 혹은
본문 내용 끝에 유희가 언해와 함께 덧붙인 〈음의(音義)〉가 있다. 언해문은
『태교신기(胎教新記)』의 본문 부분만 한한문(漢韓文) 방식으로 제시한 후 이
에 대한 유희의 언해문을 언해문 자체에 대한 주석과 함께 더하였다.

　이러한 이유로 『태교신기(胎教新記)』는 태교에 대한 최초의 본격적인 저
서(특히 여성 저자에 의한)라는 의의 이외에도 〈태교신기대전(胎教新記大全)〉
의 한자어들에 대한 유희의 〈음의(音義)〉와 〈태교신긔언해(胎教新記諺解)〉
및 그 언해문의 주석들 통해 19세기 초반 우리나라 한자음과 근대국어의 모
습을 알 수 있는 자료로서도 의의가 있다. 또한 이 자료의 중요성을 인식한
사주당 이씨의 직계 혹은 방계의 후손들과 정인보에 이르기까지 여러 사람
들의 '태교'에 대한 인식이 직접 간접으로 반영되어 있다는 점에서 이 자료

6　언해 부분은 『胎教新記』 원문 언해인 〈胎틱教교新신記긔諺언解해〉 34장과 〈太極理氣
　性情鬼神人心道心之訣〉과 〈菁三百註說〉 및 〈易說〉에 대한 언해문 9장을 포함한 것인데
　강헌규(1995)에서는 후자의 원문은 누락되었고 그에 대한 주석본만 따로 원문 영인과 별
　도로 제시되어 있다.

를 통해 단순한 개인 자료의 성격을 넘어 시대 의식의 발로로 인식될 만한 인문학적 가치를 찾아볼 수 있다.

본고에서는 이러한 인문학적 가치의 실질적 배경이 되는 『태교신기(胎教新記)』(李師朱堂, 1800/1938) 본문의 내용상의 흐름을 따라 가면서 이 책에서 말하고자 하는 인문학적 관점에서의 '태교', 즉 '태교의 인문학'을 짚어보고자 한다.

2. 『태교신기(胎教新記)』의 탄생

『태교신기(胎教新記)』(1800/1938)의 본문은 짧막한 서론적 내용과 함께 총 10장으로 구성되고 일부 장은 하위 절로 내용이 나뉘어 있다. 전체의 구성을 표로 보이면 다음과 같다.

〈표2〉 『태교신기(胎教新記)』(1800/1938) 본문의 전체 구성

	분장	절 차례	절수
서론	서론		1절
본문	제1장	제1절/제2절/제3절/제4절/제5절/제6절	6절
	제2장	제1절/제2절	2절
	제3장	제1절/제2절/제3절	3절
	제4장	제1절~제14절	14절
	제5장	제1절/제2절	2절
	제6장		1절
	제7장	제1절/제2절	2절
	제8장	제1절/제2절	2절
	제9장		1절
	제10장		1절
합계	총11장		35절

아래 1)에서 보인 바와 같이, 이 책의 서론에서는 이 책이 명나라 강녕 유씨(江寧劉氏)가 지은 『여범(女範)』[7]에서 가져온 '태교(胎敎)'의 전통적 맥락을, 사주당 이씨 자신의 경험을 바탕으로 재해석하고 이를 후대의 모범으로 삼고자 새로이 엮은 것임 읽어볼 수 있다.

1) 『태교신기(胎敎新記)』의 서론

女녀範범〈明명節절婦부劉류氏시의지은글〉에갈아대넷어진

녀편내아기잇음에胎태敎교할줄을반다시

삼갓다하니이제모든글에상고하매그法법

을傳전한대업스나제뜻으로求구하여도대

컨或혹可가히알띠라내일즉두셔너娠신育육

〈아기배여낫한말〉에시험한바로긔록하여한編편

을만다러써모단딸을뵈나니敢감히쳔자로

---

7 『여범첩록(女範捷錄)』을 말한다. 여사서(女四書) 중 하나로 알려졌으며 명말청초(明末淸初) 중국의 여성학자 유씨(劉氏)가 쓴 여성 교육서이다. 모두 총 11편(篇)으로 구성되어있는데, 각 편의 서두와 마무리는 주제별로 유교의 도리(道理)와 부덕(婦德)에 대해 설명하였고, 본 내용은 역사적으로 실존하였던 여성들의 행적들을 제시하였다. 『여범첩록(女範捷錄)』은 유씨(劉氏)의 아들 유왕상(兪王相)이 주를 달고, 『여계(女誡)』, 『여논어(女論語)』, 『내훈(內訓)』과 함께 《규각여사서(閨閣女四書)》로 간행하면서 동아시아 전체로 널리 전파되어 권위 있는 여성교육서로서 자리매김하게 되었다.(김지선, 2012 참조) 흥미로운 것은 『여범첩록(女範捷錄)』을 포함하여 《여사서(女四書)》 전체에서 '태교(胎敎)'에 대한 언급이 빠져 있다는 점이다. 김지선(2012)에서는 이를 통해, 《여사서(女四書)》가 실질적으로 여성을 교육하는 데 필요한 서적이었다기보다는 남성 문인, 특히 명말청초(明末淸初) 유민(遺民) 남성 학자의 시선에 의해 재구성된 교육서로 볼 수 있다는 지적된 바 있다.

이[8] 스사로著져述슐〈글짓단말이라〉하여사람의눈에

자랑홈이아니나그러나오히려可가히內내

則측〈禮례記긔녯글일홈〉의빠지옴을갓촐디라그럼으

로일홈하여갈아대胎태敎교新신記긔라하

노라

(현대어 풀이)

〈여범〉[9]에 이르기를 옛날 현명한 여인은 임신을 하면 반드시 태교하는 것
을 조심하여 행하였다 하니, 여러 책들을 조사해 봐도 그 법을 전하는 것이
없으나 스스로 (태교의 방법을) 찾아봐도 대강은 능히 알 것이다. 내가 일쩍
이 두서너명을 임신하고 낳으며 시험해 본 경험을 기록하여 한 편의 책을
만들어 여러 딸들에게 보이는 것이니 감히 멋대로 글을 써서 자랑하려 함이
아니고, 능히 내칙[10]에서 빠진 것을 갖춘지라. 그럼으로 이름지어 이르기를
〈태교신기〉라 하노라

1)의 『태교신기(胎敎新記)』 서론에서는 여러 책들을 조사해 봐도 태교의
방법을 전하는 것이 없어서 스스로의 태교 및 출산의 경험을 통해 이 책을

---

8 擅恣. 천자하다. 제 마음대로 하여 조금도 꺼림이 없다. 천자로이는 '제 마음대로 해서 조
   금도 꺼림이 없이'의 뜻.
9 명나라 강녕 유씨(江寧劉氏)가 지은 책. 음양의 이치에 따라 남자와 여자의 근본과 도리
   를 설명한 뒤 가정에서 여성의 역할을 강조하면서 이에 따라 여성교육의 중요성을 역설
   하였다.
10 오경 중 하나인 『예기(禮記)』의 49편 중 한 편. 『예기』는 예절에 대한 내용을 집대성한 책
   으로, 〈內則〉은 여자들이 가정 안에서 지켜야 할 법도나 규칙에 대해 설명하고 있다.

쓰게 되었다는 내용과 이 글이 단순히 남들에게 건방지게 자랑하려는 것이 아니라 여러 딸들에게 보여 경계를 삼고자 하였다.

『태교신기(胎敎新記)』의 서론 이하 본문(제1장~제10장)의 내용은 다음과 같이 세 부분으로 이루어져 있으며 그 하위로 총 34개의 절이 나누어져 있다.

2) 『태교신기(胎敎新記)』 본문의 구성

I. 태교의 개념

- 1장(1절~6절-가르침[敎]) - 2장(1절~2절-임신[胎]) - 3장(1절~3절-가르침[胎]와 임신[敎]의 상관성)

II. 태교의 방법

- 4장(1절~14절, 개관-대접하는 법-보는일-듣는일-마음가라앉히기-말하기-거하기-일하기-앉고움직이기-서고다니기-자고눕기-먹기-아이낳기-맺음)

III. 태교에 대한 잡론

- 5장(1절~2절, 태교 권장-반복)

- 6장(1절, 태교를 하지 않았을 때의 손해)

- 7장(1절~2절, 태교에서 경계할 일)

- 8장(1절~2절, 태교의 이치를 밝힘)

- 9장(1절, 문왕의 고사)

-10장(1절, 태교의 근본)

아래 3장에서는 4)에 정리된 순서에 따라 『태교신기(胎敎新記)』의 본문 내용을 구체적으로 살펴봄으로써 18세기 사주당 이씨가 생각하고 있던 '태교

인문학'의 진수를 알아보고자 한다.

3. 『태교신기(胎敎新記)』의 인문학

앞서 언급한 것처럼 『태교신기(胎敎新記)』(1800/1938)의 본문 내용은 ①태교의 개념 ②태교의 방법 ③태교에 대한 잡론의 3가지 주제로 나뉘어 있다. 내용 전개의 흐름에 따라 그 각각의 내용을 알아보자.

1) 태교의 개념

이사주당은 『태교신기(胎敎新記)』(1800/1938)에서 '태교(胎敎)'를 먼저 '가르침[敎]'으로부터 '수태[胎]', 그리고 '수태[胎]'와 '가르침[敎]'의 관계에 대한 개념의 순서로 설명하고 있다.

『태교신기(胎敎新記)』 본문 제1장에서는 '가르침[敎]'에 대해 포괄적으로 이야기하고 있다. 태교의 이치를, 태아의 기질(氣質)이 부모에게서 유래함을 밝힘으로써 이를 스승의 가르침에 앞서는 '최초의 가르침'을 말하는 것으로 봄으로써 '태교(胎敎)'가 '가르침[敎]'의 영역에 속함을 강조하고 있다. 그 세부 내용은 다음과 같이 6단계로 이루어진다.

〈표3〉 본문 제1장 태교에서의 '가르침[敎]'의 의미

제1절	사람의 기질이 부모에게서 말미암음을 말함.
제2절	'가르침'에 본말이 있는데 '아버지의 낳음(하루)'과 '어머니의 기름(열 달)'이 '本'이고 '스승의 가르침(10년)'이 '末'임.
제3절	아버지의 도리-태교는 남녀가 한 방에 거하는 때부터 시작하며 그 책임은 전적으로 아버지에게 있음.

제4절	어머니의 도리-잉태한 이후, 열 달간의 태교의 책임은 오로지 어머니에게 있음.
제5절	스승의 책임-장성한 뒤에야 스승에게 책임이 있음. "잘 가르치는 자는 사람으로 하여금 그 뜻을 잇게 한다"(『禮記』〈學記〉를 인용)
제6절	3, 4, 5절을 요약. 知의 부족(아버지의 허물), 才의 부족(어머니의 허물) 그 후에야 스승의 책임을 물을 수 있음.

　〈표3〉의 태교에서의 '가르침[敎]'은 전체적으로 '기(제1절)-승(제2절)-전(제3절~제5절)-결(제6절)'의 구성으로 이루어져 있다고 할 수 있다.

　제1절은 내용의 흐름상 '기(起)'에 해당한다. 여기에서는 사람은 타고난 성품과 부모로부터 받은 기질의 조합으로 이루어지기 때문에 부모는 아이를 낳고 기르는 일에 있어서 그 아이의 기질이 한쪽으로 심하게 치우치지 않도록 신중히 해야 한다는 내용을 담고 있다.

　제2절은 내용의 전개상 '승(承)'에 해당하는데, 여기에서는 '아버지로부터의 낳음(하루)'과 '어머니의 기르심(열 달)', '스승의 가르치심(10년)'이 모두 교육의 관점에서 하나의 과정이되 '가르침[敎]'의 근본(根本)이 '수태[胎]의 가르침[敎]' 즉 '아버지로부터의 낳음(하루)'이고 '가르침[敎]'의 끝[末]이 '사(師)의 교(敎)' 즉 '스승의 가르침(10년)'임을 강조함으로써 '가르침[敎]'의 관점에서 '임신[胎]'를 어떻게 인식해야 하는지를 설명해 주고 있다. '사람의 가르침'에 있어서 최초의 가르침은 곧 '아버지로부터 수태(受胎)'하는 단계에 이루어진다는 것이다.

　제3절~제5절은 스토리전개상 '전(轉)'에 해당한다. 여기서는 '사람의 교육'이 '아버지의 도리(처음 합방할 때부터 시작됨-이 시기의 교육은 전적으로 아버지에게 책임이 있다.)'와 '어머니의 도리(잉태한 이후, 10달 간의 태교-이 시기의 교육은 오직 어머니에게 책임이 있다.)'가 있은 이후에야 '스승의 책임(아이가 장성한

이후에만 스승에게 책임이 있다.)'이 있다고 본다. 또한 '잘 가르치는 자(즉 좋은 스승)'는 '그 뜻(즉 최초에 아버지로부터 잉태되어서 10달 간 어머니로부터 길러지는 것의 의미)'을 '잇게 하는 것'이 교육의 본질임을 강조한다.

제6절은 '결(結)'에 해당하는데, 제3절~제5절의 내용을 요약한 것이다. 즉 '기(氣)와 혈(血)이 엉겨 정체되고(순환되지 못하고) 지(知, 앎)와 각(覺, 깨달음)이 순수하지 못한 것'은 '아버지의 허물'이고 '형(形)과 질(質)[즉 용모]이 비루하고 재(才, '결단함'의 뜻.)와 내(能, '견딤'의 뜻.)[11]가 보태지지 못한 것'은 '어머니의 허물'이다. 무릇 그 이후에 스승의 책임이 있으니, 스승의 가르침이 부족은 스승의 허물만이 아니라는 것이 제1장 제6절에서 요약 정리한 내용이다.

『태교신기(胎敎新記)』 본문 제2장에서는 '가르침[敎]'에 이어서 '수태[胎]'에 대하여 말하고 있다.

〈표4〉 본문 제2장 '수태(胎)'의 비유

| 제1절 | 만물의 본성은 처음 발생시(배태시)에 결정됨. 胎가 성품의 근본이며 가르침은 末이다. |
| 제2절 | 사람의 본성은 어미의 뱃속에서 길러진다.(예, 南-너그럽고 어짊/北-굿세고 의기를 선호.) |

제2장의 제1절에서는 만물의 본성이 처음 발생할 때 결정되기 때문에 태(胎)야말로 근본적인 가르침이며 나머지 가르침은 지엽적인 일임을 나무와 쇠의 속성을 통해 비유적으로 나타내고 있다. 이 부분의 주석에서 사주당은, 사람의 본성을 태교에서 얻는 일이 나무의 속성이 봄에 부여되기 때문에 사물을 부드럽게 하여 흘러 합칠 수 있는 것과 같은 일이라고 보고 이와 같

11 여기서 '能'은 [乃代]反으로 '내'로 발음되며 그 의미는 '능력'이 아니라 '견디다'이다.

이 사람의 태어나는 일이 나무의 싹이나 철광석이 생기는 일과 같은 것임을 강조하고 있다. 나무는 쇠의 성질이 왕성한 중추(中秋)에 수분(受粉)이 이루어지기 때문에 비록 잎이 무성해지더라도 (쇠처럼) 곧게 뻗어나가는 성질이 있는 것이고 쇠는 나무의 성질이 왕성한 춘분(春分)부터 무른 땅의 압력을 받아 이루어지기 시작하기 때문에 비록 굳세고 날카로운 속성을 지니고 있다 하더라도 (녹으면) 흘러서 하나로 엉기는 성질을 지니게 된다는 것이다.

　제2장의 제2절에서는 지역에 따라 사람의 기질이 다름을 『중용』에 인용된 자로와 공자의 대화를 통해 비유하고 있다. 중국에 한정된 일이겠지만 남방에는 물(즉 장강)이 흐르기 때문에 사람들의 입이 크고 북방에는 높은 산이 있기 때문에 사람들이 코가 크게 태어나는데, 남방은 물의 속성에 따라 너그러움과 부드러움으로 가르치므로 무도한 이에게 보복하지 않는 강함을 지녔고 북방은 산의 속성에 따라 쇠[무기]와 가죽[갑옷] 깔고 살다가 죽더라도 이를 피하지 않는 강함을 지니고 있어서, 남방에서는 군자가 나기 쉽고 북방에서는 강자(强者)가 나기 쉽다는 기질론을 통해 사람을 포함하는 사물의 본성이 배태(胚胎) 시에 길러진다는 것이 이 부분 주석의 주요 내용이다.

　제1장에서 '가르침[敎]'을 언급하고 제2장에서 '수태[胎]'를 언급한 데 이어 제3장에서는 '수태(胎)'와 '가르침[敎]'를 (함께) 갖추어 2개의 절로 나누어 논하고 있다. 제3장의 제1절에서는 옛날 성현들부터 태교의 방법이 있었음을 말했고 제2절에서는 요즘에는 태교를 하지 않아서 자식이 불초하게 되는 경우가 많아진 것이 안타까움을, 제3절에서는 금수도 태교를 통해 부모를 닮는 새끼가 나오는데 사람 중에 그렇지 못한 경우가 나오기 때문에 이를 바로잡기 위해 성인의 태교가 필요함을 다루고 있다.

제1절	옛날 사람[聖王]의 태교. 아이 배고 3달간 별궁에서 보고 듣고 먹는 일을 절제함. 자식이 부모를 닮는 것이 효이므로 군자는 '미리 가르치고자' 태교를 한다.
제2절	요즘 잉태한 사람 중에 열에 아홉은 태교를 안 해서 자식이 불초하게(갖추어지지 못하게) 됨.
제3절	금수(禽獸)도 어미를 닮는데 사람 가운데 사람 같지 않고 금수(禽獸)만도 못한 사람이 있기 때문에 성인이 태교의 법을 만들었음.

제3장 제1절에서는 옛 사람의 태교를 성왕(聖王)의 예를 통해 설명한다.[12] 그 핵심적인 내용은 임신한 사람은 아이를 배고 석달간 별궁에서 보고 듣고 먹는 일을 절제해야 한다는 것으로 이는 아이를 사랑하지 않아서가 아니라 미리 가르치기 위한 것인데 가르침의 핵심은 '부모를 닮는 것'이다. 따라서 군자는 이를 '미리 가르치고자' 태교를 한다는 것이다.

제2절은 제1절의 옛 사람들과 대비할 때, 요즘(이 글을 쓰던 당시인 18세기 말)에는 잉태한 사람 중에서 열에 아홉은 "괴이한 맛을 먹고 서늘한 것을 즐기고 웃기는 이야기를 선호하고 아기 밴 것을 속이고 늦게 일어나고 오래 자"기 때문에 영양과 위생이 멈춰지고 섭생이 어그러지고 보충하는 것이 늦추어진다. 그러한 이유로 (임부가) 병이 더 많아지고 해산이 어려워지며 아이가 (제대로) 갖추어지지 못해서 그 집안을 망가뜨린 이후에야 (임부가) 제 운명에다가 원망을 돌린다는 내용을 통해서 태교의 부재로 인해 자식이 불초하게 될 수 있음을 강조하였다.

제3절은 짐승들도 새끼를 배면 수컷을 멀리하고 알을 품을 때는 먹을 것을 절제하며 심지어 나나니벌은 새끼를 낳으면 '我類我類(워레이워레이, 〈날

---

12 이 부분의 내용은 『안씨가훈(顔氏家訓)』에서 가져온 것이다.

닭아라 날 닮아라)' 하고 소리를 내는데, 사람 가운데 갖추어지지 않은 채 태어나는 아이가 있는 것은 태교가 부족하기 때문이라고 보고 성인(聖人)이 이를 안타까이 여겨서 태교(胎教)의 법을 만든 것이라고 하였다.

2) 태교의 방법

『태교신기(胎教新記)』(1800/1938) 본문의 두 번째 주제는 태교의 방법에 대한 것이다. 사주당은 『태교신기』(1800/1938) 제4장을 통해 태교의 구체적인 방법에 대해서 항목별로 상세하게 설명하고 있다. 이를 표로 정리하면 다음과 같다.

〈표6〉 제4장 태교의 방법

제1절	전체의 내용 개관. 임신을 하게 되면 온 집안 사람이 노력해야 함.
제2절	임부를 대하는 법: 뱃속 열달 동안 어미에게서 칠정(七情)을 배운다.
제3절	보는 일: 좋은 것을 보고 나쁜 것을 보지 않아야 한다.
제4절	듣는 일: 좋은 것을 듣고 나쁜 것을 듣지 않아야.
제5절	마음가짐: 마음을 차분히 해야 한다.
제6절	말하기: 마음을 바르게 한 뒤에 말을 바르게 한다.
제7절	거(居)하고 양생하기: 머리와 몸과 입을 늘 한결같이 단정히 하라.[13]
제8절	일하기: 해야 할 일과 하지 말아야 할 일
제9절	앉아서 움직이기
제10절	서서 돌아다니기
제11절	자고 눕기
제12절	먹기
제13절	출산과 출산 후의 대책
제14절	전체 13절을 끝맺음(맺음말)

제1절에서는 태교를 위한 방법의 전체적인 개관으로서, 임신을 하게 되면 임부(妊婦)뿐 아니라 온 집안 사람이 다 함께 노력해야 함을 강조하고 있다. 온 가족은 합심하여 (姙婦가) '괴이한 일'과 '흉악한 일', '어려운 일', '급한 일'을 안 듣게 해야 하는데 괴이한 일로 의심하면 자식의 기운이 병들고, 흉악한 일로 무서워하면 자식의 정신이 병들고, 어려운 일로 근심하면 자식의 피가 병들고, 급한 일로 놀라면 자식의 간이 병들기 때문이다. 여기에는 외부의 환경적 요인이 태아의 발생 단계에 영향을 미쳐서 태아의 신체에까지 그 영향이 남겨진다는 일종의 기질론(氣質論)이 반영되어 있다.

제2절에서는 임부를 대하는 법에 대한 것으로, 임부의 곁에는 항상 착한 사람이 있어서 임부의 기거를 돕고 임부의 마음을 기쁘게 해서 태아가 본받을 말과 법 받을 일을 귀에 끊임없이 들려주어야 한다. 그렇게 하고 나면 게으르고 사기로운 마음이 생겨날 수가 없기 때문이다. 아이는 이와 같이 어머니의 뱃속에서부터 '희로애락애오욕'의 칠정(七情)을 배우기 때문에 어머니의 기쁨과 성냄, 슬퍼함과 즐거워함이 절도에 지나치지 않도록 해야 한다는 것이다.

제3절에서 제12절까지는 임부(姙婦)가 임신 중에 가져야 하는 태도에 대해서 각각 '보는 일(3절), 듣는 일(4절), 마음가짐(5절), 말하기(6절), 거하고 양생하기(7절), 일하기(8절), 앉아서 움직이기(9절), 서서 돌아다니기(10절), 자고 눕기(11절), 먹기(12)'의 각 항목에 대한 유의 사항을 세세하게 기록하고

---

13 임신한 뒤에는, 부부가 함께 자지 말며, 너무 덥게 입지 말며 너무 배불리 먹지 말며 잠자는 일과 눕는 일을 너무 많이 하지 말며(때때로 걸음을 걸으며) 찬 데 앉지 말며 더러운 데 앉지 말며 험한 데 지나가지 말며 무거운 것을 들지 말며 몸이 상하도록 수고하지 말며 쓸데없이 침을 맞거나 뜸을 뜨지 말며 공연히 약을 먹지 말라.

있다. 즉 볼 때는 좋은 것[14]만 보고 나쁜 것[15]은 보지 말아야 하며, 들을 때는 좋은 것[16]만 듣고 나쁜 것[17]은 듣지 말아야 하며, 마음가짐은 항상 마음을 가라앉히고 나쁜 마음[18]을 마음속에서 싹이 보이지 않게 해야 망녕된 말이 없어 얼굴에 거리끼는 기색이 없으니 이를 잠깐만 잊어도 (아기의) 피가 나빠진다고 하였다. 기실 이러한 주장의 의미는 임부의 정성이 태아의 성장에 물리적, 정신적 영향을 미침을 강조하고자 한 것일 뿐이다.

  말할 때는 이와 같이 마음을 바르게 한 뒤에 말을 해야 하니, "분해도 모진 소리를 내지 말아야 하며, 성나도 사나운 말을 하지 말아야 하며, 말할 때 손짓을 해서도 안 되고, 웃을 때 잇몸을 드러내서도 안 되고, 외간남자와 희롱하는 말을 해서도 안 되며, 몸소 종을 꾸짖어서도 안 된다. 심지어 몸소 닭, 개를 꾸짖는 것도 안 되며, 사람을 속이지 말며, 사람을 훼방하지 말며, 귓속말을 하지 말며, 근거 없는 말을 전하지 말며, 직접 일을 당한 것이 아니면 말을 많이 하지 말라" 등등에 유의해야 하고, 어딘가에 거할 때는 머리와

---

14 예를 들면, 귀인과 호인, 흰 벽옥과 공작의 빛나고 아름다운 것, 성현의 글, 신선이 관대와 패옥을 한 그림 등이 이에 포함된다.
15 예를 들면, 광대, 난장이, 원숭이류, 희롱하며 다투는 모습, 형벌, 휘두르며 동이며 죽이며 해하는 일, 병든 것, 병든 사람, 무지개, 벼락, 일식, 월식, 낙성, 혜성, 발성, 물난리, 나무 부러지는 일, 집 무너지는 일, 새, 짐승 등이 흘레 붙는 일, 상한 것, 지저분하고 애처로운 벌레 등이 이에 포함된다.
16 예를 들면, 글귀를 외우고(독서), 글을 이루고(작문), 거문고나 비파 타기(음악감상) 등이 이에 포함된다.
17 예를 들면, 굿풍류, 잡노래, 시장통 수군거림, 여편네들의 잔걱정, 술주정, 분한 욕설, 서러운 울음 등이 이에 포함된다.
18 예를 들면, 사람을 해하려는 마음, 산 것을 죽이겠다는 마음, 자라는 것을 꺾으려는 마음각, 탐내고 도적질하고 시샘하고 훼방 놓을 생각 등을 "예를 들면 사람을 해하려는 마음, 산 것을 죽이겠다는 마음, 자라는 것을 꺾으려는 마음과 탐내고 도적질하고 시샘하고 훼방 놓을 생각 등이 이에 해당한다.

몸과 입을 한결같이 단정하게 해야 하니, 곧 임신한 뒤에는 부부가 함께 자지 말아야 하고, 너무 덥게 입지 말아야 하고, 너무 배불리 먹지 말아야 하며, 잠자는 일과 눕는 일도 너무 많이 하지 말며(때때로 걸음을 걸으며), 찬 데 앉지 말고 더러운 데 앉지 말며, 악취를 맡지 말며, 높은 곳에 오르지 말며, 밤에는 외출하지 말며, 바람 불고 비오는 날에는 나가지 말며, 산과 들에 나가지 말며, 우물이나 무덤을 엿보지 말며, 옛사당에 들어가지 말며, 높은 데 오르거나 깊은 곳에 가지 말며, 험한 곳을 건너지 말며, 무거운 것을 들지 말며, 힘든 일을 심하게 해서 몸이 상하게 하지 말아야 하며, 침이나 뜸을 함부로 사용하지 말며, 탕약을 함부로 복용하지 말며, 항상 마땅히 마음을 맑게 하고 고요하게 거처하여 온화하고 알맞게 해야 하는 것이다.

이 밖에 임부는 일할 때는 굳이 맡길 사람이 없다고 하더라도 몸소 누에치지 아니하며, 베틀에 오르지 아니하며, 바느질을 반드시 삼가서 바늘이 손을 상하지 않도록 하며, 반찬 만드는 일을 반드시 삼가서 그릇을 떨어뜨려 깨뜨리지 않도록 하며, 찬물과 찬 국물을 손에 대지 말며, 날카로운 칼을 쓰지 말며 산 것을 칼로 베지 말며, 부득이 자를 때에는 반드시 반듯하게 잘라야 한다. 또한, 앉아서 움직이기,[19] 서서 돌아다니기,[20] 자고 눕기[21] 등에

---

19 (임부가 앉아서 움직일 때에는) 단정히 앉아서 기대지 말고 뻗쳐 앉지 말고 걸터앉지 말고 마루기슭에 앉지 말고 앉아서 높은 것을 내리지 말고 서서 땅에 있는 것을 집지 말고 왼편것을 오른쪽에 두지 말고 오른쪽 것을 왼쪽에 두지 말며 어깨 뒤로 돌아보지 말며 해산달에는 머리를 감지 말라.
20 (임부가 서서 돌아다닐 때에는) 한쪽 발에만 힘쓰지 말고 기둥에 기대지 말고 위험한 데를 딛지 말고 기울어진 길에서 오지 말고 올릴 때는 천천히 하고 내릴 때는 반드시 앉아서 하며 급히 뛰지 말며 뛰어 건너지 말라.
21 (임부가 자고 누울 때에는) 업드려 자지 말고 죽은 사람처럼 누워있지 말고 몸을 고부라뜨리지 말고 문틈에 몸이 끼게 하지 말고 추운데 누워있지 말고 혹한과 무더위에 낮잠을

대해서 자세히 설명하고 맨 마지막에 '먹기'[22]를 두었는데 이는 '먹기'가 가장 중요하기 때문이다.

제4장의 제13절에서는 출산 뒤의 행동, 즉 태교를 통해 아이를 낳고 난 뒤의 산모가 해야 할 일에 대해 말해 주고 있다. 아이를 낳고 나면 곧 태교가 끝난다. 임부는 해산하고 나면(이제부터는 산모가 된다) 음식을 충실히 하고 천천히 다니기를 자주하고, 잡사람들과 함께 하지 말며, 자식 보아줄 사람을 반드시 가리고, 아파도 몸을 비틀지 말고 몸을 젖혀서 누우면 쉽게 낫는다는 내용을 통해 태교가 끝난 뒤(즉 출산한 뒤)의 산모가 해야 하는 산후 유의 사항을 설명해 주고 있다.

제14절에서는 제4장의 제2절에서 제13절까지의 태교의 실제 내용을 요약 정리하면서, "임신한 동안 아기가 어머니와 혈맥이 붙어 이어지고, 숨쉬기와

자지 말고 배불리 먹고 자지 말고 해산달이 되어가거든 옷을 빼서 옆에 괴고 반밤은 왼쪽으로 눕고 반밤은 바르게 누워서 법을 삼아야 한다.

22 (임부는) 자고 일어나면 바로 먹어야 한다. 하지만 생김이 바르지 않거나 벌레 먹거나 떨어진 과일은 먹지 않고 선물과 상추를 먹지 않으며 찬 음식이나 물러지고 쉰밥이나 무른 물고기와 뭇괴 썩은 것을 먹지 않으며 색깔이 나쁘면 먹지 않고 냄새가 나쁘면 먹지 않고 잘못 끓인 것은 먹지 않고 제때 음식이 아닌 것은 먹지 않고 고기가 비록 많지만 밥 기운을 이기게 하지 말아야 한다. 술을 먹으면 일백 가지 맥이 풀리고 나귀와 말고기와 비늘 없는 물고기는 해산이 어렵고 엿기름과 마늘은 태를 삭히고 비름과 메밀과 율무는 태를 떨어뜨리고 마와 메와 복숭아는 자식에 마땅하지 않고 개고기는 자식이 소리를 못 내고 토끼고기는 자식이 언청이가 되고 방게는 자식이 옆으로 나오고 양의 간은 자식이 병이 많아지고 닭고기와 계란을 찹쌀에 어우르면 자식이 촌백충이 들고 오리고기와 오리알은 자식이 거꾸로 나고 참새고기는 자식이 음란해지고 생강싹은 자식이 손가락이 많아지고 메기는 자식이 감창 먹고 산양고기는 자식이 병이 많고 버섯은 자식이 경풍을 앓아 일찍 죽는다. 계피, 마른생강으로 양념하지 말고 노루고기와 말조개로 지짐을 하지 말며 쇠무릅과 횟잎으로 나물을 하지 말고 자식이 단정하고자 하거든 잉어를 먹고 자식이 살이 많고 힘있게 하려면 쇠콩팥과 보리를 먹으며 자식이 총명해지고자 하면 뭐를 먹고 해산 때가 되면 새우와 미역을 먹으라.

움직이고 그 기뻐하고 성내는 바가 자식의 성품이 되며, 보고 듣는 바가 자식의 기운이 되며, 마시고 먹는 바가 자식의 살이 되니, 어미된 자가 어찌 조심하지 않겠는가."라고 하여 태교의 필요성을 다시 한번 강조하고 있다.

3) 태교에 대한 잡론

『태교신기(胎敎新記)』(1800/1938)의 5장 이하 10장까지는 태교에 대한 잡론이다. 여기에서는 다양한 방법으로 '태교하기'를 반복해서 권하는 내용을 담고 있다.

제5장은 태교의 중요성과 필요성을 강조한 것인데 제5장의 제1절과 제3절에서는 태교의 중요함이 강조되어 있고 제2절에서는 태교의 필요성이 부연 설명되어 있다.

제5장 제1절에서는 태교를 알지 못하면 어머니가 될 자격이 부족하다고 하고 어머니는 반드시 마음을 바르게 가져야 하는데, 이를 위해서는 보고 듣는 것을 삼가고 앉고, 서는 것을 삼가며, 자고 먹는 것을 삼가되 잡됨이 없어야 하며, 충분히 잡됨이 없이 한다면 능히 마음을 바로 할 수 있어서 삼가는 일들에 맞는 방법이 있을 것이라고 함으로써 4장에서 나열한 태교 내용들의 중요함을 강조하였다. 제2절에서는 임부가 10달의 수고를 꺼린다면 소인의 어머니가 될 수 있고, 10달의 수고를 애쓴다면 군자의 어머니가 될 수 있는데, 이 둘 중 어느 쪽을 택하겠는가를 물은 뒤, 결혼에 앞서 이와 같은 자식 기르는 방법으로서의 태교를 배워 둘 필요가 있음을 부연 설명하였다. 제3절에서는 어머니로서 태교를 행하지 않는 경우는 태교를 듣지 못했거나 태교를 포기하여 행하지 않는 것인데, 힘써 행한다면 이루어질 터이니

어머니 되려는 사람이 어찌 태교에 힘쓰지 않을 수 있겠는가를 반문함으로써 태교의 중요함을 반복하여 강조하고 있다.

제6장에서는 태교를 통해 삼가지 않음으로써 발생하는 문제가 자식의 재주 없음에 그치지 않고 형태가 온전하지 않다든지, 병이 심하게 많을 것이라든지, 또는 낙태하거나 난산하거나 사산하는 일이 생길 수 있는데 이는 '수태[胎]를 통한 가르침', 즉 '태교(胎敎)'를 제대로 하지 않았기 때문이라고 하여 '태교'는 반드시 행해야 하는 일임을 강조한 것이다.

제7장에서는 태교를 행함에 있어서 미혹한 사술을 취하는 경우와 삿된 마음을 갖는 경우를 경계하고 있다. 제1절은 소경과 무당을 집으로 불러들여 부적이며 진언을 하고 빌며 푸닥거리를 한다든지, 부처를 섬겨 중과 여승에게 시주하는 일과 같이, 그릇된 생각이 들면 거스르는 기운이 이에 응하고 거스르는 기운이 (아이의) 형상을 이룸에 길한 바가 있을 수 없음을 말한 것이고, 제2절은 성품이 질투가 많은 경우는 태어난 아이에게 재주가 있으면서 오래 사는 일이 쉽지 않으며 마음이 선해야 그 내림이 손자자식에까지 이름을 말한 것이다.

제8장은 '태(胎)'의 비유를 다룬 제2장에 대한 보충으로서, 태교의 이치를 증거를 통해 밝히려고 한 것인데, 제1절에서는 임부인 어머니가 찬병을 얻으면 뱃속의 아이도 함께 차가워지고, 어머니가 열병을 얻으면 아이도 함께 덥게 되니 어머니의 몸을 기르지 못했는데 태(胎)가 능히 길러지고, 태(胎)가 길러지지 못했는데 아이가 능히 재주가 있고 오래 사는 것을 본 적이 없다고 하였고, 제2절에서는 태교의 세 가지 징후로서 쌍둥이의 얼굴이 같은 이유(태의 기름이 같기 때문), 같은 나라 사람의 버릇과 숭상함이 서로 같은 이유(태를 기를 때 먹은 음식이 가르침이 되었기 때문), 같은 시대 사람의 기품과 골

격이 서로 비슷한 이유(태를 기를 때 보고 들은 것이 가르침이 되었기 때문)를 들고, 이렇듯 태교가 사람됨에 영향을 미치는 것이 분명함에도 태교를 행하지 않는 이유를 알 수 없다고 하여 태교가 필요하다는 점을 강조하고 있다.

제9장에서는 주나라 때만 하더라도 태교(胎教)의 도리를 옥판에 새기고 금궤에 넣어서 나라의 사당에 두어서 후세에 경계를 삼았기 때문에 태임(太妊, 주 문왕의 어머니)이 문왕을 가졌을 때 눈으로는 나쁜 색을 보지 않았으며, 귀로는 음란한 소리를 듣지 않았으며, 입으로는 오만한 말을 내뱉지 않았는데 문왕을 낳았고, 읍강(邑姜, 주 무왕의 왕후, 성왕의 어머니)이 성왕(成王)을 임신했을 때, 설 때는 한쪽 다리에만 기대어 서지 않았고, 앉아서는 몸이 뒤뚱거리지 않게 앉았으며, 혼자 있을 때에도 자세를 거만하게 취하지 않고, 비록 성이 나더라도 꾸지람을 하지 않았다는 고사(故事)를 통해 태교의 오래됨과 오늘날(즉 18세기 말 당시) 행해지지 않음을 안타까워하였다.

끝으로 『태교신기』(1800/1938) 제10장에서는 『가씨신서(賈氏新書)』의 권십(卷十) 〈태교(胎教)〉편의 내용을 들어 태교의 근본을 비유적으로 언급하고 있다.

> 〈태교(胎教)〉에서 말하기를 "'바탕을 이루는 일[素成]'은 자손을 위하되 처를 들이는 일과 딸을 시집보냄에 반드시 효성스럽고 공손한 사람과 대대로 의로운 사람을 가려서 택한다"[23]고 하였으니, 군자의 가르침에 '바탕을 이루는 일'보다 앞서는 것이 없거늘, 그 책임은 부인에게 있다. 따라서 어진 사람을

---

23 "素成, 謹為子孫婚妻嫁女, 必擇孝悌世有行義者, 如是則其子孫慈孝."(『가씨신서(賈氏新書)』 권십(卷十) 〈태교(胎教)〉)

가려서 택하되, 부족한 자식을 가르치는 일은 자손을 위해서 염려하는 바이니, 진실로 성인의 도리를 알지 못하면 그 누가 능히 이 일에 참여하겠는가.(胎教曰素成, 爲子孫, 婚妻嫁女, 必擇孝悌, 世世有行義者, 君子之教莫先於素成, 而其責, 乃在於婦人, 故賢者擇之, 不肖子教之, 所以爲子孫慮也, 苟不達聖人道者, 其孰能與之.) - 『가씨신서(賈氏新書)』의 권십(卷十) 〈태교(胎教)〉편 중에서

위에 인용한 내용은 '사람의 바탕을 이루는 일'(즉 수태[胎])에 있어서, 장부(즉 남편)의 책임을 탓함으로써 아내의 선택을 극찬한 것인데, 아내가 태교의 가르침을 택하는 일이야말로 성인의 도리를 아는 데에서 시작한다는 내용을 담고 있다.

4. 맺음말: 18세기, 태교에 관한 체험적 사유의 정화

이상에서 『태교신기(胎教新記)』(1800/1938)의 본문 속 '태교(胎教)의 개념' 및 '태교의 방법', 기타 '태교에 대한 여러 가지 이야기'들을 종합하여 정리함으로써 18세기 말, 이사주당의 태교인문학의 본질을 탐색하여 보았다. 무엇보다 이사주당이 말하고자 하는 '태교론'은 자신의 실제 경험에 기반하여 기존의 여러 경서 속 내용들을 종합하고 이를 바탕으로 하나의 일관성 있는 '가르침'을 '태[胎]-육[育]-교[教]'의 연속으로 이해하고 이를 각각 '아버지-어머니-스승'으로 이어지는 '하루의 가르침-열 달의 가르침-십년의 가르침'으로 형상화하여 설명하였다는 데 의의가 있다. 한편 이러한 사주당의 견해는 사주당의 아버지 이창식이나 사주당의 남편 유한규, 아들 유희 등의 삼대의 지지를 받으며 해당 집안의 딸들에게 세전되었다는 점에서 여성이 작

성한 글이었지만 이 글이 당시의 보편적 가치관을 담은 글로 널리 받아들여 졌음을 보여준다는 점에서 인문학적 의의를 찾아볼 수 있을 것이다. 본고에 서 이사주당의 『태교신기(胎教新記)』(1800/1938)를 18세기의 태교에 관한 체 험적 사유의 정화(精華)로 보고자 하는 이유이기도 하다.

한편 『태교신기(胎教新記)』(1800/1938)와 관련한 기존의 내용들이 대부분 〈태교신기대전(胎教新記大全)〉의 원문에 담긴 내용의 소개에 한정되어 있었 던 데 비하여 본고에서는 『태교신기(胎教新記)』(1800/1938)의 본문 주석 속의 각 정보를 적극적으로 활용하여 그 내용을 분석하고 이를 인문학적 관점에 서 이해하고자 하였다는 점에 기존의 내용들과 큰 차이가 있다. 특히 본고 를 통해, 『태교신기(胎教新記)』(1800/1938) 속 사주당 이씨의 주장을 일관된 기준에 의해 일목요연하게 정리하여 단계적으로 논의가 전개되고 있는 과 정으로 보임으로써 '태교'에 대한 사주당의 관점을 좀 더 명확하게 할 수 있 었다.

향후 사주당 이씨의 이러한 관점이 『태교신기(胎教新記)』(1800/1938)의 본 문을 둘러싸고 있는 주변의 여타 기록들과 어떠한 사상적, 계보적 관계를 맺으면서 사회적 맥락을 얻어 내었는지 등에 주안점을 두고 논의될 필요가 있음을 강조하며 글을 맺는다.

몽고증과 미국 사회의

'오리엔트적 상상(Oriental Imaginary)'*

신지혜 (경희대학교 인문학연구원 HK+통합의료인문학연구단 전 HK연구교수,
전남대학교 역사교육과 조교수)

* 『미국학』 44권 1호(2021년 6월)에 실린 논문을 수정한 글임.

1. 머리말[1]

1866년 영국 얼스우드 백치 요양원장(Earlswood Asylum for Idiots) 존 랭든 H. 다운(John Langdon H. Down, 정신병 요양원과 백치 요양원의 분리를 지지한 것으로 잘 알려져 있다)은 「백치의 민족적(ethnic) 분류에 대한 고찰」이라는 글을 발표했다.[2] 이 소논문에서 다운은 그의 이름을 따 '다운증후군'으로 알려지게 된 '몽골리언 타입(Mongolian type) 백치'를 논했다.[3] 이들은 "얼굴이 납

---

1 제목의 몽고증(mongolism)은 몽고성 백치(mongolian idiocy), 몽고성 저능(mongolian imbecility)과 동일한 상태를 일컬었다. 몽골리언 타입(Mongolian type)이나 몽골로이드 타입(Mongoloid type) 역시 몽고증을 가리키는 용어였지만, 중국인을 비롯한 아시아인을 칭하는 데에도 사용되곤 했기 때문에 문맥을 고려하지 않는다면 이 둘의 차이를 즉각 알기 어렵다. 이 글에서는 용어의 역사성을 강조하기 위해 다운증후군을 칭할 때 몽고증(강조할 때에는 작은따옴표 추가)을 사용하지만, 원문의 의미를 분명히 할 필요가 있을 경우 몽고성 백치나 몽고성 저능도 병행하여 쓴다.

2 John Langdon Down, "Observations on an Ethnic Classification of Idiots", *Clinical Reports of the London Hospital*, Volume 3 (1866): pp.259-262 [*Heredity*, Volume 21 (1966): pp.695-697에 재간행되었다].

3 다운은 블루멘바흐의 분류법에 따라 '백치'를 '코케이지언,' '에티오피언,' '말레이,' '아메리칸'(미국 원주민), '몽골리언'으로 나누었다. 다음을 참조. Norman Howard-Jones, "On the Diagnostic Term 'Down's Disease'", *Medical History*, Volume 23 (1979): p.102. '몽골리언 타입 백치'는 1846년에 프랑스 의사 세갱(Séguin)에 의해 처음 발견되었으나, 20년

작하고 넓으며," 눈이 "치켜 올라갔"고, 몽고 주름이 보이며, 피부색이 "약간 누리끼리"했다.[4] 다운은 백인 아이들에게 나타난 몽고형 특질이 더 오래전에 발생한 인종인 몽골리언으로의 격세유전, 즉 자발적 후퇴(throw-back)를 뜻한다고 보았다.[5] 몽고증이 격세유전의 결과라는 다운의 주장은 학자와 대중의 열렬한 호응을 얻었지만, 1930년대에 들어서면 신랄한 비판의 대상으로 전락했다.[6] 그러나 그의 또 다른 유산인 '몽고증'이라는 명칭은 그 후로도 수십 년을 살아남았다.

19세기 말~20세기 초 서구권 국가에서 몽고증 환아의 치료와 보호는 정신박약아를 돌보는 기관이 맡았다. 그러나 정신이상(insanity) 연구에 힘입어 몽고증이나 정신박약도 유전된다는 우려가 점차 커지고 1920년대 들어 우생학의 영향력을 부인할 수 없게 되자 이러한 상태를 치료하는 게 불가능하다는 인식이 주류가 되었다. 기관 역시 결함 있는 아이들을 치료하기보

후인 1866년 다운을 통해 몽고증이라고 널리 알려지기 시작했다. 미국에서는 다운증후군을 Down syndrome, 영국과 영연방에서는 Down's syndrome이라 부른다. Stephen Jay Gould, 「다운 증후군」, 『판다의 엄지』, 김동광 역 (사이언스 북스, 2016); Michael Keevak, 『황인종의 탄생: 인종적 사유의 역사』, 이효석 역 (현암사, 2016); Carolyn Fluehr-Lobban, *Race and Racism: An Introduction* (Lanham, MD: Lowman & Littlefield, 2006) 참조.
4 Down, "Observations", pp. 260-261. 다운은 몽고성 백치에 특별히 관심을 기울였다.
5 다운이 인종적 위계를 논한 것은 아니었다. 그는 단순히 몽골리언을 코케이지언보다 더 오래전에 발생한 민족으로 보았고, 몽고성 백치를 각각의 민족이 동일한 인종에서 유래했다는 증거로 여겼다. 백인과 흑인이 각기 다른 인종이므로 한 인종이 다른 인종을 노예로 삼을 수 있다는 당대의 주장을 반박한 것이다. 다운은 결핵 같은 병인(etiology)의 중요성을 강조하기도 했다. 다음을 참조. Howard-Jones, "On the Diagnostic Term", p.102; Keevak, 『황인종의 탄생』, 189-202쪽. 그러나 몽고증에 대한 다운의 묘사는 특정 인종에 대한 고정관념을 내포했으며 후대의 '오리엔트적 상상'에도 영향을 미쳤다.
6 David Wright, *Downs: The History of a Disability* (New York: Oxford University Press, 2011).

다 사회와 분리하여 보호하는 역할을 수행했다. 이전까지 몽고증을 가진 자녀를 굳이 숨기지 않았다면, 1920년대에는 몽고증 환아가 기관에 감춰야 할 가족의 비밀이 된 것이다.[7] 미국의 상황도 크게 다르지 않았다.[8] 이민통제와 연계되어 이미 19세기 말에 정신박약이나 백치인 이민자의 입국을 제한했기 때문에, 이러한 정신적 '결함'이 가족의 비밀이 된 시기가 더 일렀을 수도 있다. 미국에서는 1900년대 초부터 의학계를 중심으로 몽고증에 대한 논의가 이루어지기 시작했다. 몽고증이 일반 대중에게까지 알려진 것은 1920년대로, 본래 '정신박약(feeblemindedness)'의 일종으로 여겨졌다가 1915년 12월과 1916년 1월 시카고에서 열린 의학 컨벤션의 내용이 미국 전역의 신문에 실리면서 몽고증 관련 정보가 점차 퍼져나갔다. 영국과 마찬가지로 몽고증 환아의 치료 및 보호는 미국 곳곳에 설립된 정신박약아 대상의 요양시설, 특수학교, 병원 등이 맡았다. 몽고증을 가진 아이를 낳을지도 모른다는 공포가 커지자, 몽고증 여부를 미리 밝혀내기 위해 산전진단 기술도 발달하게 되었다.[9]

몽고증의 원인이 규명된 것은 1959년으로, 프랑스의 유전학자 제롬 르준(Lejeune)이 2개여야 할 21번 염색체가 3개여서(트리소미, trisomy) 몽고증의 증상이 나타났음을 밝혀냈다.[10] 과학의 발전과 더불어 1950년대 이후에

7 Deborah Cohen, *Family Secrets: Shame and Privacy in Modern Britain* (New York: Oxford University Press, 2013).

8 Wright, *Downs*; Douglas Baynton, "Disability in History", *Disability Studies Quarterly*, Volume 28 (Summer 2008) http://www.dsq-sds.org/article/view/108/108.

9 Ilana Löwy, *Imperfect Pregnancies: A History of Birth Defects* (Baltimore: The Johns Hopkins University Press, 2017).

10 Gould, 「다운 증후군」; Keevak, 『황인종의 탄생』; Wright, *Downs*; Alexandra Minna Stern, *Telling Genes: The Story of Genetic Counseling in America* (Baltimore: The Johns

는 몽고증이라는 명칭의 효용성과 적절성에 대한 논의가 활발하게 이루어졌다. 1960대에 들어서면 몽고증을 계속 사용하는 것이 옳지 않다는 비판이 대두되었고,[11] 마침내 1970년대가 되어 존 랭든 다운의 이름을 딴 '다운증후군'이 올바른 의학적 용어로 정립되었다.[12] 그러나 1866년 다운이 고안한 몽고증은 전 세계적으로 크나큰 발자취를 남겼다.[13] 일본 역시 20세기 초에 이러한 의학적 상태를 몽고치매증(痴呆症)이나 몽고증이라 불렀고, 한국에서는 1980년대까지 신문기사나 학술논문에서 몽고증이라는 용어가 사용되었다.[14]

몽고증은 의학 외적인 면에서도 흥미로운 점을 보인다. 19세기 영어의 몽

Hopkins University Press, 2012).

11 1961년 『랜싯(Lancet)』에 투고한 편지에서 미국, 영국, 프랑스의 저명한 의사와 과학자가 몽고증이란 용어를 사용하지 말자고 제안했다. 1965년에는 몽골인민공화국이 WHO 사무총장에게 몽고증이라는 용어 사용을 피해달라고 건의했으며, 이후 WHO 출판물에서는 해당 용어가 사용되지 않았다. 다운의 기념비적 논문 출판 100주년을 기념한 1966년의 학회에서도 참석한 일본인 학자가 용어를 바꿀 것을 제안했으나 실질적인 변화가 생기기까지는 시간이 걸렸다. Jackson, "Changing Depictions", p.107; Wright, *Downs*, pp.115-116; Stern, *Telling Genes*, pp.88-91; Howard-Jones, "On the Diagnostic Term"; Keevak, 『황인종의 탄생』, 198-199쪽.

12 Keevak, 『황인종의 탄생』, 198-199쪽; Pierre Roubertoux and Bernard Kerdelhué, "Trisomy 21: From Chromosomes to Mental Retardation", *Behavior Genetics*, Volume 36 (2006): pp.346-354.

13 Gillian Orr, "Why Are the Words 'Mongol,' 'Mongoloid,' and 'Mongy' Still Bandied about as Insults?" *The Independent*, 2014.11.23. https://www.independent.co.uk/arts-entertainment/tv/features/why-are-the-words-mongol-mongoloid-and-mongy-still-bandied-about-as-insults-9878557.html(검색일: 2020.3.6).

14 "다운증후군이라고 불리우는 몽고증 아동"으로 시작하는 '몽고증환자 안면성형술' 홈페이지 설명글을 통해서도 몽고증의 유산을 확인할 수 있다. 경희대학교병원 건강정보 의학상식란: https://www.khuh.or.kr/04/01.php?hospitalpath=md&table=mdlecture&page=1&command=view_article&key=416&s_key=&keycode=&keycode2(검색일: 2021.5.20).

골리언(Mongolian)은 극동 아시아인 혹은 동양인을 뜻하는 단어였다.[15] 19세기에서 20세기 초에 이르기까지 미국의 의학 학술지와 신문은 몽골리언, 몽골로이드(Mongoloid)를 역사상의 제국이나 지역이 아닌, 아시아인, 특히 중국인과 연관지었다. 따라서 몽골리언에서 파생된 용어인 몽고증에는 아시아인의 신체적 특질을 특정한 장애와 동일시하며 아시아인의 정신적 결함을 강조하는 부정적 의미가 포함되어 있었다. 다운의 소논문에서처럼 초기에는 백인에게만 몽고증이 나타난다는 주장이 대부분이었으나, 연구가 진행되면서 다른 인종에게서도 이러한 결함이 발견된다는 사실이 드러나 의문을 자아냈다. 몽고증을 가지고 태어난 백인(=몽골이라고 불렸다)이 아시아인(=몽골)과 같은 인종적 지위에 놓인다면, 아시아인 중 몽고증을 가진 사람(=몽골)은 인종 위계에서 어떤 자리를 차지했는가? 가장 열등하다는 흑인에게 몽고증이 나타났다면, 이는 백인, 황인, 흑인의 위계관계를 위협하는 자연의 실수가 아닐까? 의료전문가 사이에서도 몽고증을 이해하는 데 혼란이 있었는데, 몽고증이라는 새로운 명칭과 증상을 막 배우기 시작한 일반 대중은 어떠했을까?

이 글은 몽고증에 관한 20세기 전반의 대중 담론을 중심으로 몽고증의 역사와 미국 사회의 '오리엔트적 상상(Oriental imaginary)'을 살펴본다. 오리엔트적 상상은 사회학자 퍼트리샤 페사(Pessar)와 새라 말러(Mahler)가 2003년의 논문에서 제시한 '사회적 상상(social imaginary)', 즉 개인의 상상력 같은 인지 과정이나 '마음작용(mindwork)'[16]에서 따 온 것으로, 20세기 초 몽고증

---

15 '몽골리언'의 분류를 둘러싸고 동아시아권에서 논란이 있었으나, 지면의 한계로 이 글에서는 다루지 않는다.
16 Patricia R. Pessar and Sarah J. Mahler, "Transnational Migration: Bringing Gender In",

이라는 질병 혹은 장애의 이해에 전문가와 대중의 '상상'이 미친 영향을 돌아보려 한다. 이를 통해 당시 몽고증이라는 명칭을 접했거나 실제 경험이 있던 이들이 몽고증에 내포된 인종적인 함의를 어떻게 형성하고 표현했는지 연구할 수 있을 것이다.[17] 무엇보다 동시대 신문 상담란을 활용하여 선행연구가 주로 다뤘던 의료전문가 집단의 이해관계에서 한 걸음 더 나아가, 20세기 초 미국의 일반 대중—몽고증 아동의 부모나 친지, 혹은 단순히 관심을 가진 독자—이 몽고증에 품은 시선과 태도를 고찰한다. 지금에야 다운증후군을 앓는 개인과 가족이 경험을 공유하고 변화를 추진할 사회적 공간이 제법 있지만, 몽고증에 대한 지식이 막 퍼지기 시작한 20세기 초 미국의 경우 일반 대중의 입장 및 시각을 연구할 만한 자료가 부족하다. 몽고증을 아는 사람도 많지 않았던 데다, 알고 경험했다 한들 가족의 사연을 공유하기는커녕 드러내려는 사례조차 드물었을 것이다.[18] 그러나 이러한 사각지대에 초

International Migration Review, Volume 37 (2003): p.817. 페사와 말러는 이민자가 공유한 배경과 선택을 설명하기 위해 '사회적 상상'이라는 용어를 사용했지만, 여기서는 이민과 관계없이도 사회적으로 통용되었던 상상, 계획 등을 포괄한다. '오리엔트적 상상(Oriental imaginary)'을 적용한 연구로는 2007년에 출간된 마거릿 M. R. 켈로우(Kellow)의 글이 있다. 켈로우는 18~19세기 미국 사회에서 노예해방을 위해 노예제와 '오리엔트'(오스만 제국)의 이미지가 결부되는 식으로 오리엔트적 상상이 작동했다고 설명한다. 한편 19세기 후반부터는 '오리엔트'가 점차 동아시아, 특히 중국과 연계되기 시작하는데, 본문은 이 점에서 19세기 중반까지를 다룬 켈로우의 정의와 차이가 있다. Margaret M. R. Kellow, "Oriental Imaginary: Constructions of Female Bondage in Women's Antislavery Discourse", in *The Problem of Evil: Slavery, Race, and the Ambiguities of American Reform*, eds. Steven Mintz and John Stauffer (Amherst: University of Massachusetts Press, 2007), pp.183-198.

17 에드워드 사이드가 『오리엔탈리즘』에서 보여준 통찰대로, 몽고증과 결부된 '오리엔트적 상상'은 동양의 이미지보다 오히려 당시 서구 사회의 상황을 보여준다. Edward Said, *Orientalism* (New York: Pantheon Books, 1978).

18 20세기 초 정신위생운동과 우생학의 성장을 이유로 들 수 있다.

점을 맞춤으로써 전문가의 견해를 중심으로 했던 기존 연구에 새로운 방향성을 제시하고 몽고증의 끈질긴 생명력을 재고한다. 이 글의 2장은 미국을 중심으로 몽고증의 역사를 다룬 선행연구를 돌아본다. 3장은 20세기 전반 미국 대중이 몽고증에 대해 어떤 정보를 어떻게 얻었는지에 관한 연구로 동시대의 신문 건강 상담란에 집중한다. 이를 바탕으로 몽고증을 둘러싼 '오리엔트적 상상'이 전문가와 일반 미국인 사이에서 재생산된 방식에 주목할 것이다.

2. 몽고증 연구의 역사

대부분의 몽고증 역사 연구는 존 랭든 다운의 기념비적인 논문에서 출발하여 20세기 초의 영국과 미국 학자들에게 초점을 맞춘다. 인종적 후퇴를 강조한 다운의 주장은 오랫동안 정설로 받아들여졌으며, 20세기에 들어서도 영향력을 행사했다. 한편 후퇴 외에 다른 원인을 찾으려는 연구도 등장하기 시작했다. 1880~90년대는 부모의 매독 감염이 몽고증 환아의 출생으로 이어진다는 주장이 관심을 끌었다.[19] 1909년 영국의 신경학자 트레드골드(Tredgold)는 몽고증이 몽골로이드로의 '격세유전'이라는 다운의 주장을 넘어, 잦은 출산으로 자궁이 기력을 잃어 태아에 문제가 생긴 것이라고 보

---

19 Wright, *Downs*, pp.72-73. 20세기 들어서도 매독은 몽고증의 원인으로 심심찮게 등장했으며, 병원에서도 몽고증 진단을 위해 아이들에게 매독 감염 여부를 확인하는 바세르만(Wassermann) 테스트를 실시했다. D. O. Riddel and R. M. Steward, "Syphilis as an Etiological Factor in Mongolian Idiocy", *Journal of Neurology and Psychopathology*, Volume 4 (1923): pp.221-227.

았다.[20] 다운의 논문 이후 몽고증 연구에서 가장 큰 반향을 불러일으킨 글은 영국의 의사 프랜시스 크룩생크(Crookshank)가 1925년에 발표한『우리 안의 몽골(*Mongols in Our Midst*)』로 1930년대에 확장개정판이 나올 정도로 인기를 끌었다. 크룩생크는 다운의 몽고성 백치 설명에서 영감을 얻어 연구를 시작했고 인간을 크게 세 종으로 나누었다. 오랑우탄에서 진화한 몽골로이드, 고릴라에서 진화한 니그로이드, 그리고 침팬지에서 진화한 코카소이드가 바로 그것이다. 다운과 마찬가지로 크룩생크는 몽고증이 격세유전적 퇴행이라고 보았으며, 인종적으로 섞이지 않은 순수한 흑인, 그리고 유대인 혈통에게는 절대로 몽고증이 나타나지 않는다고 강조했다.[21] 크룩생크는 앉은 자세와 손금을 관찰하여 인류를 구분할 수 있다고 했는데, 오직 몽골(아시아인)과 몽고증 환아, 그리고 오랑우탄에게서만 특정한 손금 형태가 나타난다고 주장하여 아시아인과 여타 인종의 차이를 강조했다.[22]

크룩생크의 연구는 미 전역의 신문에서 몇 달에 걸쳐 비중있게 다뤄졌다. 그러나 그의 주장이 전적으로 지지를 받은 것은 아니었다. 특히 몽고증을 오랫동안 연구해 왔던 전문가 사이에서 비판의 목소리가 높았다. 미국의 의사 맥스 슐랩(Schlapp)은 몽고증이 내분비선(ductless gland)의 문제이고, 언제가 될지는 모르지만 몽고증을 치료할 방법이 나올 것이라는 희망적인 메시지를 전했다. 또한, 대부분의 몽고증 환아는 임신 단계에서 스트레스를 많

---

20 Alfred Frank Tredgold, *Textbook of Mental Deficiency (Amentia)* (London: Baillière, Tindall and Cox, 1908).

21 Francis Graham Crookshank, *The Mongol in Our Midst: A Study of Men and His Three Faces* (London: Kegan Paul 1924); Crookshank, *The Mongol in Our Midst: A Study of Men and His Three Faces*, 3rd ed. (London: Kegan Paul, 1931).

22 Löwy, *Imperfect Pregnancies*, pp.32-33; Keevak, 『황인종의 탄생』, 195쪽.

이 겪은, 나이가 많고 이미 아이를 여럿 출산한 산모에게서 태어나기 때문에 이를 염두에 두면 몽고증을 예방할 수도 있으리라 주장했다.[23] 1930년대에는 영국의 정신의학자이자 유전학자 라이오닐 펜로즈(Penrose)가 크룩생크의 이론을 비판했다. 펜로즈는 유전이 여러 요소 중의 하나에 불과하며 환경 역시 중요하다고 설명했다. 1950년대 르준이 염색체 이상을 발견하기 전에 이미 펜로즈는 몽고증이 돌연변이의 결과일 가능성을 염두에 두기도 했다.[24] 이들의 연구를 통해 몽고증과 특정 인종의 연결 고리가 서서히 끊겼지만, 몽고증을 둘러싼 논의는 과학에도 당대의 인종 관계가 반영되었음을 잘 보여주었다.

  1980년대부터는 몽고증—이제 다운증후군이라 불렸다—의 역사를 다룬 연구가 등장하기 시작했다. 마이클 키벅(Keevak)은 2011년 출판된 『황인종의 탄생(Becoming Yellow)』에 실린 짧은 글에서 '황색(yellow)'을 중심으로 몽고 주름, 몽고반점, 몽고증을 분석했다. 키벅은 아시아인을 황색과 동일시하는 태도가 과학적 근거 없이 역사적, 사회적으로 형성되었다고 주장하며 19세기 말에서 20세기 초 미국 사회를 규정했던 인종 관계에 초점을 맞췄다.[25] 의료사가인 마크 잭슨(Jackson)은 미국 사회에서 몽고증이라는 용어가 변화한 과정을 다루면서, 1930년대 코케이지언이 아닌 다른 인종에게 나타난 몽고증 연구를 통해 용어에서 점차 인종주의적 의미가 배제된 과정을 보여주었다.[26] 과학자의 시선에서 본 연구로는 1980년 스티븐 J. 굴드(Gould)

---

23 Dr. W. A. Evans, "How to Keep Well", *The Washington Post*, 1925.7.21.

24 Löwy, *Imperfect Pregnancies*, p.35.

25 Keevak, 『황인종의 탄생』.

26 Mark Jackson, "Changing Depictions of Disease: Race, Representation and the History

의 『판다의 엄지(Panda's Thumb)』를 들 수 있다. 여기서 굴드는 존 랭든 다운과 그가 고안한 용어인 몽고증을 당시의 인종 관계에 바탕을 두어 설명했다.[27] 한편 키벽이 지적했듯이, 굴드는 그의 글이 담고 있는 비판적인 논지에도 불구하고 아시아인과 '황색'의 연관성에 의심을 품지 않았다는 한계를 드러냈다. 그는 "일부[다운증후군을 앓는 아이들]는 작지만 누구든지 알아볼 수 있는 몽고 주름, 즉 전형적인 동양인 눈의 특징을 보이며, 피부가 약간 황색"이라고 서술했던 것이다.[28]

1990년대에 발표된 릴리언 지니(Zihni)의 연구는 다운증후군이라는 의학 지식의 생산 과정을 역사적으로 분석했다.[29] 한편, 장애의 역사를 연구하는 더글러스 배인튼(Baynton)은 몽고증을 인종은 물론 '장애'와 연결지었다.[30] 유럽인은 비백인과 장애가 있는 사람을 인종 진화에서 뒤떨어졌거나 후퇴했다고 보았으며 이와 같은 태도가 몽고증이라는 명칭에 잘 드러났다는 것이다. 배인튼은 현대 사회가 몽고증을 질병이라기보다는 장애로 받아들이고 있고, 완치의 희망이 사라지면서 최선의 양육과 교육을 제공할 의무가 대두되었다고 설명했다. 배인튼의 글은 개인의 경험이나 사회복지의 측면

---

of 'Mongolism'", in *Race, Science and Medicine, 1700-1960*, eds. Waltraud Ernst and Bernard Harris (London: Routledge, 1999), pp.99-111. 그러나 잭슨은 이러한 연구들에 대해 자세히 설명하지 않았다.

27 Gould, 「다운 증후군」.

28 Keevak, 『황인종의 탄생』, 202쪽에서 재인용. 몽고증 관련 논문에 피부색의 언급이 전혀 없던 것은 아니지만, 굴드처럼 몽고증과 황색을 드러내놓고 연결짓는 경우는 많지 않았다.

29 Lilian Zihni, "Imitativeness and Down's Syndrome", *History and Philosophy of Psychology Newsletter*, Volume 19 (1994): pp.10-18; Zihni, "Raised Parental Age and the Occurrence of Down's Syndrome", *History of Psychiatry*, Volume 5 (1994): pp.71-88.

30 Baynton, "Disability in History".

을 다루는 다운증후군 관련 저서와도 같은 선상에 놓여 있다.[31] 이 외에도 지적 장애를 다룬 역사서에서 몽고증에 대한 언급을 찾을 수 있다.[32] 다양한 연구에도 불구하고 몽고증의 역사에 집중하는 저서는 많지 않지만, 대표적인 예로 2011년에 출간된 데이비드 라이트(Wright)의 저서 『다운(Downs)』을 들겠다. '장애의 역사'라는 부제목에서 알 수 있듯이 다운증후군의 '전기(傳記)'인 이 연구에서 라이트는 17세기 영국에서 출발하여, 존 랭든 다운의 백치 요양원, 20세기 미국과 캐나다에 이르기까지 당시 몽고증이라 불렸던 다운증후군의 성장과정을 따라갔다. 이와 더불어 20세기 초 서구사회에 널리 알려졌던 정신박약과 지능 검사를 연구하여 다운증후군을 더 넓은 범위에서 분석했다.[33] 다만 동시대의 인종적 편견 외에는 서구사회의 인종 관계를 충분히 다루지 않았고, 비백인의 몽고증이 20세기 전반의 미국이나 캐나다 주류 사회에서 어떤 식으로 인식되었는지에 대한 설명이 부족했다. 마찬가지로 대부분의 선행연구는 몽고증이라는 용어에 내재한 서구의 인종적 편견에 집중했기 때문인지, 20세기 초 일반 대중이 몽고증을 이해하고 상상한 방식에 관심을 기울이지 않았다.

의료전문가처럼 일반 대중도 몽고증에 있어 '오리엔트적 상상'을 발휘했

---

31 Andrew Solomon, 『부모와 다른 아이들』 1, 2, 고기탁 역 (열린책들, 2015).

32 James Trent, *Inventing the Feeble Mind: A History of Mental Retardation in the United States* (Berkeley: University of California Press, 1994); Steven Noll, *Feeble-Minded in Our Midst: Institutions for the Mentally Retarded in the South, 1900-1940* (Chapel Hill: University of North Carolina Press, 1995); Robert Bogdan with Martin Elks and James A. Knoll, *Picturing Disability: Beggar, Freak, Citizen, and Other Photographic Rhetoric* (Syracuse: Syracuse University Press, 2012); Martin Halliwell, *Images of Idiocy: The Idiot Figure in Modern Fiction and Film* (New York: Routledge, 2016).

33 Wright, *Downs*.

다. 1920년대 이후에 등장한 학술연구는 몽고증 환아와 아시아인 간의 관계를 부인했지만, 이 둘이 어떤 식으로든 연결되었다는 생각이 용어와 설명에서 은연중에 드러났다. 인종적 후퇴 이론이 힘을 잃었어도 각각의 인종에 위계가 있다는 믿음 또한 여전했다. 대부분의 '몽고증' 논문에는 사진이 실려 몽고증 환아의 얼굴 생김새, 휘어진 다리와 손가락, 특이한 손금 모양 등을 보여주었는데, 이런 이미지는 '정상'이 아닌 이들이 내포한 위협을 전시하여 사회적 격리 방침을 가능하게 했다.[34] 일반 대중의 경우 학술논문을 접할 기회가 많지 않았을 테지만, 여러 매체를 통해 오리엔트적 상상을 적용하고 발전시킬 수 있었다. 19세기 말 중국인, 일본인 이민자가 유입되면서 미국에서는 반-아시아 이민 정서가 굳게 자리를 잡았고, 20세기 초 일본이 러시아를 격파하고 국제무대에서 부상하자 '황화(Yellow Peril)'가 기세를 떨쳤다. 아시아 이민자의 수가 결코 많지 않았음에도 불구하고, 미국이라는 문명 세계가 위협에 처했다는 우려와 공포는 대중의 상상력에 불을 지폈다. 20세기 초, 우월한 백인 계층이 아이를 많이 낳지 않기 때문에 이민자의 후손이 미국 인종을 잠식할 것이라며 '인종 자살'을 경고한 시어도어 루즈벨트가 황화의 위협 역시 강조했다는 사실은 오리엔트적 상상의 힘을 보여준다.[35] 이런 상황에서 1910년대에 몽고증이 미국 대중에게 알려졌으니 아시아인에 대한 두려움과 편견이 깊어지는 것은 어쩌면 당연한 수순이었을 것이다.

---

34 Mark Jackson, "Images of Deviance: Visual Representations of Mental Defectives in Early Twentieth-Century Medical Texts", *The British Journal for the History of Science*, Volume 28 (1995): pp.325-326. 외적으로 분명하게 결함이 드러나는 발달장애에는 크레틴병, 몽고증, 소두증(microcephaly)이 있었다.

35 Richard Hofstadter, *Social Darwinism in American Thought*, *1860-1915* (New York: Beacon Press, 1992 [1944]), pp.162-163.

그러나 환아의 부모는 물론이요, 몽고증을 가진 사람을 본 적이 없는 일반 대중이 몽고증을 어느 정도나 이해했을지는 여전히 의문이다. 20세기 전반에 발표된 여러 몽고증 연구[36]는 주로 의학 학술지에 실려 접근성이나 대중성이 떨어졌다. 일반인들이 얼마나 적극적으로 의학 정보를 찾아보았는지도 알 수 없다. 다만 의료전문가와 대중을 잇는 도구가 있었으니, 바로 미국 신문의 건강 상담란이다. 20세기 초의 대중은 상담란에서 몽고증을 비롯해 잘 알려지지 않았거나 새롭게 밝혀진 의학적 정보를 접하고 나름의 지식을 얻었다. 다음 장은 몽고증이 알려지기 시작한 1910년대 이후 발간된 신문 건강 상담란의 몽고증 관련 정보를 통해 몽고증에 대한 미국 대중의 이해를 다룬다. 중심이 되는 것은 인종 관계로, 일반인의 목소리를 직접 듣지는 못하지만, 저자들의 설명에서 당시 사회에 팽배했던 오리엔트적 상상을 엿볼 수 있다.

36 다음은 비백인에게 나타난 몽고증의 연구이다. I. Harrison Tumpeer, "Mongolian Idiocy in a Chinese Boy", *JAMA*, Volume 79 (1922): pp.14-16; Adrien Bleyer, "The Occurrence of Mongolism in Ethiopians", *JAMA*, Volume 84 (1925): pp.1041-1042; Kate Brousseau, *Mongolism: A Study of the Physical and Mental Characteristics of Mongolian Imbeciles* (London: Williams & Wilkins, 1928); Albert L. Hill, "Mongolian Idiocy in Japanese", *California and Western Medicine*, Volume 37 (1932): pp.192-193; John E. Dunlap, "Mongoloid Idiocy in a Negro Infant", *Journal of Pediatrics*, Volume 2 (1933): pp.615-616; Lewis K. Sweet, "Mongoloid Imbecility in the Mongolian Races: Report of Two Cases in Chinese Children", *The Journal of Pediatrics*, Volume 5 (1934): pp.352-358; Arnold Gesell, "Clinical Mongolism in Colored Races: With Report of a Case of Negro Mongolism", *JAMA*, Volume 106 (1936): pp.1146-1150.

3. 미국 대중의 몽고증 이해

20세기 초 신문의 건강 상담란은 전문의료지식을 얻을 수 있는 장이자 정보 교환의 중요한 매개체였다. 신문사 신디케이트가 대도시의 주요 신문에 실렸던 기사를 지역 신문에 전달했으며,[37] 개별 신문사 역시 새로운 과학, 의학 정보를 빠르게 실어 독자를 끌어 모으고자 했다. 의사인 로열 코플랜드, 윌리엄 브레이디, 그리고 이들만큼 널리 알려지지는 않았어도 W. A. 에번스와 W. E. 어인버 등이 신디케이트를 통해 미 전역에 의료상담 칼럼을 제공하여 의학 정보에 목마른 독자를 찾았다. 전문지식의 공론화는 의사와 환자의 관계, 당시 미국의 사회상, 미국 대중의 오해와 편견을 잘 드러냈다. 그러나 특정 질병이나 장애, 생활양식에 있어서 전문가들의 견해가 일치하지 않았으므로 오히려 상담란의 다양한 정보가 독자의 혼란을 야기하기도 했다.[38] 이 장에서는 20세기 전반 신문 상담란의 몽고증 칼럼에 내포된 오리엔트적 상상에 주목하려고 한다.

1910년대 이후 미국 전역의 신문에는 몽고증이 종종 언급되었다. 특히 건강 상담란의 독자 Q&A에서 몽고증이 무엇인지, 왜 생기는지, 치료는 가능한지에 대한 답변을 찾아볼 수 있다. 1921년 5월 12일 『오마하 데일리 비

---

37 구딜루나스는 황색 저널리즘과 함께 신문 상담란이 본격적으로 시작되었다고 설명한다. 그러나 그의 연구는 20세기 후반 여성 칼럼니스트가 썼던 신변잡기적 상담란에 집중하므로 이 글에서 다루는 20세기 전반 의료전문가의 건강 상담란 칼럼은 언급하지 않는다. David Gudelunas, "Talking Taboos: Newspaper Advice Columns and Sexual Discourse", *Sexuality & Culture*, Volume 9 (2005): p.71.

38 Nancy Tomes, *Remaking the American Patient: How Madison Avenue and Modern Medicine Turned Patients Into Consumers* (Chapel Hill: University of North Carolina Press, 2016), p.39, pp.44-46.

(*Omaha Daily Bee*)』에 실린 Q&A를 보자.

몽고성 백치(Mongolian idiocy)에 대해서

G. C. D. 의 질문:

1. 몽고성 백치가 무엇인가요?

2. 원인이 무엇인가요?

3. 치료법이 있나요?

4. 아이가 정상이 될 수는 있을까요? 아이가 몽고증(Mongolianism)과 뇌수종을 둘 다 앓고 있는 유일한 사례라고 들었습니다.

5. 아이가 오래 살 수 있을까요? 아이는 다섯 살 반입니다.

답변:

   1. 몽고성 백치는 여러 가지 선천적인 정신결함이 몽골리언 타입과 다소 유사한 얼굴 특징과 같이 나타나는 것입니다.

   2. 답하기 어렵습니다. 거론된 원인 중에는 매독, 어머니의 과로, 손위 형제에게 모유 수유를 지나치게 오래 한 것, 노산이 있습니다.

   3. 4. 없습니다.

   5. 몽고성 백치, 백치, 저능아의 평균 수명은 짧습니다.[39]

　1920년대에도 위의 Q&A처럼 '몽골리언'이라는 단어와 얼굴 모습을 언급하며 몽고증 환아의 신체적 특징에 천착하는 기사가 많았지만, 몽골로이드

39　*The Omaha Daily Bee*, 1921.5.12.

인종으로의 후퇴가 원인이라는 주장은 이제 지면에서 사라졌다.

위의 답변은 에번스 박사(Dr. Evans)가 작성한 것으로 보인다. 미국 전역의 신문사에 의학 정보를 제공한 에번스는 미국 최초의 신디케이트 건강 칼럼니스트로, 그의 「건강하게 사는 법(How to Keep Well)」 칼럼은 몽고증에 대한 최신 정보를 미 전역의 독자에게 가장 빨리 전달한 글이었다.[40] 시카고의 보건위원(Commissioner of Health)이었으며 미국 공중보건협회(American Public Health Association) 회장을 역임한 에번스는 상담란에서 공중위생 및 질병 예방과 관련해 독자가 보낸 질문에 답했다.[41] 개별적인 질병을 진단해 달라거나 처방을 내려달라는 요청에는 응답하지 않겠다는 설명도 적혀 있었다.[42] 이미 1915년 『시카고 트리뷴(Chicago Tribune)』에 소개된 '몽고성 백치' 설명에서, 에번스는 몽고증의 "두드러진 신체적 특징이 눈의 형태"라며 "중국인 같은 모양"의 눈으로 인해 이러한 명칭이 생겼다고 설명했다. 몽고증이 있는 사람은 피부가 "노랗고, 두껍고, 주름이 졌으며 건조"했다. 머릿결도 좋지 않은 데다 머리 모양은 총알처럼 생겼다. 그러나 그는 눈 외에도

---

40 에번스는 1917년 『건강하게 사는 법: 가정을 위한 건강 책자(How to Keep Well: A Health Book for the Home)』를 출간했다. 그의 칼럼은 이 책의 내용과 크게 다르지 않은데, 몽고증에 대한 칼럼에서는 1920년대 초 영국에서 출판된 크룩섕크의 글을 언급하는 등 최신 정보를 소개하기도 했다. 다음을 참조. "How to Keep Well", The Washington Post, 1925.7.21.

41 Georges C. Benjamin, Elizabeth Fee, and Theodore M. Brown, "Voices from the Past: William Augustus Evans (1865-1948): Public Health Leader at a Critical Times", American Journal of Public Health, Volume 100 (2010): p.2073.

42 비단 미국만이 아니라 식민지 조선을 포함한 여러 나라에서 비슷한 내용이 실렸다. 최은경, 이영아, 「신문 상담란 "지상 병원"을 중심으로 본 1930년대 식민지 조선 대중들의 신체 인식과 의학 지식 수용」, 『한국과학사학회지』 37(1), 한국과학사학회, 2015, 235-264쪽 참조.

혀, 코, 피부, 입술 등에 증상이 나타나며, 아무도 확실한 원인을 모른다고 밝혔다. 에번스에 따르면, 몽고증 환자에게는 중국인 같지 않은 특징도 나타났다. 사시가 많고, 눈꺼풀 가장자리가 붉었으며, 각막이 불투명하여 맹점이 생겼고 탈장도 일어났다. 에번스는 몽고증에 있어서 확신할 수 있는 게 많지 않지만, 무언가 유전되었으며 출생 전에 기제가 작동했음이 분명하다는 점을 밝혔다. 그는 사례별로 원인이 다르다는 점을 고려해야 한다면서 여러 가설을 제공했다. 한 가지 잘 알려진 원인은 아이를 지나치게 많이 출산한 것으로, 단기간에 연속으로 아이를 여럿 낳았다면 결국 몽고증 환아가 태어나기 마련이었다.[43] 에번스는 부모 중 알코올 중독이 있어도 몽고증 아이가 태어난다는 견해를 소개하며 약간 미심쩍어했지만, 부모나 조부모의 매독이 가장 흔한 원인이라는 데는 적극 동의했다. 아버지의 죄가 자식들에게까지 영향을 미친 예로, 심하게 감염된 아이는 출산 전에 죽게 되나, 감염이 덜하다면 몽고증을 갖고 태어난다는 설명이었다.[44]

에번스가 1922년에 실은 칼럼은 더 짧지만 1915년의 상담란과 거의 같은 내용을 담고 있었다. 그러나 여기서는 몽고증 아이의 피부가 '노랗다'는 언

---

43 이미 20세기 초부터 산모의 나이가 많을수록 몽고증 아이가 태어날 확률이 높다는 연구가 있었는데, 아버지의 나이는 중요하지 않다는 의견이 다수였다. Lionel Penrose, "The Relative Aetiological Importance of Birth Order and Maternal Age in Mongolism", *Proceedings of the Royal Society of London. Series B, Containing Papers of a Biological Character*, Volume 115 (1934): pp.431-450; Zihni, "Raised Parental Age". 지니는 어머니의 나이가 강조된 이유로 아버지의 나이 연구가 제대로 이루어지지 않았다는 점을 들었다. 애초에 어머니의 나이에만 초점을 맞추다 보니 아버지의 나이가 잘 기록되지 않아 올바른 통계를 산출할 수 없었다는 것이다.

44 Dr. W. A. Evans, "How to Keep Well", *The Chicago Tribune*, 1915.8.8.

급을 더 이상 찾아볼 수 없다.[45] 7년 동안 의료계의 변화를 반영한 모양인데, 전문가들 사이에도 의학 지식에 있어서 의견이 분분했기 때문에 독자들이 항상 정확한 정보만을 기대할 수는 없었다.

에번스 외에도 여러 의사가 상담란에 칼럼을 기고했다. 뉴욕시의 보건위원(commissioner of public health)으로 1923년부터 사망한 해인 1938년까지 뉴욕주 상원의원을 지냈던 로열 S. 코플랜드(Copeland)도 그중 하나였다. 1923년의 칼럼에서 코플랜드는 그가 아는 한 몽골리언 중에는 몽고증이 발견되지 않았고 백인에게 많이 나타나므로 특정 인종을 연상케 하는 '몽고성 백치'라는 용어가 적절하지 않다고 적었다. 코플랜드는 출산 당시 나이가 많고 이미 아이를 여럿 낳은 산모에게서 몽고증 환아가 태어난 비율이 높다며, 무엇보다 산모의 건강을 지켜야 한다고 설명했다. 모성(maternity)에 관심을 기울이면 몽고증은 물론 출산율 저하(restricted birth rate)도 걱정할 필요가 없다는 것이었다.[46] 코플랜드는 잦은 출산으로 어머니의 영양이 고갈되

---

45 Dr. W. A. Evans, "How to Keep Well", *The Omaha Daily Bee*, 1922.1.15. 1927년 캐나다의 한 신문에 실린 찰스 리드의 칼럼 「당신의 건강(Your Health)」은 몽고증 환아의 "피부가 부드럽고 희며 안색이 좋다"고 설명했다. Chas. A. L. Reed, M.D., "Your Health", *Star-Phoenix*, 1927.11.25.

46 Royal S. Copeland, M.D., "Your Health", *The Evening News*, 1923.4.3. 미국 여러 지역의 신문사에 동일한 칼럼이 실렸다. 이미 1910년대에도 출산율에 대한 관심이 높았는데, 이는 '인종 자살'과 같은 맥락에서 설명될 수 있다. 미국은 이민자의 대거 유입으로 출산율 자체는 낮지 않았지만 '토종' 미국인들의 출산율 감소가 문제시되었다. 그러나 프랑스에 비하면 우려가 크지 않았으며, 오히려 인구가 증가하고 있으니 출산을 제한해야 한다는 주장도 나왔다. 코플랜드의 칼럼은 1920년대 들어서 나타난, 산모에게 집중하는 추세도 반영했다. 릴리언 지니는 당시 미국에서 '정신박약자'를 위한 시설이 별도로 세워져야 한다는 움직임이 있었는데, 정신박약인 소녀들을 적절하게 수용하지 못하면 이들이 사회에 나가 자식을 낳게 될 것이므로 이를 막아야 한다는 주장이 산모에 대한 관심으로 이어졌다고 설명한다. Zihni, "Raised Parental Age", p.84.

어 몽고증 아이가 태어났다는 견해를 따랐지만, 쓸데없는 공포를 심어주기
보다는 대중에게 필요한 정보를 제공하는 데 집중했다.

1920년대부터 40년대까지 새로운 몽고증 연구가 소개되면서 정보의 내
용에도 변화가 생겼다. 에번스와 코플랜드의 칼럼에서처럼 1920년대 이후
에는 몽고증과 관련해 피부색 및 부모의 질환에 대한 언급이 사라졌다. 의
학박사이자 철학박사이기도 한 루이스 E. 비쉬(Bisch)는 1929년 건강 상담
칼럼에서 여전히 몽고증 환아와 '중국인'의 눈을 비교했지만, '노란' 피부색
은 포함하지 않았다. 대신 그는 부모와 가족이 모두 정상이며 정신적인 결
함이라고는 없는 최고의 가족에게서도 몽고증이 발생한다며, 몽고증 환아
가 "정신박약계의 귀족"으로 불린다고 설명했다.[47] 비쉬는 이들을 몽고성 백
치나 몽고성 저능아 대신 그저 "몽골리언"이라고 칭했는데, 의도했든 그렇
지 않았든 몽고증 환아를 아시아인과 동일시했다는 느낌을 준다. 그러나 이
칼럼에서도 아시아인과 몽고증 환아의 유사성에 대한 내용은 많지 않았다.
1931년의 한 신문기사는 몽고증이 도대체 무엇인지 묻는 독자의 질문에, 몽
고증은 백치의 특정한 유형으로 "동양인(orientals)"과 아무런 관계가 없다고
강조하기도 했다.[48] 초기 몽고증을 정의했던 오리엔트적 상상은 몽고증과
아시아 인종의 연관성이 힘을 잃으면서 사라지는 듯 했다.

그럼에도 불구하고 고정관념의 영향력은 강력했다. 신문 상담란은 질문
에 대한 답 외에 독자의 흥미를 끌 만한 사례를 소개했는데, 여기서도 기존

---

47 Louis E. Bisch, M.D., Ph.D., "Health Secrets", *The Minneapolis Star*, 1929.3.15. 비쉬
　의 1932년 칼럼에는 "정신박약계의 귀족"이라는 내용이 빠졌다. Dr. Louis Bisch, "The
　Doctor's Daily Visit", *Fort Worth Star-Telegram*, 1932.6.4.
48 *The Bismarck Tribune*, 1931.5.14.

의 편견이 잘 드러났다. 1920년대 에번스가 몽고증에 대한 지식을 전파했다면, 1930년대에는 W. E. 어인버(Aughinbaugh)의 「의사가 말해주는 이야기(The Doctor Tells the Story)」가 미 전역의 독자를 찾았다. 어인버는 당시 활발하게 활동했던 의사로 교육자이자 변호사였으며, 비단 미국만이 아니라 인도 등에서도 의학 연구를 했던 경험이 있었다. 그의 배경 때문인지 어인버의 칼럼은 독자의 질문에 답하기보다 대중의 편견을 소개하고 이를 반박하는 형식을 취했다. 어인버는 1934년 뉴욕의 『데일리 뉴스(Daily News)』에 「몽고성 백치에 대해」라는 소제목의 글을 실었다.[49] 그는 칭기즈칸이 유럽을 점령하면서 수많은 유럽 여성들이 칸의 군사와 아이를 낳았고, 이 여파가 20세기까지 지속되었을 것이라는 가정 때문에 몽고증을 칸의 인종으로의 '퇴행'이라 보는 사람들이 많다며 당대의 이해를 비판했다. 즉, 몽고증과 아시아 인종은 전혀 관계가 없다는 것이었다. 하지만 "덜 지적인 사람들"에게서 몽고증 아이가 태어날 때는 이 아이가 중국인 피를 타고난 게 아니라고 설득하기도 쉽지 않다는 설명을 덧붙였다. 어인버는 다음의 사례를 예로 들었다.

> 나는 이런 아이[몽고증 환아]를 가진 여성의 출산에 임했던 적이 있다. 그녀와 남편은 아일랜드인이었다. 아버지는 자식을 보더니 엄청나게 술에 취해서, 아내와 더불어 아무런 관계도 없는 가엾은 세탁부를 총으로 쏘고는 결국 감옥에 가게 되었다. 아무리 해도 그가 아이의 아버지라는 사실을 믿게 할 수 없었다. 또 다른 사례에서는 부유한 남자가 아내, 아이를 죽이고 자살

---

49 『시카고 트리뷴』의 칼럼이 신디케이트를 통해 뉴욕을 비롯한 여러 도시로 전파되었다.

했는데, 배우자가 부정을 저질렀다고 확신했기 때문이었다. 사실 그녀에게
는 아무런 죄가 없었다.[50]

어인버의 사례는 미국 사회의 인종적 편견을 여실히 드러냈다. 첫째, 세
탁부라 하면 중국인을 비롯한 아시아 이민자를 말한다. 둘째, 인종간 결합
시에는 '열등한' 형질이 우세하게 나타난다. 세탁부는 오리엔트적 상상의
산물로, 미국 사회에서 남성성이 부족하고 문명의 발전에서 뒤처진 아시아
인종을 대표했다.[51] 두 번째는 '한 방울 법칙(one-drop rule)'을 뒷받침하는 하
위혈통의 법칙(hypodescent rule)인데, 이야말로 아시아인을 백인보다 열등
하고 뒤떨어진 인종으로 보았다는 방증이었다.[52] 게다가 아내의 부정을 의

50 W. E. Aughinbaugh, M.D., "The Doctor Tells the Story: Of Mongolian Idiots", *Daily
   News*, 1934.6.23. 어인버의 칼럼은 당대의 몽고증 연구 결과를 충실히 반영했다. 일례로
   그의 1938년 칼럼에는 의학 학술지 논문의 자료와 동일한 흑인, 유대인의 몽고증 통계가
   실려 있었다.
51 중국인 이민자는 19세기 중반 인종차별로 금광에서 일할 수 없게 되자 서부에서 세탁
   업을 시작했으며, 20세기 초반에는 백인 남성이 주를 이룬 세탁업과 경쟁관계에 놓이
   기도 했다. 당시의 인종, 젠더관에 기인하여 중국인 세탁소는 질병의 온상이며 중국
   인은 '여성의 일'을 한다는 비난을 받았다. Joan Wang, "Gender, Race and Civilization:
   The Competition between American Power Laundries and Chinese Steam Laundries,
   1870s-1920s", *American Studies International*, Volume 40 (2002): pp.52-73. 1910년도 인
   구조사는 미 전역에서 19,000명 정도의 아시아 남성이 세탁 관련 직종에 종사하고 있다
   고 기록했다. Andy Urban, *Brokering Servitude: Migration and the Politics of Domestic
   Labor during the Long Nineteenth Century* (New York: New York University Press,
   2017), p.239. 대도시에 집중되기는 했지만 곳곳에서 중국인 이민자 세탁소를 쉽게 찾아
   볼 수 있었으며, 오늘날까지도 미국에서는 아시아인 세탁부의 상징성이 이어지고 있다.
52 Stern, *Telling Genes*, p.54. 한 방울 법칙은 대부분 흑인과 백인의 혼혈에 적용된다. 그
   러나 어인버의 칼럼은 아시아인과 백인의 결합에도 동일한 법칙이 해당되었음을 보여
   준다. 하위혈통의 법칙이 흑인-백인 혼혈뿐만 아니라 아시아인-백인 혼혈에서도 나타난
   다는 연구로는 다음을 참조. Arnold K. Ho, Jim Sidanius, Daniel T. Levin, and Mahzarin

심했다는 데에서 몽고증의 원인을 산모의 나이와 출산 횟수에서 찾는 등 어머니에게 더 큰 책임을 부여했던 당시의 이해와도 연결된다. 원인이 확실히 규명되지 않았다고 아무리 이야기한들, 대중의 오리엔트적 상상은 몽고증을 '중국인' 혈통의 문제로, 그리고 중국인의 간계에 넘어간 부정한 어머니의 문제로 규정했던 것이다. 지적으로 평균보다 뛰어난 부모의 자녀에게서 몽고증이 더 많다고 설명한 비숴와 달리, 어인버는 '덜 지적인' 부모를 언급하여 부모의 지적 수준도 아이의 운명에 영향을 미칠지 모른다고 암시했다.

어인버가 『데일리 뉴스』에 기고한 상담 칼럼은 종종 삽화와 함께 등장했는데, 「몽고성 백치에 대해」에는 다음의 삽화가 실렸다.

〈그림 1〉 어인버의 1934년 칼럼 「의사가 말해주는 이야기: 몽고성 백치에 대해」에 첨부된 삽화

R. Banaji, "Evidence for Hypodescent and Racial Hierarchy in the Categorization and Perception of Biracial Individuals", *Journal of Personality and Social Psychology*, Volume 100 (2011): pp.492-506.

의사가 갓 태어난 아이를 보여주자 아이의 아버지가 충격을 받는 모습으로, 그림의 신생아는 곧은 머리칼, 위로 찢어진 작은 눈, 넓적한 코를 가졌고, 아버지, 의사, 간호사와 확연히 다른 피부색을 띠었다. 20년대 이후의 건강 상담란에서는 몽고증 환아의 '황색' 피부에 대한 언급이 사라졌으나, 여전히 사람들의 상상에는 몽고증과 특정한 피부색이 연계되어 몽고증이 아시아 인종으로의 퇴행일 가능성을 시사했다. 피부색을 강조하지 않고는 아시아인의 특징을 그릴 방법이 없었던 것일까? 같은 시대에 활동했던 카툰 작가 밀튼 캐니프(Milton Caniff)는 아시아인과 백인의 피부**색**에 차이를 두지 않았다. 눈과 코의 모양, 옷과 장신구 같은 소품을 통해 인종적인 특징을 전달했을 뿐이다. 그렇다면 위의 삽화가 몽고증 아이를 마치 흑인과 같은 어두운 피부를 가진 것으로 묘사한 이유는 무엇일까? 이것이야말로 당시 팽배했던 인종적 상상을 반영한 것이 아닐까? 각각의 인종을 과학적으로 분류하려는 노력에도 불구하고, 백인이 아니라면 흑인이든 황인이든 차이가 중요하지 않다는 증거였을 지도 모른다. 실제로 19세기 말~20세기 초 미국에서 인종 위계를 정당화하기 위해 중국인과 흑인의 유사성이 강조되었던 것을 고려하면,[53] 위의 삽화는 몽고증에 내재된 인종적 편견은 물론, 미국 사회의 오리엔트적 상상이 가진 한계를 여실히 드러냈다.

4년 후인 1938년, 어인버는 또 다른 몽고증 칼럼에서 어느 날 한밤중에 어떤 임신부로부터 전보를 받았다고 전했다. 전보의 내용인즉슨, 남편의 친척

---

53 백인 사회는 중국인의 이민을 막기 위해 중국인 쿨리와 흑인 노예의 유사성을 강조했다. 당시 미국의 흑인, 중국인 사이에서도 인종화된 타자로서 서로를 유비하는 글이 많이 출간되었다. Eddie L. Wong, *Racial Reconstruction: Black Inclusion, Chinese Exclusion, and the Fictions of Citizenship* (New York: New York University Press, 2015).

중에 몽고증 아이를 낳은 사람이 있는데, 남편이 이 임신부에게 "중국 아이 (Chinese baby)"를 낳는다면 그녀를 죽이고 아파트 지하에 사는 세탁부도 죽일 것이라고 했다며, 어떻게 대처할지를 묻는 것이었다. 어인버는 이런 아이가 태어날 확률이 매우 희박한데(0.0016%), 만약 이 확률을 뚫고 상술한 일이 일어날 경우 책임은 남편에게 있다고 설명했다. 남편의 친척 쪽에서 이미 몽고증 아이가 태어난 적이 있기 때문이다.[54] 몽고증이 유전되지 않는다는 주장에도 불구하고 선대의 '열등한' 형질이 후대에 몽고증으로 발현된다는 공포는 계속되었다. 남편의 친척을 언급한 어인버의 설명 역시, 전문가 사이에서도 몽고증이 혈통이나 유전과 여전히―비록 0.0016%일지라도―연계되었음을 보여준다.

1937년에 발간된 윌리엄 브레이디(Brady)의 건강 상담란 칼럼도 어인버의 글과 비슷한 형식을 통해 올바른 정보를 제공하고자 했다.[55] 다운의 이론은 시대착오적이라는 비판을 받았지만, 격세유전적 퇴행에 대한 공포는 백인 부모 사이에서 흑인 아이가 태어났다거나 흑인 부모에게 백인 아이가 태어났다는 소문에 반영되어 있었다. 이런 일은 절대 일어나지 않는다는 과학자들의 설명에도 불구하고 대중의 믿음은 쉽게 바뀌지 않았다. 특히 조상 중에 '중국인'이나 '일본 게이샤'가 있었기 때문에 몽고증이 발현되었다며 브

---

54 W. E. Aughinbaugh, M.D., "The Doctor Tells the Story", *The Bremen Enquirer*, 1938.8.18.
55 브레이디 역시 오랫동안 건강 상담란에 칼럼을 기고했는데, 이미 1925년에 몽고증과 여타 선천적 '결함'에 대한 글을 실었다. "The Born Defective by Dr. William Brady", *The Brooklyn Daily Eagle*, 1925.10.17. 그러나 1937년 의학 학술지 *JAMA*는 브레이디가 초기의 교육 목적을 잊고 선정적인 효과를 좇는 데 급급해 독자의 혼란을 야기하며 의료전문가 사이에서도 불만을 자아낸다고 비판했다. "The Misrepresentations of William Brady", *JAMA*, Volume 109 (1937): pp.1282-1283.

레이디가 틀렸다고 주장한 이들이 많았는데, 브레이디는 실명으로 편지를 보낸 이들은 남에게 들은 이야기만 했고, 두 눈으로 똑똑히 봤다고 주장하는 이들은 신분을 밝히지 않았다고 적었다. 독자들이 근거도 없이 과학적인 명제에 도전했다고 시사한 것이다. 브레이디는 태어난 아이에게 몽고증이 있다고 해서 이 아이가 먼 조상인 중국인이나 게이샤로 "퇴행"했다고 주장하는 것은 "아기가 빨갛고 아우 아우~ 하고 우니 아이의 고조할머니가 인디언임이 틀림없다."라는 주장만큼이나 말도 안 된다고 설명했다. 그는 다음과 같이 칼럼을 마무리했다. "반복합니다. 아무도 몽고증의 원인을 알지 못합니다. 이런 아이는 최고의 집안에서도 태어날 수 있고, 완벽하게 정상인 아이만 태어나던 집안의 막내일 수도 있습니다."[56]

전문적인 지식을 쉽게 설명해 준 여러 건강 상담란 저자의 노력에도 불구하고, 미국 대중의 인종적 상상이 변화하기까지는 시간이 걸렸다. 전문가와 일반인의 입장에도 차이가 드러났다. 의료전문가의 최우선 과제가 몽고증의 원인을 밝혀내고 올바른 진단을 하는 것이었다면, 몽고증 자녀를 평생 책임져야 하는 부모에게는 태어나 버린 아이의 문제를 해결할 방법이 절실했다. 다른 발달장애와 비교할 때 몽고증은 출생 당시 아이의 겉모습으로 '결함'의 유무를 파악하는 게 가능했으므로, 신생아의 부모가 어떻게 난관을 극복할지가 관심을 끌었다. 1924년 뉴욕의 브롱크스에서는 의사가 몽고증 신생아를 산모 몰래 데려가서 굶겨 죽이려 했다는 간호사의 말에 경찰이 수사에 나서기도 했다. 의사는 산모의 충격을 막기 위해 아이를 다른 병원으로 옮겼을 뿐이라며, 아이를 옮긴 것도 본인이 아닌 아이 아버지였다고

---

56 William Brady, M.D., "Personal Health Service", *The Los Angeles Times*, 1937.9.10.

항변했다. 기사는 이 사례가 "태어난 아이에게 결함이 있어 나중에 저능아 (imbecile)로 자랄 것이 분명할 경우, 의사 혹은 부모에게 이 영아를 죽게 할 도덕적인 권리가 있는지에 대한 질문에 다시금 관심을 불러일으켰다."고 적었다.[57] 이미 기관에서 정신박약이나 몽고증 아동을 수용하고 있었지만, 20세기 초까지도 결함이 있는 신생아를 죽게 내버려 두는 것이 암암리에 허용되었다.[58] 1915년에서 1918년까지 적어도 6명의 결함있는 신생아를 죽음으로 내 몬 시카고 의사 해리 헤이즐던(Haiselden)의 예를 들 수 있다.[59] 위의 신문기사 역시 헤이즐던을 언급하며, 그의 방침이 공중보건 전문가들의 지지를 받기도 했다고 설명했다.[60] 그러나 헤이즐던을 비롯해, 결함 있는 아이의 사망을 용인한 이들이 주류 의학계에서 밀려나고, 1930년대 독일의 사회적 다윈주의로 인해 우생학을 둘러싼 윤리적 논쟁이 커지자 가능한 한 빨리 아이를 기관에 보내는 것이 정석으로 자리 잡게 되었다.[61]

---

57 "Story of Baby Left to Die Found False", *The New York Times*, 1924.9.30.
58 영아의 안락사는 2005년 네덜란드에서 허용되었지만, 20세기 초와 마찬가지로 치료가 필요한 아이를 그저 내버려 두는 식이라 적극적인 개입은 극히 드물다.
59 헤이즐던이 개입한 유아 사망 사례 중 몽고증 환아는 없었으나, 대부분 선천적인 기형을 가졌거나 수술을 해도 생존 가능성이 낮은 아이들이 대상이었다. 찰스 데븐포트 같은 우생학자들과 헬렌 켈러 등 미국의 저명인사들이 헤이즐던의 결정을 지지했다. 헤이즐던은 영아 안락사를 다룬 우생학 영화인 〈검은 황새〉(1917)에 출연하기도 했다. Martin S. Pernick, *The Black Stork: Eugenics and the Death of "Defective" Babies in American Medicine and Motion Pictures Since 1915* (New York: Oxford University Press, 1996), p.6, p.8.
60 Martin S. Pernick, "Eugenics and Public Health in American History", *American Journal of Public Health*, Volume 87 (1997): p.1769.
61 Pernick, *Black Stork*, pp.162-164. 그러나 1980년대에도 부모가 수술이 필요한 다운증후군 신생아의 치료를 거부하여 아이를 사망에 이르게 한 사례가 있었다. Wright, *Downs*, pp.164-165.

1940년대에는 가족의 충격을 줄이면서 아이를 보호하기 위해 몽고증 환아를 일찌감치 가족과 분리하고 어린 시절부터 훈련을 시켜 사회에 적응할 수 있게 해야 한다는 내용의 칼럼이 등장했다. 이미 1938년에 어인버가 몽고증 환아를 가급적 빨리 기관에 보내 적절한 보살핌을 받게 해야 한다고 조언했는데, 1940년대에 들어서면 이러한 조치가 인도주의의 이름으로 정당화되어 의료전문가 사이에서 널리 수용되었다. 1947년에 열린 미국 정신지체협회(American Association of Mental Deficiency)에서 메이요(Mayo) 클리닉의 소아과의사 C. 앤더슨 올드리치(Aldrich)는 몽고증 신생아를 출산 즉시 어머니로부터 떼어 놓고 기관으로 보내야 한다고 주장했다. 몽고증을 가진 아이가 태어나면 의사는 어머니에게 아이가 튼튼하지 못해 며칠 동안 볼 수 없다고 한 후, "누구에게도 잘못이 없으며 앞으로 태어날 아이들은 다 정상이 될 것이고 외부 기관에 즉시 배정하는 것이 오랫동안 이어질 가족의 어려움을 방지하는 유일한 희망"이라고 아버지에게 별도로 설명해야 한다는 것이었다.[62] 올드리치는 지난 15년간 이 방법이 효과를 거두지 못한 적은 별로 없다고 주장했다. 미국의 저명한 소아과의사인 벤저민 스파크(Spock)도 미 전역에 그의 이름을 알린 1946년의 『육아상식(The Common Sense Book of Baby and Child Care)』에서 몽고증 아이가 태어났을 때 비슷한 방법을 추천했다. 출산 직후 기관에 보내는 것은 가족과 아이 둘 다를 위한 결정이었다.[63] 1950년대, 부모가 장애를 갖고 태어난 신생아와 충분한 시간을 보내야만 한

---

62 "For Segregating Idiots", The New York Times, 1947.5.31.
63 여기서 스파크는 mongolian idiocy나 mongolism 대신 Mongolian baby(아시아인 아기라고도 번역될 수 있다)라는 표현을 사용했다. Benjamin Spock, The Common Sense Book of Baby and Child Care (New York: Duell, Sloan and Pearce, 1946), pp.502-503.

다는 견해가 힘을 얻자, 결국 스파크도 1957년의 재판본에서 내용을 다소 수정했다.[64] 그러나 출생 즉시 기관에 배정하는 방침은 쉽게 사라지지 않았다.[65]

본격적인 변화는 서서히 찾아왔다. 1970년대 들어 서구사회에서 널리 퍼진 장애 관련 단체는 정신적 장애를 이전과 다른 시선으로 바라보았다. 특히 몽고증을 가진 사람들은 눈에 띄는 신체적 특징으로 인해 원하든 원하지 않든 대표성을 띠었는데, 이들이 점차 기관에서 사회로 편입되면서 긍정적인 시각을 심어주었다.[66] 비단 개개인에 대한 사회적 인식만이 아니라 용어에도 변화가 생겼다. 몽고증이 과학적으로 정확한 명칭이 아니라는 주장은 일찍부터 있었지만, 학계에서는 편의상 이 용어를 계속 사용해 왔다.[67] 그러나 1970년대 이후 차별적이고 비과학적인 '몽고증' 대신 존 랭든 다운의 이름을 딴 '다운증후군'이 학계에서, 그리고 일반 대중 사이에서 자리를 잡게 되었다. 그렇다면 이제 다운증후군이라는 용어 뒤편으로 몽고증의 오리엔트적 상상이 완전히 사라졌다 할 수 있을까?

---

64 Luther Granquist, "History Note: Taking Babies from Their Moms Seemed Best for Family", *Access Press*, Volume 20 (2009. 5. 10).

65 Wright, *Downs*, 3. 캐나다 출신인 저자의 개인적인 경험으로 시작하는 이 저서에서 라이트는 60년대까지도 다운증후군 환아의 기관 입소가 당연했다고 설명한다.

66 *Ibid.*, pp. 177-178. 여기서는 1940년대까지의 몽고증 연구와 논의에 집중하기 때문에 이후에 등장한 여러 주제—산전진단을 통한 임신중단, 몽고증 환아를 둘러싼 법적 논쟁, 윤리적인 쟁점 등—는 다루지 않는다.

67 Löwy, *Imperfect Pregnancies*, p. 33.

4. 맺음말: 몽고증의 유산과 상상의 힘

산전검사는 결함 있는 아이가 태어날지 모른다는 공포를 다스리는 방법이었으며, 현재 사용되는 대부분의 산전검사 역시 출산 전 태아의 몽고증 유무를 밝혀내려는 노력에서 나왔다.[68] 이처럼 최첨단 과학기술의 발달을 이끈 데는 몽고증이 내포한 인종적 '차이' 혹은 '퇴행'의 공포를 떨쳐내려는 열망이 중요한 역할을 했다. 그러나 1960~70년대의 사회운동에 힘입어 환아의 가시성이 높아지고, 다운증후군이 몽고증을 밀어내 의학 분야에서는 물론 일반 대중에게도 가장 널리 쓰이는 용어가 된 지금조차도 몽고증의 잔재는 우리 곁에 있다.

2018년 『미즈 매거진(Ms. Magazine)』에 실린 기사에서 몽골 출생의 우우가나 램지는 '몽골'이라는 단어가 여행자들에게는 몽골이라는 지역을, 몽골 밖에 거주하는 나이 든 세대에게는 다운증후군을 가진 사람을, 그리고 젊은 세대에게는 멍청하다는 뜻의 욕에 가까운 속어를 의미한다고 알려준다. 몽골에서 유년 시절을 보내고 영국에서 학업을 시작했을 때, 램지는 몽골이 여전히 다운증후군과 연결되고 있음을 알게 되었고, 2009년 아들이 다운증후군을 갖고 태어나자 "몽골인이라는 내 배경 때문에 진단에 혼란이 있었다."고 설명했다.[69] 이 이야기는 2014년의 《인디펜던트(The Independent)》지 기사에도 실렸는데, 램지의 아들 빌리가 다운증후군 진단을 받자, 병원 의

---

68 *Ibid.*, chapter 2.
69 Morgan Hunter Thomas, "Uuganaa Ramsay: Mother of Mongols", *Ms. Magazine*, 2018.6.6. https://msmagazine.com/2018/06/06/uuganaa-ramsay-mother-of-mongols/(검색일: 2020.3.6).

사가 램지의 몽골 혈통을 들며 "빌리의 외모에서는 다운증후군이 별로 표나지 않을 것"이라고 위로했다고 한다.[70] 램지의 기사는 한 세기도 더 전에 고안된 몽고증이라는 용어가 얼마나 질긴 생명력을 가졌는지 잘 보여준다.

램지가 보여준 영국의 예만큼 직접적이진 않지만, 다운증후군 관련 사회운동이 활발한 미국에서도 20세기 초의 오리엔트적 상상은 계속되고 있었다. 2001년 미시시피 지역 신문의 건강 상담란은 다운증후군을 결정하는 데 양수검사가 가장 좋은 방법이라고 설명하면서 다운증후군이 "트리소미21 혹은 몽고증이라고 알려져 있다"고 언급했다. 아직도 몽고증이라는 용어가 더 익숙한 독자들을 위한 배려였을 것이다. 다행이라면 다운증후군 아이의 신체적인 특징을 설명할 때, "보통 머리가 작고 넓적하며, 얼굴이 평평하고 눈초리가 치켜 올라간 데다 코가 짧다"에서 멈출 뿐, 과거의 상담란처럼 몽골리언이 대조군으로 등장하지는 않았다는 점을 들겠다.[71] 하지만 여전히 다운증후군 환아와 아시아인의 모습을 비교한다거나, 아시아인에게 다운증후군이 나타나도 보통 사람들과 구별이 가능한지 묻는 질문이 온라인상에서 심심찮게 나오고, 블루멘바흐의 분류법이 과학이라는 이름으로 명맥을 유지하는 등, 몽고증의 유산은 지금도 모습을 드러내고 있다.

몽고증의 역사는 과학과 의학의 현상을 설명하는 데 의료전문가와 미국 대중의 보편적인 인종적 이해관계가 중요한 역할을 했음을 보여준다. 오랜

---

70 Orr, "Why Are the Words".
71 Dr. Allen Douma, "Amniocentesis Is Best Way to Determine Down Syndrome", Advice, *The Greenwood Commonwealth* [Mississippi], 2001.4.13. 2005년의 칼럼에서도 도우마는 '몽고증'을 언급했지만 이 용어가 과거에 사용되었다는 점을 분명히 했다. Douma, "Rapid Aging Common with Down Syndrome", *The Californians*, 2005.7.22.

시간에 걸쳐 이들은 몽고증을 특정한 결함으로 '상상'해냈고, 이러한 상상은 의학 지식의 생산과 전달은 물론 대중이 전문적인 지식을 받아들이고 이해하는 과정에 큰 영향을 미쳤다. 비록 몽고증을 가진 당사자와 그 가족의 목소리를 전달하지는 못했지만, 이 글이 과학과 인종의 담론, 그리고 그 형성에 기여한 개개인의 경험까지 생각해 볼 기회가 되기를 바란다.

유산 방지와 낙태를 위한 전통 속신(俗信)의 전승과 한의학적 의미상*

염원희 (경희대학교 인문학연구원 HK+통합의료인문학연구단 HK연구교수)
윤은경 (경희대학교 인문학연구원 HK+통합의료인문학연구단 전 HK연구교수)

* 이 글은 염원희·윤은경, 「유산 방지와 낙태를 위한 속신의 전승과 한의학적 의미」, 『문학치료연구』 60, 한국치료학회, 2021. 7에 실린 논문을 수정한 것임을 밝힌다.

1. 머리말

임신이 어려운 '난임', 임신을 유지하지 못하는 '유산과 낙태', 출산 중 '난산'까지 여성이 무사히 출산하기까지는 여러 고비가 도사리고 있다. 이 중 특히 유산과 낙태는 태아를 잃는 비극적 상황으로 여성에게 신체적·정신적으로 큰 고통을 안겨주었지만,[1] 사회적·의학적으로 터부시되어 왔기에 그 반대급부로 민간 차원에서 속신(俗信)이 전승되었다. 유산 방지와 낙태에 관한 속신은 의료적으로 위급한 상황에 대한 처방으로, 이는 속신의 실제적 효용성에 대한 막연한 기대 또는 신뢰가 전제된 행위였을 것이다. 이에 이 글에서는 속신의 의료적 효과를 동시대 의학인 한의학에 비추어보고자 한다.

민속 조사에서 출산의례의 하위 항목으로 조사된 유산 방지와 낙태에 관한 민속적 행위는 일종의 속신(俗信)으로 전승되었다. 구술단문인 속신은 경험의 축적에 의한 일종의 심리·문화적 해석으로,[2] 민속과 신념의 범주가

---

1 배정순, 「외상 후 스트레스 장애로서의 낙태」, 『생명 윤리와 정책』 2(1), 국가생명윤리정책원, 2018.
2 김경섭, 「구조와 소통의 관점에서 본 구술단문의 특성 연구」, 『한국민속학』 43, 한국민속

포함된 개인 신앙적 측면이 있기에 기본적으로 특정 집단 내의 개개인이 자신의 행위를 민속적으로 결정짓는 신념 체계의 한 표현 양식이다.[3] 또한 '(유산을 막으려면) 호박순을 달여 먹는다(충북 단양, 1970)'와 같이 '조건과 결과'로 구성된 구술단문일 뿐만 아니라, 의료적 상황에서 실제로 활용되었던 민간 의료 지식이었을 것이다.

이와 관련된 연구로 산육속신어(産育俗信語)를 태몽과 금기, 산후의례로 분류하고 문학적 가치를 논의한 연구가 있으며,[4] 일생의례 속신 전반을 논의하면서 출산의례에 해당하는 속신이 간략하게 거론되기도 하였다.[5] 하지만 선행연구에서는 본고에서 주목한 유산 방지와 낙태의 속신은 다루어지지 않았다. 난산 관련 속신을 『한국민속종합조사보고서』 및 여타의 자료에서 추출하여 그 의미를 살펴본 연구[6]는 출산을 둘러싼 문제적 상황을 극복하려는 민속적 대응을 연구하였다는 점에서 본고와 문제의식을 같이 한다. 다만 기존 논의에서 해당 지식의 실제적 치료 효과는 큰 관심의 대상이 아니었다. 본고에서는 유산 방지와 낙태를 위한 속신이 갖는 자체적 의의에 더해, 그 내용의 실제 효용 여부와 기저에 깔린 치료의 논리를 한의학적 관

학회, 2006, 79쪽. 속담은 일종의 구술단문으로, '구술단문'이란 수수께끼, 속담, 속신, 격언, 금언 등을 포괄하는 용어이다. 이들 장르가 가진 혁신, 변화, 연행 등의 역동적 측면을 고려하여 '구비'가 아닌 '구술(口述)'이라 하였다(75쪽).
3 김경섭, 「구조와 소통의 관점에서 본 구술단문의 특성 연구」, 『한국민속학』 43, 한국민속학회, 2006, 75~77쪽.
4 정일형, 「산육속신어 연구」, 『비교민속학』 16, 비교민속학회, 1999. 이 글에서는 산육속신어의 문학적 가치로 교육적 윤리성, 실용적 효용성, 주술적 심리성을 들고 있다.
5 김시덕, 「일생의례 관련 속신의 종류와 기능」, 『실천민속학연구』 18, 실천민속학회, 2011.
6 이필영, 「난산 극복을 위한 민속적 대응」, 『역사민속학』 41, 역사민속학회, 2013.

점에서 살펴보는 것을 목적으로 한다.

전통 사회의 출산 관련 자료에서 유산 방지와 낙태에 관한 기록은 많지 않은데, 특히 낙태에 관한 내용은 그 방법을 자세히 수록하거나 관련 임상 상황을 기록하는 것을 터부시하였을 것이며, 사후 처리 위주로 서술되었을 것이기 때문에 자료를 찾기 어렵다. 이러한 사정은 현대사회에서도 크게 다르지 않아서, 유산 방지에 대한 의료적 처치의 논의와 실천 모두 적극적이지만 낙태의 문제는 소극적으로 다루었다. 하지만 유산과 낙태는 여성의 임신 및 출산 문제에 있어서 늘 존재해 온 절실한 문제였으며, 의료 혜택이 보편적이지 못했던 시대에 전승된 속신은 실제로 행해질 수밖에 없는 필연성을 담보하였다고 볼 수 있다.

본고에서 다룰 유산 방지와 낙태 관련 속신 자료는 민속조사에서 출산의례의 하위 항목으로 조사되었다. 출산의례는 주로 구전으로 전승되었지만 일부 내용은 식자층에 의해 기록되기도 하였고, 해방 후에는 전국적인 조사가 이루어지면서 관련 자료가 축적되었다. 『한국민속종합조사보고서』는 1969년부터 1989년까지 각 도별(道別)로 출간되었는데, 이 중 통과의례의 하위 항목으로 출산의례를 다루었다. 이후 1993년과 1994년에 출간된 『한국민속종합조사보고서-산속편』 상·하를 통해 추가로 조사·정리되었다. 이는 민속 관행을 조사한 내용을 단순 나열한 자료이기 때문에 그 자체로 의미가 드러나기 어렵지만, 해방 후 가장 총체적으로 민속을 조사한 자료집이라는 점에서 의미가 있다. 『한국민속종합조사보고서』에서는 실제로 출산을 경험한 여성들을 대상으로 조사하였다는 점에서, 그 효용성의 문제는 차치하고라도 실제적으로 행위하였거나, 행위하였다고 알려진 방법을 전승한 현장의 기록으로, 의료의 혜택이 고르지 못했던 시대 실제적 민간 행위였을 것이라는 점에서 연구 가치가 충분하다고 본다.

민간 고유의 민속적인 의료 관행은 민속의료, 의료민속, 민간의료, 민간요법 등으로 불렸으며,[7] "민족이나 집단이 육체를 보존하고 각종 질환에 대응하기 위해 민간에서 생성되어 양식화된 독특한 관념, 행위, 기술이며 민간의 경험적인 부분과 사회 변화에 따른 지식 발전, 의료기술 발달의 영향으로 전문적인 약재 부분이 결합되었을 수 있다."[8]는 관점을 가졌기 때문에 동시대에 공존하고 발전한 한의학과의 관련성에 대한 세밀한 논의의 필요성도 제기된다. 유산과 낙태 속신은 여성이 실제로 행했던 민간의료적 실천의 기록이기에 그 내용에 대한 의료적 관점에서의 해석은 유의미하다. 이에 3장에서는 한의학적 검증을 통해 속신의 민간의료로서의 위상을 확인하고, 4장에서는 속신담에 담긴 인식론적 특징을 한의학적 해석과의 관련성을 중심으로 살펴보고자 한다.

본격적인 논의에 앞서 『동의보감』에 나타나는 유산 및 낙태에 관한 한의학 용어를 정리할 필요가 있다. 먼저 '유산'은 '반산(反産)'이라는 용어로 설

---

7 '의료민속(또는 민속의료)'은 장철수의 「민속학 연구 50년사」에서 민속학의 연구대상의 하나로 언급되었는데, '생물체로서의 인간의 육체를 보존하기 위한 생활에 대한 연구(민간의료)'이며 예방의료와 실제적 치료행위를 모두 포함하였다(장철수, 「[한국학 연구 50년 점검] 16 한국민속학편: 민속학 연구 50년사」, 『한국학보』 22권 1호, 일지사(한국학보), 1996, 36쪽). 민간요법은 민간의료, 민간의약 용어와 유사한 개념으로 혼용된다. 하지만 민간요법이 '치료방법' 자체에 국한되는 기술적, 물리적인 실재를 지칭하는 반면, 민간의료는 민간요법을 포함한 이의 역사적 맥락과 지식·기능의 전승 및 가치 인식과 태도, 활용과 실천의 제 사회문화적 맥락을 포괄한다(박경용, 「산청(山淸) 지역 민간요법의 실재와 전승양상」, 『실천민속학연구』 18, 실천민속학회, 2011, 235쪽).
8 원보영, 『민간의 질병인식과 치료행위에 관한 의료민속학적 연구』, 민속원, 2010, 15쪽. 원보영은 의료민속이라도 수용자층의 다양성에 따라, 한의학 관련 지식과 민간의 경험적인 지식의 두 측면이 존재한다는 점을 언급하였다.

명된다. 이는 말 그대로 '출산이 반밖에 이뤄지지 않음', '완성되지 못한 출산'이라는 의미로, 임부가 출산까지 임신을 유지하지 못하는 상황을 일컫는다. 다음으로 '낙태'를 일컫는 용어는 '단산(斷産)'인데, 임부의 몸 상태나 출산 후 육아가 어려운 경우 임신 상태를 인위적으로 중단시키는 것과 함께 '피임'까지 포함하는 용어이다. 이 외에 태아에게 일어나는 일을 설명할 때 '타태(墮胎)'라고 하는데 오늘날의 '낙태(落胎)'와 뜻이 유사하나 주로 의도하지 않았는데 태아가 떨어져 나가는 상황을 일컫는다. 한편 오늘날 낙태는 의료적 맥락에서 자연유산과 대비되는 '인공유산'이라 일컫기도 하는데, 본고에서는 민간의 실천으로서 속신을 다루고 있는 만큼 '낙태'를 쓰기로 한다.[9]

민간의료는 의학과 공존해왔다. 고대에 의학이 하나의 체계로 정립된 이후, 언제나 의료적 실천에는 민간 차원의 것과 전문영역 차원의 것이 병존했다.[10] 이는 의료의 '실천적' 특성에서 기인하며, 민간의료에서 행해졌던 것을 동시대의 의학에서 수용하고 있는가의 문제는 단순히 효용성의 문제로만 판단하기 어렵다. 그럼에도 불구하고 이 관련성에 주목하는 이유는 임

---

9 자연유산과 인공유산은 얼핏 중립적인 용어들로 비춰지나, 그것의 대비는 '자연'과 '인공'이 갖는 의미로 집약되며, '자연'이 내포하는 '초월성'의 의미 때문에 '어쩔 수 없이' 수용되는 반편, '인공'은 그에 비해 '선택권'이 있다는 점 때문에 당사자가 혹독한 평가에 직면한다.

10 의료인류학자인 아서 클라인만은 대만에서의 현지조사를 바탕으로 복수 의료의 존재를 드러내면서 의료가 단일한 것이 아니라 복수로 존재한다는 개념인 '의료다원주의'를 말했다. 그는 연구에서 의료체계를 크게 세 부분으로 나누어 논의를 전개했는데, 대중영역(popular sector), 전문영역(professional sector), 민간영역(folk sector)이다. (윤은경·김태우, 「의료인류학의 연구동향과 전망: 개념의 전개와 의료사와의 접점을 중심으로」, 『의사학』 29(3), 대한의사학회, 2020, 910쪽)

신·낙태·출산의 영역이 생명이 걸린, 의료적으로 매우 중요한 현장이기 때문이다. 민간 실천 영역과 전문 지식 영역 간의 관계를 살펴보는 본고의 논의를 통해 임신·낙태·출산에 관한 인식 및 여성의 의료 접근성에 대한 실마리를 찾을 수 있으리라 기대한다.

2. 유산 방지와 낙태를 위한 속신의 양상과 전승 맥락

전통사회 출산의례의 주체는 전적으로 여성이었기에, 임신·출산과 태어난 아이의 성과 건강 등은 대부분 여성의 책임이었고, 이는 유산과 낙태의 문제에서도 다르지 않았다. 이 장에서는 이를 극복하려는 민간적 차원의 시도였던 속신의 양상을 살펴보고, 이러한 속신의 전승 맥락과 의미를 여성의 의료접근성을 중심으로 짚어보고자 한다. 『한국민속종합조사보고서』에서는 출산의례의 세부 항목으로 산전속(産前俗)이 조사되면서 유산과 낙태 속신이 포함되었고,[11] 이후 1990년대 간행된 『한국민속종합조사보고서-산속편』 상·하권에서는 '유산 방지법'과 '유산법'이라는 항목으로 조사되었다.[12] 관련 속신의 방법은 크게 두 가지로 구분할 수 있는데, 신체에 물리적 행위를 가하는 방식과 무엇인가를 섭취하는 방법이 그것이다. 이를 정리하면 다

---

11 이 조사의 조사항목은 '피임속(避姙俗), 기자속(祈子俗 기자, 태몽), 산전속(産前俗 금기, 유산), 해산속(解産俗), 산후속(産後俗), 육아속(育兒俗)'이다. 이 중 피임속은 조사 당시 산아 제한 정책으로 의료적 피임이 보편화되어 관련 속신은 전혀 조사되지 않았다. 문화공보부 문화재관리국, 『한국민속조사종합보고서-경기도편』, 1978, 64쪽.
12 『한국종합조사보고서-산속편』은 산전속과 산후속을 대상으로 총 35개 항목으로 조사되었다. 이 중 유산과 낙태 속신과 직접적으로 관련된 항목은 '9) 유산 방지법, 10) 유산법 11) 단산법'인데, 이 중 단산법의 경우는 전혀 조사되지 않았고, 유산법도 일부 지역에서는 조사되지 않았다.

음과 같다.

1) 유산 방지를 위한 속신

유산 방지를 위한 속신에서 신체에 물리적인 행위를 가하는 방법이 조사된 경우는 많지 않은데, 주로 유산의 징후를 느낀 후 즉시 행할 수 있는 행위가 전승되었다. 예를 들면, '산모의 배를 훑는다', '힘든 일을 금한다. '무거운 물건을 들지 않는다', '놀래지 않도록 한다'와 같이 일상적으로 행할 수 있는 상식적인 방법이다.

이에 비해 유산 방지를 위해 무엇인가를 섭취하는 방법은 다단하게 나눌 수 있다. 첫 번째는 사물의 삶은 물을 섭취하는 방법으로 구체적인 사례는 다음과 같다.

> 망건을 삶아 물을 마신다.(전북 남원, 1991)
> 부엌 아궁이를 파서 재를 달여 먹는다.(전남 순창, 1991)
> 동곳, 구리쇠, 다루박줄을 달여먹는다.(전남 구례, 1991)

두 번째는 은(금, 구리)가락지, 은동곳, 은비녀와 같이 기워서 고정시키는 기능을 가진 물건의 삶은 물을 마시는 경우도 있다.

> 문고리를 삶아 먹거나 가락지를 삶아 먹는다.(서울, 1979)
> 은가락지, 은동곳, 은비녀를 삶아 마신다.(전북 전주, 1991)

이와 유사한 사례로 두레박끈, 호박순(호박쬠 손, 호박넝쿨, 호박수염)이 전국적으로 전승되고 있는 것으로 파악된다. 강원도에서는 유산을 방지하는 행위에 "애기 올라 붙는다"는 표현을 쓰면서 관련 속신을 전승하기도 한다.

> 호박덩굴손을 삶아 먹으면 태가 위로 붙어 유산되지 않는다.(서울, 1979)
> 두레박줄을 달여 먹는다.(전북 군산, 1991)
> 나무에 달린 감꼭지를 세 움큼 삶아 마신다.(경북 경주, 1962)

자궁에 안착한 태아가 유산되지 않을 것을 기대하며 호박넝쿨이나 감꼭지를 삶아 먹는 것은 매달려 떨어지지 않는 강한 생명력을 보여주기 때문이고, 은반지나 은비녀는 끼워서 고정시키는 속성 때문에 유산을 방지하는 방법이 되었던 것으로 보인다.[13] 넝쿨류는 호박 외에도 외순넝쿨, 박넝쿨, 포도넝쿨도 전승된다. 이러한 방법은 상당히 전국적인 전승을 확인할 수 있는데,[14] 낙태 관련 속신이 지역별로 다양하였던 것과는 달리, 유산 방지 속신은 이 방법이 보편적으로 분포하였다.

세 번째는 비교적 일상적인 음식인 민물 또는 해산물을 섭취하여 유산을

---

13 같은 의미로 난산인 경우에도 이 방법이 활용된다. 반지나 비녀는 끼워서 고정시킬 뿐만 아니라 쉽게 뺄 수도 있기 때문에 난산일 때에도 반지와 비녀 삶은 물을 먹거나, 문고리나 열쇠 달인 물을 먹이기도 한다. 이필영, 앞의 논문.

14 이 방법이 조사가 되지 않은 지역은 대부분 유산 방지나 낙태를 위한 속신이 전혀 조사되지 않은 곳으로, 서울과 경남 거제군, 경기도 파주군·양평군·강화군, 충남 은산군·서천군·당진군 정도다. 이 외에 조사되지 않은 지역은 인천 부평시나 강원도 고성군·삼척군, 충남 천안시·대천시·홍성군·사산군, 제주도의 제주시로 유산 방지를 위한 다른 속신이 조사되었다. 하지만 전국적인 조사가 이루어진 점을 감안한다면, 이 유형의 유산 방지 속신은 상당히 전국적으로 균일하게 전승되고 있었다고 보아야 한다.

방지하는 방법이다.

> 위로 붙으라고 붕어를 산 채로 먹인다.(인천 부평, 1992)
> 우물의 새우 세 마리를 먹는다.(충북 진천, 1970)
> 미꾸라지 세 마리를 먹는다.(충북 진천, 1970)
> 송사리를 먹는다.(경기 의왕시, 1992)
> 송사리를 먹는다.(강원 정선, 1990)
> 사요기지(미꾸라지 종류)를 세 마리 먹는다.(강원 고성, 1990)

위의 사례에서 붕어는 그 효능으로 인해 출산한 여성의 산구완에 필요한 재료로 알려져 있으나, 미꾸라지의 경우 특별한 효능이 있다기보다는 미꾸라지 표면의 점액이 끈적거린다는 점이 속신의 근거가 된 듯하다. 해안이 가까운 지역에서는 문어·전복·따개비·고동 등 해산물을 먹는 방법이 전승되기도 했는데, 대부분 '붙어 있는 힘'이 강한 것이다.

네 번째로 일상식인 '수제비'나 '흰죽'이 등장하기도 한다. 그 재료가 되는 곡식이 어떤 효능이 있는 것 같지는 않고, 이를 재료로 만든 수제비나 흰죽의 '끈끈함'에 태아가 자궁에 안착하기를 바라는 유감주술의 발상이 적용되었다.

> 쌀가루를 만든 후 수제비를 쑤어 먹으면 올라붙는다.(경북 울진, 1968)
> 생밀가루·조이삭·밀가루·찹쌀로 흰죽을 쑤어서 3~4번 먹는다.(강원 춘천, 1990)

'주술'은 현상과 사물의 유사성을 바탕으로 세계의 작동원리를 이해하고자 했던 가장 본질적이고 보편적인 관점으로 단순히 미신으로 치부해서는 안 된다. 주술은 존재하는 모든 것이 연관되어 있음을 전제한 개념으로, 모든 현상과 사물은 개별적으로 존재하는 것이 아니라 그들 중 유사한 속성을 가진 현상과 사물은 서로 긴밀한 영향을 주고받으며 존재하는 것으로 파악했던 사고다. 극복하기 어려운 현실을 맞닥뜨렸을 때 회피하는 것이 아니라, 초자연적 존재를 조작하여 자신이 원하는 방향으로 이끌어 나가려 했던 인간의 적극적이고 능동적인 태도이다. 정교하지 못하고 성숙하지 못한 믿음의 형태로 보일지라도 사람들의 무한한 희망과 갈망을 투박하지만 솔직하게 담고 있는 것이 주술이다.

이 외에도 특정 지역에 전승되는 유산 방지 방법으로, '백도라지와 백접시꽃뿌리에 닭을 넣어 달여 먹는다(제주, 1991)', '초기 구진(궂은)물이 나오면 돼지새끼를 달여먹는다(제주, 1965)', '콩나물을 끓여 먹는다. 콩나물 대가리처럼 올라가라고 삶아 먹는다(경기 하남, 1992)', '대추에 꿀을 감아 먹는다(강원 홍천, 1990)'는 등의 속신은 지역별로 한 차례의 사례만 보고되었음을 밝힌다. 이처럼 유산 방지를 위해서는 주로 유감주술적 사고에 따라 사물이나 식물을 삶은 물을 섭취하는데, 특히 은반지나 은비녀 삶은 물을 마시는 경우와 호박넝쿨 등 넝쿨류를 삶은 물을 먹는 방법이 전국에서 공통적으로 전승된다는 점이 가장 주목된다.

덧붙여 유산 방지를 위한 가족의 역할로 '애 아버지 허리끈을 가져다준다(전남 구례군, 1991)', '삼승할망에게 빌고 난 후 남편의 버선을 신은 채로 포도줄을 삶아 배에 감는다(제주, 1991)'와 같이 남편의 역할에 대해 언급한 경우가 있다. 하지만 난산 시에 산실 안팎에서 남편이 직접적으로 출산을 돕는 행위를 하였던 것처럼,[15] 직접적으로 남편의 역할이 있었다고 보기 어렵다.

2) 낙태를 위한 속신

낙태에 관한 속신은 1차 조사는 물론 1990년대 2차 조사에서도 조사 대상이었지만 많은 지역에서 조사가 누락되었는데, 낙태를 기휘하여 전승이 미미했던 것으로 판단된다. 또한 2차 조사 시기인 1990년대에는 이미 산부인과가 보편화되었던 것도 이유가 되었을 것이다.

낙태를 위한 물리적 행위는 유산 방지와 마찬가지로 많은 전승이 확인되지는 않지만, 공통적으로 임신부의 신체에 충격을 주어 태아에게 영향을 미침으로써 낙태가 가능하다고 생각했다. 임신 초기 임신부가 충격을 받는 것은 의서에서도 경계할 만큼 유산의 원인이었는데, 이것이 역으로 낙태의 방법으로 활용되었다. 구체적인 사례는 다음과 같다.

> 언덕이나 방천가에서 뛰거나 구르고 뒹군다.(전북 완주, 1991)
> 임부의 배를 위에서 아래로 자주 주무른다.(전북 장수, 1991)
> 임부를 뒤에서 깜짝 놀라게 하면 떨어진다.(전북 임실, 1967)

『한국민속종합조사보고서』에서 낙태 속신은 특정 음식이나 식물을 섭취하는 방법의 전승이 압도적이다. 낙태 속신에 등장하는 섭취의 대상은 주로 식물의 뿌리류가 많다.

---

15 이필영,「난산 극복을 위한 민속적 대응」,『역사민속학』 41, 역사민속학회, 2013, 35~40쪽.

장록뿌리를 찧어먹는다, 할미꽃뿌리를 삶아 먹는다, 삼씨를 찧어 먹는
다.(전북 남원, 1991)

노고초뿌리를 찧어 먹는다.(전북 군산, 1991)

해당화뿌리·느티나무뿌리·족두리꽃뿌리(충남 홍성, 1990)

꽈리뿌리를 삶아 먹는다.(경기 이천, 1992)

장롱(마처럼 생긴 뿌리)뿌리를 삶아 먹는다.(경기 양평, 1992)

꽈리뿌리를 삶아 먹는다.(강원도 화천, 1990)

나락뿌리를 삶아 그 물을 마신다.(강원도 삼척, 1990)

전국적으로 장록뿌리의 전승이 특히 많았고, 할미꽃뿌리[16]도 다수 등장한
다. 이 외에도 머위뿌리, 양해뿌리, 모시뿌리, 물고실뿌리, 수박뿌리, 너삼뿌
리, 항가꾸(엉경퀴)뿌리, 생식뿌리, 삼대뿌리, 옥수수뿌리 등도 다양하게 거
론되었다.[17] 이 중 일부는 『신농본초본』 등의 의서에서 약재로서의 활용 가
능성이 소개되었기 때문에 구체적인 내용을 3장에서 살펴보려 한다.

이 외에도 '간장에 박하분을 섞어 먹는다'와 같이 염분이 많은 장류나 식
초류가 전승되기도 하였다. 특히 이색적인 점은 전국적으로 금계락 또는
'미국 금기락', '긴기랍'이라 불리는 말라리아 치료제와 같은 약물이 낙태 방

---

16 할미꽃은 노고초, 노구옹이라고도 불리며, 독성이 강하여 함부로 먹지 않았다고 전한다.
   장록뿌리가 전국적으로 고루 전승된다면, 할미꽃뿌리는 전북 남원·완주·익산, 전남
   순창·옥천·구례·진도, 강원도 화천·홍성, 충남 예산·천안·대전, 인천과 하남 등
   여러 지역에서 조사되었다.
17 뿌리류 외에도 익모초·범부채·채소씨(무씨, 삼씨)를 갈아먹거나, 능수버들·소태나
   무·참빗살나무를 달여 먹는 등 일부 식물류도 전승되지만, 다양한 뿌리류가 전승된다
   는 점이 낙태 속신의 특징이다.

법으로 전승된다.

> 미국 금기락을 먹는다.(전북 익산, 1991)
>
> 금계랍을 먹는다.(경기 부평, 1992)
>
> 금계랍(노란 알약이다)을 사다 먹는다.(경기 이천, 1992)
>
> 아편을 먹는다.(경남 부산, 1992)

이는 일제강점기 신문기사에서 낙태 속신으로 등장하는데,[18] 일제강점기에는 수술을 통한 낙태가 이루어졌으나 당시 낙태 수술이 불법이기도 하였고 그 혜택은 일부 상류층 여성에 한정되었으므로, 여전히 낙태의 방법으로 가장 보편적인 것은 약물 복용이었다. 그 약물이란 낙태를 위해 개발된 것이 아니라 강한 독성으로 모체에 자극을 주는 것을 섭취하는 방식이어서, '양잿물, 쥐약, 자단향(紫檀香), 피마자기름, 금계랍, 아편, 공업용 염산' 등의 약물이나 독성 물질을 복용하거나 식품류에 가까운 가물치나 비단개구리를 섭취하여 낙태를 시도하는 사례가 보도되었다.[19] 따라서 낙태 효과도 불분명했고, 낙태를 시도한 여성의 건강과 목숨까지도 위협했다. 『한국민속종합조사보고서』의 1990년대 조사에서는 원칙적으로 조사대상을 60세 이

---

18 「紙上病院」,《동아일보》, 1930년 3월 21일. 이 기사는 독자 의료 상담 코너인데, 한 임신부가 "임신중에 다량의 금계랍을 복용하면 해로울 뿐만 아니라 낙태되기 쉽다니 사실입니까?"를 질문하였다. 이에 대한 답변에서는 금계랍 중독으로 인해 모체의 생명이 위험해질 수 있고 낙태도 되는 것이라서, 낙태를 목적으로 복용하기는 무서운 약이라 설명한다.

19 이영아, 「1920~30년대 식민지 조선의 '낙태' 담론 및 실제 연구」, 『의사학』 22(1), 대한의사학회, 2013, 144~148쪽. 각 사례는 당시 신문기사에 낙태를 시도하는 방법으로 시도된 것들이다.

상의 출산을 경험한 여성을 대상으로 했는데, 조사 시기에 60대 이상이었던 제보자는 1910~1920년대생이므로 이들이 20~30대였을 당시에는 의료적 방법보다 자가적 낙태 방법이 보편적이었고, 그 방법도 주로 약물 위주였다는 점을 일제강점기 신문기사를 통해 알 수 있는 것이다. 그렇다면 『한국민속종합조사보고서』에 조사된 속신은 제보자가 실제로 경험하였거나 동시대 사람들에게 전해들었던 실제적 속신이었다고 볼 수 있다.

낙태를 위한 속신은 다양한 식물류가 등장할 뿐만 아니라, 이를 어떻게 다루는가 하는 방식도 확인된다.

> 할미꽃뿌리를 조금 먹는다.(경기 하남시, 1993)
>
> 할미꽃을 코에 꽂았다가 빼낸다.(전북 전주시, 1991)
>
> 할미꽃을 찧어 즙을 먹는다.(전북 금제군, 1991)
>
> 할미꽃을 찧어 먹는다.(전남 구례, 1991)
>
> 할미꽃을 삶아 먹는다.(강원 화천군, 1990)
>
> 삶아 배꼽에 붙인다.(인천시 북구, 1992)

실제로 한의학에서는 약재를 말려서 사용하거나 쪄서 말리기도 하고, 외용하거나(찧어서 바르는 것), 다른 것과 섞어서 붙이기 좋은 형태로 만들어 활용하는 등 다양한 방식으로 다룬다. 약재에 대한 처방이 달라지는 것은 질병별로 극대화하고자 하는 효능이 다르기 때문인데, 속신에서도 대상을 다루는 방식이 다양하게 드러나지만 이에 대한 의학적인 유의미성까지 확인하기는 어렵다. 의학에서 처방을 달리하는 것은 각각 다른 효과를 내기 위해서이지, '같은 목적'을 위해 약재의 처리 방식을 다양하게 하지는 않기 때문이다. 그러므로 속신에서 드러나는 다양한 표현이 어떤 의학적 가능성을 보여준다고 보기 어렵지만, 낙태 관련 속신을 의료적 방법으로 인식하였던 전승자의 태도가 드러나는 대목이 아닐까 한다.[20]

또한 앞서 살펴본 유산 방지 속신이나 그 외에 기자(祈子), 난산 속신이 남편이나 가족에게도 일정한 역할을 부여하는 태도를 보였던 것과 달리, 낙태를 위한 속신에서는 이러한 양상을 전혀 찾아볼 수 없었다. 임신·출산과는 달리 낙태는 당대의 가치관에 역행하는 행위였기 때문에, 대체로 임신부가 온전히 감당해야 할 몫으로 여겨졌던 것으로 보인다.

3) 유산 방지와 낙태 속신의 전승 맥락

이러한 속신의 전승과 함께, 의학적으로 유산과 낙태는 어떻게 다루어졌을까? 조선시대에 유산 위험이 있는 여성의 몸을 보호하기 위한 방법이나 습관성 유산이 있는 여성을 의료적으로 돌보았던 기록을 일부 확인할 수 있다. 숙종·영조 때의 의원 이수귀(李壽龜)가 자신의 치험 사례를 기록한 『역시만필(歷試漫筆)』에는 총 4건의 유산 관련 임상이 기록되었다.[21] 이 중 낙태

---

20 이 외에도 유산 방지와 낙태에 동일하게 적용되는 방법이 확인된다는 점에 주목할 수 있는데, 익모초가 그러한 사례이다. 유산 방지를 위해 '익모초와 대추를 같이 삶아 먹는다(경남 김해, 1992)'는 점이 전승되지만, 낙태를 위해서도 '익모초를 달여 먹는다(전남 화순, 1991)'. 같은 처방으로 정반대의 결과를 유도하는 방식이 전승되었는데 이에 대해서는 심층적인 논의를 요한다.
21 이수귀, 신동원 외 역, 『역시만필-조선 어의 이수귀의 동의보감 실전기』, 들녘, 2015; 이꽃메, 「『역시만필(歷試漫筆)』의 사례로 재구성한 조선후기 여성의 삶과 질병」, 『의사학』 24권 2호, 2015. 『역시만필』은 130개의 꼭지에 총 154개의 사례가 수록되었다. 이 중 82건이 여성 질병에 관한 내용이어서 17세기 말 18세기 초 여성 질병과 치료 사례를 확인

와 관련된 정보는 없고, 유산 위험이 있는 여성을 의원이 치료했던 사례를 확인할 수 있다.

사례 번호	인물	주요 증상	특이 사항 및 경과
17	어떤 부인	임신 3개월에 특별한 이유 없이 유산 3회 하고 네 번째 임신	양(陽)의 달 전반 보름에 팔물탕 대여섯 첩을 써서 태를 보전하여 순산
82	어느 부인	임신 3개월에 유산 3회 후 다시 임신	3, 4, 7월 즉 홀수 월(陽月)의 상반기 보름 동안 기혈을 함께 보하는 팔물탕 대여섯첩 복용. 그 사이에 열을 내려 태를 평안케하는 약(靑熟安胎) 복용 이후 연이어 아들딸 셋을 출산하였고, 산모와 아이 모두 건강
83	조한림의 부인이자 이판서의 딸	임신 3개월에 복통 없이 자궁 출혈(胎漏)	교애사물탕, 금출탕, 안태음, 팔물탕을 썼으나 효험이 없음. 인삼이 들어간 당귀기생탕(當歸寄生湯) 복용 후 하혈 멎고 태가 안정. 이후 달이 차서 여아 출산
83	이참판 딸	태루로 고생한 것을 치료함. 며칠 후 크게 놀라 쏟아지듯 하혈하고, 정신이 혼미하고 인사불성이 됨	교애사물탕(膠艾四物湯)을 하루 세 번, 일고여덟 첩 복용하고 태를 지켜 남아 출산

위의 표에 제시된 바와 같이 의원에게 치료받은 여성 환자들은 반복적인 자연 유산을 경험하였거나, 질 출혈이나 하혈을 겪은 상태였다. 의원은 이들에게 모두 약을 처방하여 유산을 막고 출산까지 성공한다. 여기서 유산을 막기 위해 쓰인 팔물탕(八物湯)은 기를 치료하는 처방인 사군자탕(四君子湯)과 혈을 치료하는 간판 처방(血藥)인 사물탕(四物湯)을 합한 것으로 임신부의 기와 혈, 음과 양을 두루 보충하는 역할을 하였다.[22] 이는 임신 초기 유산

___

할 수 있다. 이 논문에서는 『역시만필』에 등장하는 여성 기록을 재분류하고 분석하였다.

22 팔물탕은 팔진탕(八珍湯)이라고도 한다. 팔물탕을 양의 기운이 강한 홀수달 전반기 보름 동안 처방하는 것은, 양의 기운이 왕성해지는 타이밍이며 '양은 화기가 많고 화는 사물을 없앨 수 있다'고 보는 『동의보감』 「화문」의 관점을 따른 것이다. 이수귀, 신동원 외 역, 위의 책, 409쪽.

을 막기 위해 약을 통해 기력을 보충하는 방식으로 어느 정도 효과를 거두었던 것으로 보인다.

하지만 유산에 비해 낙태에 대한 기록은 훨씬 제한적이었다. 조선시대에는 임부 스스로 낙태를 하거나, 임부의 청탁에 의해 낙태약을 준 사람에 대한 처벌 조항은 보이지 않지만, '도덕적'으로 용인되지 않았던 것으로 보인다.[23] 다만 의료적으로 불가피한 상황에서는 낙태를 허용하였기 때문에 그 방법이 의서나 생활서에 단편적으로 기록되는 정도였다.[24] 사실 조선시대 대부분의 여성들은 의원이나 약재 등 '의료'적 혜택과 가깝지 않았다. 특별한 문제가 없어도 모든 임신과 출산에 의녀와 의관이 개입하였던 왕실과 달리, 일반인은 문제가 생겨도 지리적·경제적 여건이 될 때에야 의원이나 산파 같은 전문가의 도움을 받을 수 있었다. 의녀는 왕실과 고위 사족 여성을 대상으로 하였고, 산파는 아주 드물어서 문제가 심한 경우에만 개입하였으며, 의원은 문제가 있는 경우 개입하기도 하였으나 분만 현장에는 들어가지 않았다.[25]

개화기 서양의학의 도입으로 임신과 출산도 병원으로 서서히 자리를 옮기기 시작했으나, 조선의 임신부를 감당하기에는 그 수가 턱없이 부족했기

---

23 백옥경, 「조선시대 출산에 대한 인식과 실제」, 『이화사학연구』 34, 이화여자대학교 이화사학연구소, 2007, 201~205쪽.

24 『역시만필』과 같은 시기에 편찬된 생활서인 『산림경제』 「치약(治藥)」에서 '홍아(紅芽)'를 설명하면서, "…월경(月經)을 통하게 한다. 어혈(瘀血) 치료에 좋고 잉태(孕胎)를 떨어지게 하고"라 하여 낙태에 효과가 있었음이 확인되고, 뒤이어 사향(麝香)을 설명하면서 "부인의 난산과 낙태에 사용한다."고 하였다. 홍만선, 민족문화추진회, 『국역 산림경제 II』, 민문고, 1989, 185쪽.

25 김영희 외, 『한국의 과학기술과 여성-조선시대에서 근대이행기까지』, 들녘, 2020, 412쪽.

에, 출산은 여전히 가까운 노부인의 도움을 받아 집에서 치르는 문화였다.[26] 출산이 이러할진대, 유산과 낙태는 스스로 해결하는 방법이 훨씬 보편적이었을 것이다. 어느 시대나 원치 않는 임신으로 인해 낙태가 요구되는 상황이 존재하였고, 이 문제를 해결하려는 의지의 결과물로 관련 '속신'이 전승되었다.

속신은 단순하고 단편적으로 보이지만 삶의 현장에서 생겨난 경험을 바탕으로 형성되었으며, 문제적 상황에 대한 인간의 대응 행위가 내재되어 있다. 본고에서 다루는 속신은 유산과 낙태라는 의료적으로 위급한 상황을 다루기 때문에 특히 그 치료적 속성에 주목할 수 있다. 기존 연구에서 속신의 치료적 속성은 요법속신(療法俗信)이나 제어속신(制御俗信)으로 논의되었다. 요법속신은 '병나서 두드러기가 났을 때 변소짚을 빼서 불을 태워 쓸어주면 낫는다'와 같이, 질병의 사례와 이를 해소할 수 있는 방법을 담은 속신을 말한다.[27] 또한 제어속신은 사람으로 하여금 어떤 행동을 장려하고 규제하는 규범이나 규칙을 연상케하는 속신인데,[28] 특히 행위와 관련하여 '증상에 대

---

26 일제강점기에 서양의학교육을 받은 면허 산파가 늘어났으나 1940년도에도 그 전체 숫자가 2,507명이었고 그 중 조선인 산파는 649명에 불과하였다. 또한 의사는 모두 3,197명, 그 중 조선인 의사는 1,918명이었지만, 대부분 경성 등 대도시에서 일했고 비용도 비쌌기 때문에, 대부분의 조선인 여성은 여전히 출산을 집에서 치렀다. 김영희 외, 『한국의 과학기술과 여성-조선시대에서 근대이행기까지』, 들녘, 2020, 420쪽.

27 정일형, 「산육속신어 연구」, 『비교민속학』 16, 비교민속학회, 1999, 136쪽 재인용. "최래옥은 속신어에는 반드시 그 내용의 성격과 분류를 제시해 주는 기능을 가진 단어 부분이 고정적으로 기술되어 있음을 밝혀서 이를 기능요소라 하고 이를 토대로 속신어의 유형을 일반속신, 내세속신, 세시속신, 당위속신, 요법속신, 풍수속신, 해몽속신, 관상속신, 전조속신, 주술속신, 세시속신의 10가지로 분류하였다."

28 김경섭, 「속신에 대한 문학치료학적 조명」, 『문학치료연구』 6, 한국문학치료학회, 2006, 59쪽. 이 글에서는 특정 속신이 발화되었을 때, 그 속신이 인간의 심리에 일차적으로 어

한 적극적인 치료의 방편으로 제시하고 있는 것'을 포괄하였다. 유산 방지와 낙태의 속신은 그에 해당하는 치료의 방법을 알려주기에 잠정적으로는 권유의 태도를 담고 있어 일종의 제어속신적 성격을 갖고 있다.

이러한 치료적 속성과 함께 유산과 낙태 관련 속신이 한편으로는 당사자에게 억압의 기제로 작용한 측면이 있다는 점을 부인하기 어렵다. 예를 들면 유산 방지 속신에서 일상적으로 조심해야 할 요소들—힘든 일을 금하고, 무거운 물건을 들지 않는 것 등은 임신부가 임신 초기에 노동에서 벗어나 심신의 안정을 도모할 수 있는 방법으로 작용하기도 했지만, 반대의 경우 일상적이고 간단한 속신을 지키지 않아 유산하게 되었다는 책임을 물을 수 있는 빌미가 되기도 하였을 것이다. 임신의 주체가 여성이었던 만큼 이에 따른 불행한 일도 전적으로 여성의 책임으로 인식되었기 때문에 속신은 여성을 보호하기도 하였지만 역으로 규제와 비난의 근거로 작용한 측면도 분명 존재한다.

하지만 속신이 임신을 유지하거나 중절하고자 하는 주체의 소망을 충족시켜줌과 동시에 이 문제로 인한 결핍과 불안을 해소하여 심리적 위안을 주었기 때문에 지속적으로 전승될 수 있었다는 점을 간과하기 어렵다. 임신과 출산은 가족을 유지하고 혈연관계를 지속시켜 공동체 유지를 가능케 하는

떤 반향을 불러일으키는지에 주목하여, 속신을 두 가지 관점에서 보았다. 첫 번째는 '신념의 측면과 관련된 속신'으로 주로 길조와 흉조 등의 '예조속신'이 이에 해당하며, 이러한 속신은 믿음의 체계와 관련된 인간의 심리를 드러내는 것으로 보았다. 예조속신은 심리적인 장애를 어떤 증상으로 드러내는 소극적 차원의 치료가 발생한 결과라 하겠다. 두 번째는 '규범의 측면에 관련된 속신'으로 권장과 금기 두 가지가 이에 해당하며 이를 '제어속신'으로 명명하였다. 제어속신은 증상에 대한 적극적인 치료의 방편을 제시하고 있는 것으로 보았다.

중요한 과정이었지만, 그 과정에서 필연적으로 일어날 수밖에 없는 유산과 낙태는 매우 은밀하게 다루어졌다. 여성은 자신의 몸에서 일어나는 사건이라는 이유로 그 책임을 온전히 감당해야만 했기 때문에 신체적으로는 물론, 출산에 대한 부담감과 낙태를 해야만 하는 절박함이라는 감정적 위기를 겪게 된다. 그러한 상황에서 오랜 세월 전승되어 온 속신은 어쩌면 문제를 해결할 수 있는 유일한 구원으로 인식되었을 것이다. 이는 유산 방지와 낙태 속신이 실제 효용성이 있는가의 문제와 구분되는, 속신의 전승을 가능케 한 원동력이었다.

게다가 요법속신이나 제어속신과 같이 속신이 치료의 문제를 담고 있을 경우, 이는 단순한 믿음 차원이 아니라 일종의 경험방(經驗方)으로 인식되었을 것이다. 의료 혜택이 제한적인 현실에서 일상적으로 구할 수 있는 물질을 활용한 속신은 실제로 시도해 볼 만한 가능성이 충분했다. 유산 방지와 낙태를 위한 속신은 자신의 행위를 민속적으로 결정짓는 신념 체계를 넘어 오랫동안 전승된 '민간의료'로 볼 수 있다. 이에 3장에서는 속신과 공존해 온 한의학의 관점에서 관련 속신의 의학적 효용성 및 의미를 살펴보고자 한다.

3. 한의학의 관점에서 본 유산 방지와 낙태 속신

지금까지 유산 방지와 낙태 유발을 위한 속신을 살펴봤다면, 다음으로 이를 한의학적으로 고찰함으로써 속신의 민간의료로서의 의미와 역할을 논의하고자 한다. 이를 위해 채택한 한의학 문헌은 『동의보감』이다. 『동의보감』은 허준 개인이 출판한 서적이 아닌 국가 통치 사업의 결과물로서, 당시의 여러 의서에서 중요한 내용을 모아 조선의 실정에 맞게 엮은 것이다. 즉,

『동의보감』은 전문 의학 서적이기도 했지만, 유교 통치 이념의 구체적 실천으로서 당시 민중의 의료적 필요에 대한 국가적 시혜이기도 했기에 조선의 실정에 맞는 책을 만들기 위해서는 민중의 현실을 수용해야 했다. 따라서 『동의보감』에 실려 있는 유산 방지와 낙태에 관한 내용 또한 당대의 낙태와 유산에 대한 의학적 지식 외에도 이와 관련한 현실을 반영하고 있다고 볼 수 있다. 그리하여 본 장에서는 『동의보감』에 수록된 유산 방지 및 낙태 관련 내용을 살펴 이 문제에 대한 당대의 의학적 관점을 파악한 다음, 의서의 처방을 바탕으로 속신의 실제 효용성을 가늠해 보았다.

『동의보감』은 의학분야 전반을 다루는 종합의서로, 그 안에 「부인」편을 따로 두어 임신과 출산을 둘러싼 여성의 몸에서 일어날 수 있는 병증에 관해 다루었다. 이 안에서 유산과 낙태에 관한 내용도 살펴볼 수 있는데, 유산에 관해서는 이를 유발하는 원인과 방지하기 위한 방법 위주로 적고 있으며, 낙태에 관해서는 낙태가 필요한 경우 산모의 몸을 해치지 않으면서 유발할 수 있는 다양한 약물을 수록한다. 본 장에서는 『동의보감』의 내용을 바탕으로 속신의 의학적 효용성을 파악하고, 그 효능이 일치하지 않는 경우에도 당시에 유산을 방지하거나 낙태를 유발하기 위하여 제시한 방법에 어떤 인식이 깔려 있었는지 살펴본다.

1) 『동의보감』의 유산 관련 내용과 관련 속신의 해석

앞서 소개했듯이, 『동의보감』에서 임신과 출산에 관한 내용은 「부인」편에 집중되어 있으며 그 가운데 유산에 대한 내용은 「반산(半産)」이라는 제목 하에 논하고 있다. '반산'은 출산에 온전히 이르지 못했다는 뜻으로 쓰이는 용어이다. 여기서 유산의 원인으로 "임신부의 혈기가 허손되어 태아를 영양하지 못하기 때문에 저절로 떨어지는 것"이라 하였고, "임신부가 과로했거나 감정이 상하여 속에서 화가 동하여도 유산될 수 있다"고 하였다.[29] 혈기가 부족한 것이 주된 원인이고, 이에 더해 임부의 육체적·감정적 손상이 화(火)를 조성함으로써 유산을 유발할 수 있다고 보았다. 다시 말해 임신 이전부터 출산까지 아우르는 여성의 몸에서 중요한 것은 혈(血)의 상태인데, 이것이 기질적으로 허약하거나 어떤 원인으로 소모되고 상하면 임신이 되었다 하더라도 그것을 유지할 만한 힘이 없는 것이다. 또한 임부의 몸 안에 열이 쌓이면 태아를 손상시킬 수 있어 이 또한 유산의 원인이 될 수 있는데, 열이 쌓이게 되는 원인으로는 과로와 감정의 손상이 있다. 일차적으로는 혈기를 임신 전부터 든든하게 하고, 산모의 몸에 열이 쌓이지 않도록 육체적 노동을 삼가고, 감정적 동요가 없도록 적절한 환경을 조성하고, 산모 자신도 마음가짐을 잘 가지는 것이 제시되나, 그럼에도 불구하고 산모의 몸에서 유산의 징조가 나타나면 혈기를 보강해 주거나 열을 내리는 치료 방법이 제시된다.

또한 「반산」에서는 유산을 겪은 산모의 몸 상태에 주목하면서 정상 해산에 비해 유산이 여성의 몸을 더욱 손상시키므로 주의가 필요하다고 말하기도 한다. 정상적인 출산과 유산의 차이는 밤송이 안에 있던 밤이 떨어져 나오는 여러 경우에 비유되는데, 그 내용은 다음과 같다.

---

29 墮胎乃血氣虛損, 不能榮養而自墮, 猶枝枯則果落, 藤萎則花墜. 有因勞怒傷情, 內火便動, 亦能墮胎, 猶風撼其木, 人折其枝也. 火能消物, 造化自然, 病源乃謂風冷傷於子藏, 此未得病情者也. 大抵屬虛屬熱, 當視其輕重, 而治之. [丹心]

해산은 마치 밤이 다 익으면 깍지가 저절로 벌어져서 깍지나 밤톨 모두 아무런 손상이 없는 것과 같다. 유산은 비유하자면 채 익지 않은 밤을 따서 그 송이를 비벼서 밤깍지를 손상시킨 뒤에 밤톨을 발라내는 것과 같아서, 자궁이 손상되고 탯줄이 끊어진 뒤에 태아가 떨어져 나오는 것이다. 그러므로 유산했을 때에는 10배나 더 잘 조리하고 치료해야 한다.[30]

때가 되어 밤송이의 깍지가 저절로 벌어져 밤이 나오는 것을 정상 출산으로, 때가 되지 않았는데 억지로 밤송이를 손상시켜 밤을 끄집어내는 것을 유산으로 설명했다. 여기에서는 유산의 원인을 설명하기보다는 정상 출산에 비해 유산이 여성의 몸에 가져오는 손상의 심각성을 언급함으로써 유산 시 정상 출산의 경우보다 더욱 적극적인 조리와 치료가 필요함을 강조했다. 이는 산모의 몸을 생각해서라도 최대한 유산을 막아야 한다는 의미를 내포하기도 한다.

한편, 당사자가 처한 상황이 아이를 낳아 기르기 어려워, 스스로 독초를 먹고 낙태를 시도하여 위급한 상황을 초래하는 경우도 언급된다.

또한 도시나 농촌에서 부정한 남녀관계로 임신하거나, 자식이 많아 기르기가 싫어 가끔 독한 초약을 먹고 놀라게 하는 일이 있다. 그러면 궂은 피가 아래로 내려가지 못하고 심장으로 치받아 답답하고 어지러우며, 숨차고 땀 나는 것이 반복되어 죽는 경우가 적지 않다. 반드시 독을 풀고 혈을 잘 돌

---

30 正産一證, 正如果中栗熟, 其殼自開, 兩無所損. 半産則比之, 採斫新栗, 碎其膚殼, 損其皮膜, 然後取得其實, 以其胎藏傷損, 胞系斷去, 而後胎墜下. 大抵半産須加十倍調治.

게 하는 약을 써서 구해야 한다. 마땅히 백편두산(白扁豆散)을 쓰는 것이 좋다.[31]

아이를 임신한 당사자들의 관계가 사회적으로 부적절하다고 판단되는 경우에 해당하거나, 이미 낳은 자식의 수가 많아 또 하나의 아이를 기를 여유가 없는 경우가 낙태를 선택하게 되는 상황으로 언급된다. 이때 낙태는 의사를 찾아가 전문적인 도움을 받아 이뤄질 수 없는 일이었기 때문에, 산모가 임의로 독초를 섭취한 결과 산모 자신이 치명적인 결과에 이르기도 했다. 독초를 먹어 태아와 산모가 위태로워지는 일은 '낙태·피임[斷産]' 항목에도 나오는데, 당시에 '독초'를 활용해 낙태를 시도하는 상황이 왕왕 있었음을 추정할 수 있는 대목이다. 이에 대처하는 방법으로 '백편두산(白扁豆散)'을 처방하여 급히 구해야 한다고 말했다. 여기에서 급히 구해야 하는 대상이 산모인지 태아인지 구체적으로 명시되어 있지는 않으나, 둘의 생사가 연결되어 있는 상황인 만큼 산모와 태아를 아우른다고 보는 것이 적절하다. 이 내용이 '낙태'의 상황임에도 '유산' 항목에 포함되어 있는 것은 산모의 의도와는 별개로 독초의 복용으로 인해 정상 출산까지 임신이 유지되지 못하는 상황이기 때문이다. 즉, 『동의보감』에서 「반산」의 의미는 태아가 충분히 성장하여 산모의 몸 밖으로 나오는 정산 출산까지 이르지 못한 일련의 상황을 가리킨다고 볼 수 있다.

『동의보감』에서는 「반산」 항목에서 유산을 집중적으로 다루지만, 건강한

---

31 復有市井村落之間, 恣情妄作, 偸生不正, 或多男女厭於養育, 往往以草藥毒之, 驚見, 敗血不下, 衝心悶亂, 喘汗交作, 死者罔記. 須以解毒行血藥, 亟救之, 宜用白扁豆散. [得效]

임신과 출산이 의학의 목표이기 때문에 「부인」편 전반에서 유산의 방지를 전제하고 있다고 볼 수 있다. 임부가 지켜야 하는 금기사항으로 제시되는 내용들은 임신이라는 신체적 사건이 여성의 몸에 가져오는 변화를 전제한 채 태아를 보존하기 위한 조건들이므로, 그에 반대되는 것들은 모두 안정적인 임신의 유지에 해로울 수 있는 것이며, 특히 혈을 동요시킬 상황들을 주의토록 했다.

그렇다면 한의학적 관점에서 본 유산 방지 속신은 어떠한가? 유산 방지를 위한 속신은 주로 유감주술적 내용이 지배적이고, 특정 음식을 섭취하는 경우도 '수제비' 등이 가진 '끈끈한' 특징을 따른 것으로, 이와 동일한 원리를 기반으로 한 것이 대부분이다. 유산을 방지하기 위해 섭취했던 새우나 미꾸라지, 문어, 전복 등의 기미(氣味)[32]와 작용을 『동의보감』에서 살펴보자. 먼저 새우는 성질이 평하고 맛이 달며 약간 독성이 있으며, 치질을 치료하지만 오래 먹으면 풍(風)을 동한다고 했다.[33] 미꾸라지는 성질이 따뜻하고 맛이 달며 독은 없는데, 기를 보충하고 설사를 멈춘다.[34] 문어는 성질이 평하

---

32 기미(氣味)는 어떤 음식이나 약물의 작용과 효능을 결정하는 맛과 성질을 일컫는다. 이 가운데 기(氣)는 좀 더 양적(陽的)인 측면으로 한(寒)·열(熱)·온(溫)·냉(冷)의 네 가지 성질로 구분되고, 미(味)는 좀 더 음적(陰的)인 측면으로 신맛, 쓴맛, 단맛, 매운맛, 짠맛의 다섯 가지 맛으로 구분된다. 각각의 약물은 그것의 맛에 따라 다른 효능을 나타내게 되는데, 신맛은 수렴하여 기운을 진정하고 진액을 만들며, 쓴맛은 단단하게 만드는 성질이 있어 기운을 아래로 내리며, 단맛은 완화하는 성질이 있어 소화를 돕거나 뭉친 기운을 풀어주고, 매운맛은 발산하는 성질이 있어 땀을 내거나 울체된 것을 풀어내며, 짠맛은 단단한 것을 부드럽게 풀어주는 성질이 있다. 대개 하나의 약재에 여러 가지 맛이 공존하므로 처방 구성에 따라 다른 측면이 발휘되어 하나 이상의 효능을 갖게 되는 것이다.
33 性平, 味甘, 有小毒. 主五痔, 久食動風.
34 性溫, 味甘, 無毒. 補中止泄.

고 맛이 달고 무독하며, 별다른 작용을 하지 않는다.[35] 전복은 성질이 차며 맛은 짜고 무독한데, 시력을 증진시킨다.[36] 이들은 저마다 다른 성미를 지니고 있으며 특별히 유산 방지에 기여한다고 보기에는 그 작용이 평이하므로, 민속에서 유산을 방지하기 위해 이 음식물을 특정하여 섭취한 직접적인 이유가 무엇인지 한의학적으로 규명하기 어려우나, 대개 성질이 평하고 맛이 달아 산모의 기운을 북돋는 역할을 했을 것으로 짐작된다.[37]

한편 『동의보감』에서 산모의 감정적 안정이 건강한 임신과 출산에서 큰 역할을 한다고 보았기 때문에, 유감주술의 방법들 가운데 물질적으로 효과가 있다고 보기 어려운 경우라도 산모와 주변인들의 마음에 안정을 줌으로써 임신의 유지에 기여했다고 볼 수 있다.

2) 『동의보감』의 낙태 관련 내용

예나 지금이나 의학에서 유산과 낙태를 대하는 태도는 상이하다. 대개 임신은 출산까지 유지해야 할 것으로 인식되며, 유산은 이에 실패한 상황이자 가능한 한 피하고 싶은 상황이기 때문에 이를 방지하기 위해 각종 진단과 치료법을 적극적으로 제시하는 반면, 낙태에 관해서는 그것을 유발하는 방

---

35 性平, 味甘, 無毒. 食之無別功.
36 性涼, 味鹹, 無毒. 啖之明目.
37 오미(五味)는 혀끝에서 감각적으로 느껴지는 맛을 지칭하기도 하지만, 해당 맛이 유발하는 기의 움직임까지도 포괄하는 개념이다. 즉, 해당 맛을 섭취했을 때 그것이 우리 몸에 작용하는 양상을 내포하는 것이다. 따라서 한의학적 맥락에서 단맛은 설탕으로 대표되는 단맛이 아니라 몸을 이완시키면서 북돋는 작용을 하는 담담한 맛에 가깝다. 밥을 오래 씹으면 느껴지는 맛이 하나의 예시이다.

법은 차치하고라도 낙태와 관련되어 발생할 수 있는, 의료적 처치가 필요한 상황들에 대해서는 대부분 소극적이다. 한의학에서도 마찬가지이다. 후사(後嗣)를 중시하여 이를 「부인」편의 첫 항목으로 둔 『동의보감』에서도 대부분의 내용이 건강한 임신과 출산을 목표로 두고 있다. 하지만 그렇다고 해서 낙태에 관한 내용이 전혀 없는 것은 아니다. 임신과 출산, 그리고 그 사이의 과정에서 일어날 수 있는 각종 병증을 상세히 다루는 가운데, 인위적으로 임신을 중단시키거나 임신을 피하는 방법에 대한 내용이 나온다. 이러한 내용은 「단산(斷産)」이라는 제목 하에서 다루고 있다.

여기서는 임신부가 아이를 낳아 기르기 어려운 사정이거나 해마다 임신과 출산을 반복하여 산모에게 무리가 간다면 낙태를 할 수 있다고 하며 처방을 제시한다. 그 내용은 다음과 같다.

> 아이를 낳아 기르기 어렵거나 한 해에 한 번씩 출산하는 데는 이 약으로써 조금씩 사이를 뜨게 할 수 있다. 사물탕에 유채씨 한줌을 더 넣고 달여 월경이 있은 후 빈속에 먹는다.[38]

낙태를 유발하는 처방으로 유채씨를 한 줌 넣고 달인 사물탕이 나오는데, 유채씨는 한약명으로 '운대자(芸薹子)'로, 맛과 성질이 맵고 차다. 피를 흩고 뭉친 것을 없애버리는 효능이 있다. 여성의 혈기를 보강하는 대표적인 처방인 사물탕을 기본으로 피를 흩고 뭉친 것을 없애버리는 작용이 있는 유채씨

---

38 婦人産育艱難, 或一歲一産, 可以此少間之. 婦人産育艱難, 或一歲一産, 可以此少間之. 四物湯加芸薹子一撮煎, 於經行後, 空心服.[得效]

를 추가한 처방 구성에서 임부의 몸은 해치지 않으면서 낙태를 유발하고자 한 의도가 엿보인다.[39]

또한 임부가 숙질로 출산 때까지 임신을 유지할 수 없는 경우에도 낙태를 할 수 있다고 했는데, 이때에도 임부의 몸을 상하지 않으면서 태아를 내보 낼 수 있는 처방이 제시된다.

임부가 오랜 병으로 태아를 더 보존할 수 없는 데는 우슬 4푼, 구맥, 계심, 해조(蟹爪) 각각 2푼을 가루 내어 데운 술에 타서 빈속에 먹고 유산시키면 산모가 해를 받지 않는다.[40]

임부가 병으로 태가 편안하지 않을 때에는 유산시킬 수 있는데 신곡(법제한 것) 4냥을 큰 잔으로 물 2잔에 넣고 달여 1잔이 되면 찌꺼기를 버리고 세 번 에 나누어 먹으면 곧 유산한다.[41]

---

39 사물탕은 숙지황, 당귀, 백작약, 천궁의 네 가지 약재로 구성된 것으로, 여성의 혈병(血病)에 쓰이는 대표적인 처방이다. 2.3)에서 살펴본 것과 같이 『동의보감』의 내용을 임상에 적용한 치험의 기록인 『역시만필』에서 이수귀(李壽龜)가 유산의 위험이 있는 여성들을 치료할 때 사용한 처방들이 사물탕을 기본으로 한다.

40 母有宿疾, 終不可保胎者, 牛膝四分, 瞿麥, 桂心, 蟹爪各二分爲末, 空心, 溫酒調服, 以下之, 免害其母.[入門]
우슬은 혈을 흐르게 하고 뭉친 것을 흩으며 이뇨작용이 있는데, 난산인 경우 당귀, 천궁, 구판 등과 함께 쓰인다. 이는 우슬의 동혈(動血), 하행(下行)하는 작용과 관련 있다. 구맥은 패랭이꽃에 해당하는데, 혈을 흩어 통하게 하고 열을 내리며 이뇨작용이 있다. 계심은 관계에서 코르크를 제거한 것으로, 피가 정체되어 뭉쳐 있는 것을 흩어 소통시키는 효능이 있다. 해조(蟹爪)는 풍향기생이라는 약재로 보이는데, 피를 흩어 소통시키는 효능이 있어 산후에 피가 뭉쳐있는 경우 쓰였다.

41 姙婦因疾病, 胎不能安, 可下之, 法麴四兩, 水二大盞煎, 取一盞去滓, 分三服卽下. [良方]

위의 인용문에서 언급된 약재들은 공통적으로 모인 피를 흩고 멈춰 있는 피를 소통시키는 작용을 함으로써 일시적으로 혈(血)이 정체되어야 하는 임신 중의 몸 상태와 반대되는 작용을 하기 때문에 낙태를 유발하는 데 쓰인 것으로 보인다.

낙태를 유발하기 위해 취했던 방법 가운데 위와 같은 복용약이 아닌 외용약도 제시되는데, 바로 부자를 가루 내어 식초로 갠 것을 임부의 오른쪽 발바닥에 바르는 방법이다.[42] 부자는 독성이 있는 약재로, 양기를 보태고 차가운 기운을 흩으며 습기를 말리는 작용을 하는데, 금기증으로 음허양성(陰虛陽盛)한 사람과 임부가 언급된다. 한편 발바닥은 생식기능과 관련이 깊은 족소음신경(足少陰腎經)이 지나는 자리인데, 아무리 독성이 있는 부자라 하더라도 외용만으로 낙태가 온전히 유발될지는 의문이다. 다만 낙태를 유발하기 위해 발바닥에 무언가를 바르는 행위는 낙태 속신에서 약초 찧은 것을 배꼽에 붙이는 행위(인천시 북구, 1992), 붕어 비늘을 발바닥에 붙이는 행위(강원, 1977) 등과 외용의 측면에서 유사한 면이 있다. 낙태를 목적으로 부자를 산모의 오른쪽 발바닥에 바르는 행위는 부자를 직접 복용했을 때 임부에게 끼칠 수 있는 손상을 우회하기 위한 완화된 조치임과 동시에 특정 약재를 임신과 유관한 위치에 바름으로써 그 약성이 태아에게 작용할 것이라 기대한 행위로 추정해볼 수 있다.

한편, 낙태가 가능한 조건들을 언급한 내용을 보면, 양육이 어려운 상황과 잦은 출산으로 인해 상한 산모의 몸 상태, 숙질이 나온다. 임신과 출산이 산모의 몸에 큰 무리가 되는 경우, 아이를 낳은 이후에 기르기 어려운 상황

---

42 附子二枚爲末, 醋調, 塗母右足, 去之, 大良. [良方]

모두 의학적으로 낙태를 용인할 수 있는 경우라고 본 것인데, 이는 임신 이후에 갑자기 발생한 조건들이 아니라 산모가 임신 이전부터 이미 처해 있는 상황으로서, 단시간 내에 바꾸기 어려운 삶의 조건인 경우가 대부분이다. 따라서 임신 이후의 낙태가 아닌, 처음부터 임신을 하지 않을 수 있는 피임법까지 언급한 것은 이러한 사정을 감안한 것이라 추측해 볼 수 있다.[43] 이들 피임법은 해당 약물 복용 시 평생에 걸쳐 임신 능력이 상실된다고 적고 있으며, 그럼에도 불구하고 당사자에게는 해를 가하지 않는다고 설명한다.

낙태를 위한 처방에서는 산모 위해(危害) 여부가 중요한 고려사항이었다. 이미 임신하고 있는 경우에도 태아 측의 문제가 아닌 산모의 몸 상태 위주로 낙태를 유발할 수 있는 상황을 들어 설명한 것과도 일맥상통한다. 오늘날과 같이 태아의 상태를 미리 알아볼 수 있는 각종 검사법이 없었기 때문에 유일한 판단 기준이 산모였다고 볼 수도 있겠으나, 이 경우에도 산모의 몸 상태뿐만 아니라 양육 상황까지 고려한 것에서 당시 의학 분야에서의 낙태 수용 기준을 가늠해 볼 수 있다.[44] 한편 현대 의학에서 인공유산이 가능한 상황은 주로 태아가 심각한 이상으로 인해 출산 이후에도 생존하기 어렵거나 임신 유지가 산모의 생명에 위태로울 경우다. 이를 비춰보았을 때, 의서인 『동의보감』에서 사회적인 조건이나 가치판단이 전제되어 있는 '양육

---

43 「단산」 항목에는 '단자법(斷子法)'이라는 이름으로 평생 임신하지 않을 수 있는 피임법을 제시한다. 이 방법들은 여성의 몸은 해치지 않으면서 아이를 갖지 않게 해준다고 되어 있다.

44 물론 이것을 섣불리 산모의 권리와 연결해서는 안 되며, 사회 전반의 낙태 수용 기준으로 확대해석 해서도 안 된다. 사회적으로 계층에 따라 후사(後嗣)의 가치가 달리 매겨졌을 가능성이 있기 때문이다. 이를 좀 더 구체적으로 살펴보기 위해서는 당대 여성의 사회적 지위와 재생산의 측면에서 계층 간 차이를 알아보기 위한 추가적인 연구가 필요할 것이나, 본고에서 다루고자 하는 내용을 벗어나므로 후고를 기약한다.

이 어려운 상황'을 언급한 것은 주목할 만하다.

요약하면, 정부에서 편찬한 의서인 『동의보감』「단산」에서는 산모의 몸 상태, 양육 상황에 한해서 태아의 상태와는 무관하게 낙태를 수용하는 태도가 엿보이며, 「부인」편 대부분에서 태아를 보존하는 것을 최우선으로 두었던 것과는 달리 「단산」에서는 산모의 상태가 낙태 유발 약물의 처방 기준이었음을 알 수 있다.

3) 한의학적 관점에서 본 낙태 관련 속신

『동의보감』의 낙태 관련 내용에서 등장한 약재들은 그 작용이 강해 독성이 있거나 동혈(動血), 활혈(活血), 거어(去瘀), 하행(下行)의 작용을 했다. 이들은 임신이 유지되기 위해 갖춰져야 하는 신체적 환경을 거스르는 작용들로서, 특히 안정적이어야 할 혈(血)을 요동시켜 태를 떨어뜨리는 방식으로 낙태를 유발했다고 볼 수 있다.

앞서 낙태 관련 속신에서 다양한 식물류가 언급되었는데, 이들을 어떤 원리로 복용했는지에 대한 설명이 없어 그 효용을 규명하고 적용원리를 이해하기 위한 고찰이 필요하다. 따라서 속신에 등장했던 식물 가운데 해당 내용을 찾을 수 있었던 장록뿌리, 해당화, 할미꽃, 족두리꽃, 머위, 엉겅퀴, 삼대, 옥수수, 익모초, 범부채, 소태나무, 참빗살나무, 모시, 너삼을 연관 한약재와 연결 지어 살펴보고자 한다. 원리와 작용이 이미 정리되어 있는 한약재에 대한 설명을 바탕으로 해당되는 식물을 낙태에 사용한 원리를 파악해

보고자 한 것인데, 그 구체적인 내용은 다음과 같다.[45]

낙태 속신에 등장하는 뿌리류 가운데 전국적으로 빈번하게 등장한 장록뿌리 또는 자리공은 한약명인 '상륙(商陸)'으로 알려져 있다. 상륙(商陸)의 맛과 성질은 쓰고 차가우며 독이 있고 이뇨(利尿) 작용이 있어 소변이나 대변이 나가지 않을 때 이를 통하게 해주거나 뭉쳐서 덩어리진 것을 흩는다. 강원도에서 등장한 해당화는 『식물본초』에 나오는 매괴화로 보인다. 속신에서 낙태를 위해 복용했다는 뿌리는 보통 염료로 쓰이며 약재로 쓰이는 부위는 꽃인데, 임상에서 흉부가 답답한 증상이나 옆구리의 통증, 토혈(吐血), 각혈(咯血), 월경부조(月經不調), 적백대하(赤白帶下) 등의 치료에 쓰인다. 이러한 내용이 낙태에 쓰인 부위인 뿌리에 대한 것이 아니므로 일치시키기에는 어려움이 있으나, 해당 식물에 동혈(動血)하는 작용이 있으므로 유의미하다.

할미꽃은 '백두옹'으로 알려져 있으며, 한의학의 대표적인 약물 문헌인 『신농본초경』에 나오는 약재다. 백두옹의 맛과 성질은 쓰고 차서 열을 식히고 습기를 말리고 피를 식히는 효능이 있으며, 약간의 독성이 있다. 습기를 말리고 혈을 식히는 작용은 혈을 소모시켜 태아를 손상시킬 수 있는 열의 해소에 도움이 될 것으로 보이나, 그 작용이 강한 경우 임부와 태아에게 반대의 작용을 할 수도 있으므로 낙태와 무관하다고 보기 어렵다. 충남에서 언급된 족두리꽃 또한 『신농본초경』에 나오는 약재로, '세신(細辛)'으로 알려져 있다. 세신(細辛)은 족두리풀의 전체를 사용하는 약재로, 맛과 성질은

---

45 속신에 나타난 식물명이 어떤 한약재를 가리키는지에 대한 판단은 『동양의학대사전』을 참고했다. 이때 속신에 사용된 식물의 부위와 한약재로 쓰이는 부위 간에 차이가 있는 사례도 있었으나, 본고는 속신에 등장하는 식물과 유산 방지와 낙태가 일어나는 작용 원리와의 개연성을 살펴보고자 했으므로 이를 문제 삼지 않았다.

맵고 따뜻해서 풍을 흩고 땀을 낸다.

머우(머위)는 약재인 '봉투채(蜂鬪菜)'에 해당하는 것으로 보이는데, 해독
과 어혈을 풀어내는 효능이 있다. 어혈을 풀어낸다는 것은 뭉친 혈(血)을 흩
는 작용을 한다는 것으로, 혈이 뭉쳐서 만들어지는 태반을 흩어버려 낙태
를 유발할 수 있다. 항가꾸(엉겅퀴)는 『본초경』의 '대계(大薊)'에 해당하는 것
으로 보인다. 어혈을 흩고 종기를 사그라뜨리며 피를 식히고 출혈을 멈추는
효능이 있는데, 이 또한 머위의 경우와 마찬가지로 낙태를 유발할 수 있는
작용에 해당한다. 삼대는 약재인 '삼대절(三對節)'에 해당하는 것으로 보인
다. 삼대절의 맛과 성질은 쓰고 약간 매우며, 서늘하고 약간의 독성이 있다.
열독을 식히고 풍습을 사그라뜨리는 효능이 있는데, 임산부는 복용에 신중
을 가해야 한다고 알려져 있다. 옥수수 열매의 수염은 '옥미수(玉米鬚)'라는
약재명으로 알려져 있다. 옥미수의 맛과 성질은 달고 차지도 뜨겁지도 않
고, 이뇨와 간담(肝膽)의 습열을 없애는 작용을 한다.

앞서 유산 방지와 낙태 유발에 모두 언급되었던 익모초는 『본초도경(本草
圖經)』에 나오는 약재로, 혈(血)을 움직여 뭉친 것을 흩고, 소변을 나가게 하
며 열을 식히고 독을 없애는 효능이 있어 혈이 뭉치는 데에서 기인하는 부
인과 질환에 자주 쓰인다. 음(陰)이 허하고 혈(血)이 적은 사람에게는 쓸 수
없으므로 산모 가운데 혈이 약한 사람이 복용했을 때에는 낙태로 이어질 수
도 있다.

범부채는 『신농본초경』에 나오는 '사간(射干)'에 해당한다. 사간의 맛과
성질은 쓰고 차며, 독이 약간 있는데, 열을 식히고 독을 없애며, 뭉친 것을
흩는 효능이 있다. 이 식물 또한 임산부에게는 쓸 수 없다고 알려져 있다.
소태나무는 『사천중약지(四川中藥志)』에 나오는 '고목(苦木)'에 해당한다. 고

목의 맛과 성질은 쓰고 차며, 독이 있는데 열을 식히고 습기를 말리며 충을 죽이는 효능이 있고, 임산부에게는 쓸 수 없다고 알려져 있다. 참빗살나무는 『귀주민간약물(貴州民間藥物)』에 나오는 '사면목(絲棉木)'에 해당하며, 맛과 성질은 쓰고 떫고 차며, 약간의 독이 있다. 풍(風)을 없애고 습기를 말리며 혈을 움직이고 출혈을 멎는 효능이 있다.

모시는 『약성론(藥性論)』에 나오는 약재인 '저마근(苧麻根)'에 해당한다. 저마근의 맛과 성질은 달고 차며, 열을 식히고 소변을 나가게 하며 출혈을 멈추고 태아를 안정시키며 독을 없애고 뭉친 것을 흩는 효능을 가진다. 너삼은 한약재인 고삼(苦蔘)에 해당하는 것으로 보인다. 고삼은 열을 식히고 습기를 말리며 풍을 몰아내고 살충하며 이뇨하는 효능이 있다.

이와 같이 낙태 속신에서 언급된 식물에 해당하는 한약재는 대체로 혈을 움직이거나 뭉친 것을 흩거나 막혀 내려가지 못하는 것을 내려가게 하고 열을 식히며 습기를 말리는 효능이 있다. 이들 가운데 몇몇은 산모의 상태에 따라 임신 중에도 특정한 증상을 완화하기 위해 쓸 수 있는 약재로 보이나, 대부분 혈을 동요시키는 작용이 있어서 산모가 임신을 유지하고자 한다면 피해야 할 약물들이다. 즉, 이 식물들은 『동의보감』의 낙태 항목에서 나왔던 약물들의 성질과 일맥상통하므로, 속신으로 전승되는 물질의 낙태에 대한 효능은 한의학적으로 유의미하다고 볼 수 있다. 한편 속신에 등장한 식물 가운데 옥수수나 모시, 너삼의 경우에는 상대적으로 한의학적 근거가 부족하거나 낙태를 유발하는 작용과는 상반되는 작용을 하는 것처럼 보이기도 하나, 복용한 식물의 구체적인 상태나 제형, 그리고 복용한 당사자의 체질이나 복용 당시의 신체 상태에 대한 정보가 없는 상황에서 이를 근거 없다고 단정하기에는 무리가 있다. 또한 한약재로 쓰일 때는 단일 약재로 쓰이기보다는 다른 약재와 함께 처방의 형태로 쓰이기 때문에 해당 식물의 복용이 낙태를 유발할 수 없다고 단언할 수 있는 것은 아니다. 다만 이들은 임부 복용 금지가 명시된 약재에 비해서 낙태를 유발하는 효능의 강도가 덜했다고 볼 수는 있겠다.

4. 유산과 낙태 속신담에 형상화된 '치료'의 의미

이 장에서는 속신을 소재로 하는 설화인 '속신담'을 살펴보고자 한다. 속신담에는 속신이 활용되는 상황적 맥락이 구체적으로 드러난다. 이를 바탕으로 단일 물질의 한의학적 효용성뿐만 아니라 좀 더 맥락적인 차원에서 속신에 내재한 원리를 읽어내어 한의학과의 연관성을 살피고자 한다. 앞서 2장에서 유산 방지와 낙태를 위한 속신의 양상을 살피면서 몇 가지 특징을 확인하였는데, 이 중 유산 방지를 위한 속신으로 전국적으로 전승되었던 '특정 식물이나 사물의 삶은 물을 섭취하는 방법'이 속신담과 깊은 관련이 있다. 『한국구비문학대계』에 실린 〈추명의 일화(낙태 막는 처방)〉는 제목에서 드러나는 것처럼 유산을 막는 속신에 관한 설화다.

> 어느 남편이 아내가 유산(낙태)을 할 것 같다고 하자, 추의원이 '가다가 이슬을 받아 먹이라.'로 처방한다. 남편이 이슬을 받아 아내에게 먹이니 유산을 막을 수 있었다. 하루는 추의원이 없는데 누군가 찾아와 유산을 할 것 같다고 하자, 추의원의 아들이 아버지가 말한 대로 '가다가 이슬을 받아 먹이라.'고 알려준다. 처방대로 이슬을 받아 먹였는데 유산을 하고 말았다. 아들이 추의원에게 똑같이 이슬을 받아먹으라고 알려줬는데, 아버지가 알려준 환

자는 유산을 안 했는데 왜 자신이 알려준 환자는 유산을 한 것이냐 묻자,

"봐라. 나한테 온 사람은 저녁에 왔고, 너에게 온 사람은 아침에 왔으니 유산을 하지."

라 한다. 저녁때 이슬은 붙는 것이고 아침에는 해가 뜨니 이슬이 떨어지는 것인데, 그것을 모르고 처방했기 때문이다.[46]

이 설화에 등장하는 핵심 요소인 '이슬'이 언제 맺힌 이슬인지에 따라 달리 작용을 한다는 관점은 주목할 만하다. 동일하게 물로 이루어진 이슬이지만, 그것이 맺힌 시공간적 맥락에 따라 다른 기운을 함축하게 된다는 관점은 『동의보감』에서도 찾아볼 수 있다. 여러 가지 물과 각각의 특수한 작용을 다룬 「수부(水部)」에서는 가을 이슬에 대하여 다음과 같이 적고 있다.

"온갖 풀잎의 끄트머리에 있는 이슬은 온갖 병을 낫게 한다. 측백엽 위의 이슬은 눈을 밝게 한다. 온갖 꽃 위의 이슬은 얼굴색을 좋게 한다."

이는 이슬이 맺힌 자리에 따라 그곳의 영향을 받아 특수한 효능을 갖게 된다는 것이다. 시기에 따른 차이도 다음과 같이 적고 있다.

"번로수(繁露水)는 가을 이슬이 빈번할 때의 이슬이다. 대야에 받아먹으면 오래 살고 배고프지 않게 된다. 추로수(秋露水)는 수렴하고 숙살(肅殺)하는 기운을 받으니… 나충 및 개선충을 죽이는 약을 개어 붙이는 데 쓸 수 있다."

46 김경택, 〈추명의 일화(낙태 막는 처방)〉, 『한국구비문학대계』 8-2, 1979. 8. 10. 요약

같은 가을 이슬이지만, 기운이 무성할 때 맺힌 이슬은 그 기운을 따라 먹은 이의 기운을 북돋우며, 가을의 수렴하는 기운을 받은 이슬은 불필요하거나 해로운 것을 쳐내는 기운을 발휘하게 되는 것이다. 이를 같은 '물' 성분이라고 보아 동일한 작용을 하는 것으로 본다면 납득하기 어렵지만, 끊임없이 변화하는 자연의 일부로 우주가 운행하는 질서의 영향을 받으며 그것이 처한 구체적인 환경을 체화하여 특정한 효능을 발휘하게 된다는 한의학적 관점에서 본다면 이슬이 맺힌 맥락에 따라 그 작용이 세분화되는 것을 이해할 수 있다. 그러므로 〈추명의 일화(낙태 막는 처방)〉는 한의학에서 물질을 다루는 사고를 온전히 담고 있는 셈이다.

이 외에도 유산을 막는 속신을 소재로 한 속신담에서는 '문고리나 사립문 또는 장기의 졸(卒)을 삶아서 먹으라'[47] 등의 방법이 다양하게 등장한다. 이는 설화에서 의원의 처방으로 등장하지만, 2장에서 확인하였듯이 전국적으로 전승되는 '은가락지를 삶은 물을 먹는다'는 유산 방지 속신과 상당히 유사하다.

또한 이것은 유산을 막으면서, 곧 낙태를 유발하거나 난산을 해소하는 방법이 되기도 한다. 저녁 이슬은 맺혀 붙는 것이기에 유산 방지에 효과가 있지만, 아침 이슬은 떨어지는(증발하는) 것이어서 유산을 유도하는 결과를 낳는다. '문고리나 사립문 또는 장기짝의 졸(卒)을 삶아서 먹으라'라는 방법도, '아침에 여는 문인가 저녁에 닫는 문인가'에 따라 효능이 반대가 된다. 장기짝인 '졸'의 경우 장기판에서의 역할에 착안하여 유산 방지 혹은 낙태 유발

---

47 이인진, 〈추명의 일화(순산하는 처방)〉, 경남 거제군 거제면, 1979. 8. 12. 대계 8-2; 김달규, 〈추명의 일화(순산하는 처방)〉, 경남 거제군 거제면, 1979. 8. 12. 대계 8-2.

을 위해 그것을 넣고 끓인 물을 섭취했다는 것은 기(氣)를 매개로 연결되는 물질과 인체 간의 관계성을 지나치게 비약한 것으로 보이나, 그 관계성이 한의학적 이론에 한정된 것이 아니라 일상적인 사고 과정의 일부였다는 점에 주목할 필요가 있다. 2.2)의 유산 방지 속신에서 특히 전국적인 전승을 보였던 은가락지 삶은 물을 마시는 방법도 이러한 맥락에서 이해될 수 있다. 은은 『동의보감』에 따르면 오장을 편안하게 하고 심신을 안정시키며, 놀라서 가슴이 두근거리는 것을 멎게 하고 사기(邪氣)를 제거하는 효능이 있다고 보는데, 이와 같은 은의 치료적 효능에 더해 가락지가 손가락에 알맞게 끼워져 빠지지 않는 형상을 합쳐서 그것을 달인 물이 유산 방지에 효과가 있을 것으로 본 듯하다. 속신담을 통해 하나의 물질이 그 시기와 상황에 따라 다양하게 해석될 수 있음을 확인할 수 있다.

속신담에 형상화된 치료 과정은 황당한 허구에 그치는 것이 아니라 그 기저에 존재하는 민중의 인식이 결과적으로 한의학의 원리와 관련되어 있었다. 이 설화에 대해 이인경이 "인간이라는 생명체는 우주 질서의 유기적 관계망 안에 있다는 전승자들의 세계관을 상징적으로 보여준다. 특히 이야기의 말미에서 의원의 처방을 무턱대고 따라했다가 정반대의 결과를 얻는 것은 기계적 처방의 문제점, 다시 말해 인간 개개인의 삶이 시시각각 변화하는 우주 운행의 질서와 유기적으로 연관되어 있다."[48]고 하였던 것은 본고의 관점을 포괄하고 있다. 그리고 이러한 형이상학적 관점 이전에, 아침의 이슬과 저녁의 이슬에 각각 다른 기운이 깃들어 인간의 몸에 다르게 작용한다는 것은 한의학에서 약을 쓰는 원리이기도 하다. 외부세계에 대한 당시의

---

48 이인경, 「口碑 治病說話의 의미와 기능」, 『국문학연구』, 국문학회, 2011, 205쪽.

보편적인 세계관으로는 기(氣)를 매개로 몸에 내외가 끊임없이 소통한다는 생각은 일상생활에 녹아 있었을 것이다. 〈추명의 일화(낙태 막는 처방)〉를 비롯한 유산(낙태) 관련 속신담에는 눈에 보이지 않는 기운의 작용에 대한 당대의 인식이 녹아 있다. 그렇기 때문에 '이슬'이라는 처방이 그 약재의 상태와 환자의 상황에 따라 약이 될 수도 있고 독이 될 수도 있다고 본 것이다.

또 한 가지 주목해야 할 점은 이러한 속신담에 반드시 의원이 개입함으로써 '의료적 처방'이라는 측면이 강조된다는 것인데, 이는 해당 실천에 대한 권위를 강조하는 측면도 있지만, 그 방법 자체가 의료적 맥락이 있음을 내포하고 있는 것이다. 속신은 서민이 생활의 어려움을 헤쳐 나가는 지혜이면서, 한편으로는 고대부터 전승된 치유적 지식과 실천이 의료로 범주화된 지식 및 실천과 상호교류하며 이어져 온 결과물이기도 한 것이다.

5. 맺음말: 속신과 한의학의 경계선에서

유산과 낙태는 출산으로 완성된다고 여겨지는 임신이 중단되는 상황으로, 특히 낙태는 의학적인 관심이 필요한 상황임에도 불구하고 의학 안에서도 배제되어 온 경향이 있다. 따라서 이와 관련된 현실에서의 실천은 의학의 범주에서는 기록을 찾기가 어려우며, 민간에서 전승되었던 속신을 통해 가늠해 볼 수밖에 없다. 유산과 낙태의 문제가 여성의 생명이 걸린 문제임에도 불구하고 이에 대한 연구가 많이 이루어지지 않은 점은 그 자체로 여전히 '비정상'적인 임신과 출산이 주된 논의에서 벗어나 있음을 시사한다. 본 연구는 외면 받아 왔던 유산과 낙태를 새롭게 조명하기 위해 이와 관련된 실천에 대한 거의 유일한 기록인 속신의 의학적 가능성을 살펴보았다.

유산 방지 및 낙태 속신은 특정 행위를 하거나, 특정 물질을 섭취하는 방식이 전승되었다. 유산 방지 속신은 태아가 자궁에 안착하기 위해 매달리는 힘이 강한 물질을 섭취하는 유감주술적 방식이 전국적으로 전승되는 점이 특징이다. 주술은 한 사회의 전통과 연결되어 일정한 사회적 기능을 하여 왔다는 점을 유산 속신을 통해서도 확인할 수 있었다. 또한 낙태 속신은 주로 뿌리류를 중심으로 섭취하는 방법이 두드러졌다. 속신 또는 민간의료는 비전문적이고 미신적인 것이라는 혐의와 의료의 보편화로 인해 현재는 전승 현장을 찾기 어렵지만, 현재의 전승 여부보다는 이러한 속신이 전승될 수밖에 없었던 현실에 대한 이해를 가능하게 한다.

3장에서는 『동의보감』에 담긴 유산과 낙태에 관한 내용과 처방을 살펴보고 이를 바탕으로 속신의 효능을 분석하였다. 유산 방지 속신은 주로 유감주술적 특징을 갖는 것이 대부분이었으며, 낙태를 위한 속신에서 특정 물질을 섭취하는 경우는 한의학적 관점에서 본초 지식을 통해 효용성을 따져볼 수 있었다. 낙태 속신에서 언급된 식물에 해당하는 한약재의 작용을 살펴본 결과, 혈을 움직이거나 뭉친 것을 흩거나 막혀 내려가지 못하는 것을 내려가게 하는 효능이 있었다. 이는 임신이 유지되는 데 필요한 신체적 환경을 거스르는 작용들이다. 속신과 한의학을 연결 지으면서 읽어낸 한의학적 의론(醫論) 서술 방식에 녹아있는 기(氣) 중심의 사고는 속신만으로는 읽어내기 어려운 특정 물질이나 행위의 기(氣)적인 측면을 이해하고 구체적으로 설명할 수 있도록 해주었다. 또한 속신에 언급된 물질의 효용성을 살펴본 것은 이것이 당대의 의학적 지식과 상관성이 있는지 살펴보고자 한 것이며, 이를 바탕으로 당대의 '전문' 의학지식과 민간의료 지식을 관통하는 임신에 대한 인식을 일정 부분 가늠할 수 있었다.

한편 당대의 의학 지식을 수록한『동의보감』에는 당시의 낙태에 대한 인식이 일부 드러난다. 아이를 낳음으로써 대를 잇는 것이 생명을 영위하는 인간의 도리임을 밝히면서도 임부가 아이를 낳아 기를 상황이 아니거나 숙질이 있는 경우에는 낙태를 할 수 있다고 해 산모가 처한 상황에 따라 낙태가 이루어질 수 있음을 말했다. 이는 오늘날의 관점에서도 파격적으로 느껴지는 대목인데, 이것이 당시의 여성의 권리에 대한 어떤 시사점이 있다고 섣불리 판단하기보다는, 의학적인 관점에서 임신이 원활한 출산으로 이어지기 어렵다고 판단되는 경우나, 출산을 하더라도 양육하기 어려운 상황이라면 산모의 몸을 손상하지 않으면서 임신의 상황을 해소할 수 있는 '안전한' 방법을 제시했음에 주목할 필요가 있다.

이어 4장에서는 속신을 소재로 한 속신담의 전승을 확인하고, 이를 한의학의 사고와 연관지어 살펴보았다. 속신담에서는 하나의 물질이 생성될 당시의 상황이나 환경에 따라 다른 효능을 발휘하는데, 이는 한의학에서 약재를 다루는 방식과 동일하다.『동의보감』은 오늘날 우리에게 익숙한 과학적 언어로 서술하지 않고, 몸의 사건을 자연계에 비유하여 설명하는 방식을 취하고 있다. 몸에서 일어나는 현상과 문제를 자연에서 일어나는 현상으로 이해하여 설명하는 것은 인간의 몸을 자연의 일부로 인식하는 관점을 갖고 있기 때문이다. 저녁에 맺힌 이슬과 아침의 이슬이 다르듯, 어떠한 물질이 그것이 발생하게 될 당시 상황 때문에 특정한 기운을 갖게 되어 치료의 효과를 발휘하게 된다. 여기에서 속신과 한의학은 원리적으로 소통한다.

한의학 문헌은 의학과 생활 경험을 명확하게 구분하지 않는다. 병은 별도로 존재하는 상태 또는 객체가 아니라 일상의 또 다른 측면이다. 모든 현상을 흐름의 맥락에서 파악하는 한의학의 관점에서는 약재와 음식의 경계도 불분명하다. 실험실에서 검증된 어떤 성분을 약으로 명명하여 수용하는 데에 익숙해진 상태에서 한의학의 약에 대한 관점은 생경하다. 그러나 이는 '과학'이라는 잣대로 우열을 판단할 수 있는 차이가 아니라 좀 더 근본적인 차원에서의 차이에 기인한다. 한의학적 관점에서 속신을 바라볼 때에도 속신이 '의학적으로 유의미한가?'를 판별하는 일이 주목적이 아니라 해당 속신의 기저에 깔려 있는 인식을 읽어내려는 것이다. 속신과 한의학을 관통하는 공통적인 인식은 한의학의 원리가 특정 학문 분야에 한정된 틀이 아니라 동아시아에서 세상을 인식한 보편적인 질서임을 말해준다. 따라서 본고는 속신과 한의학을 연결 지음으로써 인위적으로 구분된 의료와 삶, 의학과 문학의 간극을 좁히려는 시도로서의 의의 또한 있다.

연구자원으로서의 출산과 생명의 경제화*

- 한국의 1960-70년대를 중심으로

정연보 (성공회대 사회융합자율학부, 시민평화대학원 교수)

* 이 글은 정연보, 「생명경제와 재생산: 가족계획 사업의 실험적 성격과 연구자원으로서의 몸」, 『과학기술학연구』 제20권 제3호, 한국과학기술학회, 2020. 11.에 게재한 논문을 수정·보완한 것임을 밝힌다.

1. 들어가며

생명의료기술의 발전과 함께, 임신 및 출산과 연관된 신체와 재생산 조직들(reproductive tissues)은 점점 더 연구자원이자 상업화의 대상으로 주목을 받고 있다. 일례로 2000년대 초반의 황우석 사건에서 배아줄기세포 연구에 필요한 난자 공급 이슈가 사회적 쟁점으로 부각되었다. 연구용 난자 제공 과정에서 과학발전과 국가발전의 필요성만 강조하다가 여성의 몸과 건강에 관한 이슈는 경시되었던 문제가 드러났던 것이다. 최근 코로나19 백신과 치료제 생산과정에서도 바이러스 증식을 위해 낙태아 세포주가 사용되는 점이 논쟁의 대상이 되고 있다.[1] 그 외에도 탯줄혈액인 제대혈을 활용한 줄기세포 연구나 제대혈을 교환, 보관하는 은행의 설립, 대리모 산업 등 재생산적 몸이 중요한 연구의 자원이자 상품화의 대상으로 주목받고 있다

---

1 낙태아 세포주가 백신 자체에 포함되는 것은 아니며, 개발 과정에 사용된다. 또한 낙태아 세포주는 생체 밖에서 계속 배양할 수 있기 때문에, 일부에서는 새로운 세포를 구하기보다는 1970년대-80년대 태아 신장세포에서 얻은 세포를 형질전환해 얻은 세포주를 사용한다고 밝혔다. 《연합뉴스》, 2021년 3월 27일. 코로나 백신을 '낙태아 세포주'로 만든다고요?

(Waldby & Cooper, 2010; 정연보, 2014). 이 글에서 이러한 재생산 신체의 연구 자원화가 무조건 금지되거나 완전히 허용되어야 한다고 주장하는 것은 아니다. 일부 연구들은 의학과 기술 발전에 많은 기여를 하기도 했으나, 한편으로는 황우석 사건에서 드러난 바와 같이 취약한 상황에 처한 이들을 생체 자원으로 전락시키는 위험을 보여주기도 했다. 따라서 양 극단의 결론을 넘어 이러한 현상을 둘러싼 다양한 사회적, 역사적 맥락과 이슈에 대한 섬세한 분석이 중요할 것이다.

이 연구는 역사적 접근으로 1960-70년대 가족계획 사업 시기에 주목하여, 재생산(reproduction)이 기술적, 사회적으로 실험의 대상이 되었던 과정을 살펴본다. 당시 좁은 의미의 임상시험 뿐 아니라 다양한 피임 기술의 안전성 테스트나 발전 과정, 재생산, 생의료 관련 연구에서 재생산 신체가 이용되면서, 이후 신생식기술과 생명공학기술의 발달로 이어질 수 있었다. 즉 재생산적 신체가 기술 발전을 위해 활용될 수 있는 자원으로 부각된 중요한 계기로 한국의 1960-70년대를 검토한다.

한국뿐 아니라 푸에르토리코, 대만, 인도 등 여러 국가에서 출산 조절을 위한 가족계획사업과 함께 피임 기술 개발의 임상시험이 이루어졌다 (Takeshita, 2012; Briggs, 2002; Marks, 2001). 당시 피임 기술의 도입은 많은 경우 서구의 원조를 받아 이루어졌다. 이러한 과정은 피임 기술에 대한 접근성을 확대하기도 했지만 아직 유해성이 검증되지 않은 피임 기술이 '보급' 뿐 아니라 실험적 측면을 가지고 도입되기도 했으며, 많은 이들이 이러한 과정에서 부작용을 겪기도 했다. 머피(Murphy, 2017)는 가족계획 사업 과정에서 이루어진 피임 기술과 재생산 관련 기술들의 연구 및 검증이 '원조'라는 이름의 실험이었으며, 연구 참여자의 노동은 인정되지 못했다고 비판한다. '인구위기' 담론 속에서 출산 방지라는 이익이 부작용 위험의 문제를 넘어선다는 논리로 다양한 실험성 개입들이 윤리적인 것으로 여겨졌다는 것이다. 특히 새로운 약물이나 기구를 창조하는 과정에 참여할 때 인센티브를 부여하는 경우도 그 실험적 성격이 종종 부정되었다.

한국은 가족계획 사업을 통해 글로벌 피임 기술 개발과 관련한 실험적 성격의 연구 사업이 중요하게 펼쳐진 지역 중 하나이다. 인구통제 레짐 하에 한국은 인구가 폭발적으로 증가하는 국가 중 하나로 주목받았고, 위험성 있는 피임 기술의 대규모 보급이 정당화된 공간이었다. 또한 임신 중단이 피임법의 하나로 음성적으로 활발히 일어나면서 태아조직이나 태반 등 재생산 조직도 유통되는 조건이 마련되었다.

이러한 연구자원으로서의 몸은 '생명경제(bioeconomy)'와 '생명의 경제화(economization of life)' 개념을 중심으로 분석할 수 있다. 생명경제(bioeconomy) 논의는 미시적 수준에서 유전자, 분자, 세포, 생체 조직들이 상품화되고 유통되는 경제를 지칭할 뿐 아니라, 개인이 약물 개발, 기술 개발의 실험 대상이 되는 현상을 폭넓게 포함한다(Sunder Rajan, 2006 등). 더 넓게는 과학기술학자들을 중심으로 이론화된 생명경제, 생명가치(biovalue), 생명가용성(bioavailability), 생명자본(biocapital) 등의 논의에서, 생명이 자본을 생성하는 형태로 변형되고 상품과 가치가 형성되는 과정에 대한 분석이 중요하게 대두되고 있다(Cooper, 2008; Franklin, 2003; Helmreich, 2008; Waldby and Cooper, 2010; Waldby and Mitchell, 2006 등). 생명경제 분석은 분자화된 측면을 좀 더 강조해 오면서 거시적 차원의 인구 중심의 개입과 분리된 '새로운' 현상으로 강조되곤 했지만, 이 연구에서는 1960-70년대 가족계획 사업 당시 재생산적 신체가 연구 자원으로 떠오른 과정을 살펴보면서 인구에 대한 개입, 과학기술 발전과 경제 발전에 대한 기대 등 집합적 차원의 담론 및 실천과 생명경제의 태동이 연관되어 있음을 보이고자 한다.

또한 미셸 머피(Murphy, 2017)는 『생명의 경제화(*Economization of Life*)』라는 책에서 인구와 경제라는 두 가지 개념이 인식론적, 실험적, 정동적으로 밀접하게 결합된 과정을 추적한다. 그는 국가의 국민소득(GDP)에 기여할 수 있는 생명의 능력에 따라 살 가치가 평가되는 가치화의 레짐(regime of valuation)에 주목한다. 국가경제를 향상할 수 있는 가능성에 따라 살 만한 가치, 재생산할 가치, 인간이 될 가치, 태어날 가치가 없는 범주 등이 나뉜다는 것이다. 머피는 잉여적 생명으로 여겨지는 취약한 생명들은 더욱 심한 폭력에 노출된다고 비판하고, 현재 자본주의적 생명에 대한 이해에 기반한 생명의 경제화를 넘어 생명에 대한 새로운 상상의 필요성을 강조하고 있다. 이러한 접근은 푸코의 생명정치(biopolitics)와 '사회적 몸' 개념(Foucault, 1976)을 경제라는 키워드로 재구성한 분석으로 볼 수 있다. 또한 머피는 이러한 거시적 규모 차원의 '생명의 경제화'를 최근 등장한 '생명경제' 개념과 연관시킬 필요성도 제시한다.

한국의 가족계획 정책에 관해서는 기존에 중요한 연구들이 축적되어 왔으나, 가족계획 사업에서 필연적으로 수반된 피임 기술 개발의 실험적 성격과 생명경제에 대한 좀 더 본격적인 검토는 상대적으로 주목을 덜 받았다. 배은경(2004; 2012), 정연보(Jeong, 2006), 존 디모이아(DiMoia, 2013)의 연구에서는 자궁 내 장치인 리페즈루프의 글로벌 임상시험을 일부 조명하였고, 하정옥(2001)은 일부 피임약 개발 과정을 검토했으며, 조은주(2012)는 '인구' 개념이 사회학적 연구의 대상이 된 측면을 밝혔다. 이 연구는 이러한 선행연구와 연결되는 동시에, 임상시험뿐 아니라 기존에 다루어지지 않았던 루프,

피임제, 불임수술 등 다양한 피임 기술 개발과 검증 과정의 실험성, 유산된 태아 조직과 태반 등의 상품화와 이를 이용한 생명의료 연구를 과학기술학의 관점에서 분석한다. 이 과정에서 한국에서 재생산적 몸이 경제의 언어로 이해되면서 연구의 자원으로 등장하게 된 맥락을 분석할 것이다.

2. 가족계획 사업의 실험성과 생명경제

1) 태아조직 및 태반의 생명경제: 의학 발전 담론과 사라진 여성

1970년은 가족계획 사업의 일환으로 인공임신중절 허용에 관한 입법 논의가 한창이었다. 당시 임신중절로 얻은 태아의 장기를 서울대병원이 1년 반 동안 미국 메릴랜드 주 플로연구소로 수출해 이익을 챙겨 온 사건과 관련한 논쟁이 일었다. 태아의 콩팥은 15불, 기관지는 10불로, 서울시내 산부인과와의 네트워크를 통해 72시간 내 수출되었다는 것이다.

플로연구소의 잭워커 연구소 대변인은, 연구소에 근무 중인 한국인이 모국을 방문하여 이명복 교수와 네트워크를 만들었고, 태아의 콩팥 2천25쌍(월평균 1백쌍)을 수입했다고 밝혔다. 플로연구소는 미국 내 의료연구소에 배양인공세포를 제공하며 그중 40%가 미국연방보건연구소와의 계약이라는 점과, 이를 각 의료연구소에 개당 1백-2백 달러로 제공했음을 밝혔다.[2]

태아조직의 연구 활용은 코로나19 백신연구에서 보여지듯이 현재까지도

---

2 「수입콩팥 의료연구에 사용 미플로연구소, 말썽의 경위 밝혀」, 《경향신문》, 1970년 12월 2일.

논쟁적인 주제이다. 미국은 1973년 로 대 웨이드 판결 이전 임신중단권에 대한 논쟁이 더욱 비등하던 시기이기에 당시 미국 내 조직의 수급은 쉽지 않았을 것이고 국제적 수급의 필요성이 더욱 높았을 것이다. 그리하여 인공임신중절이 불법이지만 음성적으로 많이 이루어졌던 한국에서 이러한 부분을 보충하는 국제적 연결망이 만들어졌다고 볼 수 있다.

보건사회부(이후 '보사부')는 태아의 장기 수출을 둘러싼 논쟁에서 처벌의 아무런 법적 근거가 없다고 발표했다가, 논쟁이 심화되자 〈시체해부 보호법〉 1조에 임신 4개월 이상의 태아를 시체로 규정하고 있어 태아의 콩팥을 떼어내는 작업이 사체를 훼손하고 모욕하는 현행 형법에 저촉되는지의 여부에 관한 유권해석을 법무부에 요청했다. 세관은 처음에는 송출을 거부했으나 보사부의 추천이 있어 보낸 것임을 밝혔고, 보사부 추천만 있으면 현행 무역거래법 시행령(45조 · 29조)에 따라 콩팥 · 기관지 · 대장 · 소장 · 근 · 피부를 수출할 수 있는 것으로 되어 있음을 추가로 설명했다.[3]

그 후 보사부는 "세계 의학 발전을 위해서는 상품화하지 않는 범위 내에서 외국 의료기관에 제공하는 것은 무방하다"며 교수가 조작비 명목으로 소액을 받는 것은 당연하다고 옹호했다.[4] 이 교수의 제자인 서울대 의과대학생 300여 명도 '토론대회'를 열어 "낙태아 장기 수출은 의학 발전을 위해 필요하다"고 옹호 입장을 강화했다. 이들은 의학 발전을 위해 "세계 각국의 이러한 상호협조는 계속되어야 하며 순수한 연구 의욕을 꺾지 않기 위해서도

---

3 「낙태아 장기 떼어 미에 반출」,《중앙일보》, 1970년 11월 27일.
4 「의학 발전 위해 무방 보사부심의회 결론 낙태아 장기수출」,《매일경제》, 1970년 11월 28일.

올바른 여론 조성이 이뤄져야 한다고 촉구했다."[5] 이들의 행위는 의학 연구 기여라는 명분과 수출장려라는 논리 속에서 무역거래법 시행령 48조에 의해 합법적으로 허가되었다.[6]

이 사건은 임신중절이 음성적으로 널리 퍼져 있던 당시의 현실을 반증한다. 우석대 홍성봉 교수의 조사는 유산 비율이 점차 증가하고 있고 "서울 임산부 중 약 43%가 낙태를 경험하여 한 해에 서울에서 6만여 명"이 낙태를 하고 있다고 예측했다.[7] 그는 "동의 사실이 없었다면 자신도 모르는 사이에 이와 같은 태아의 오욕을 겪어 오고 있을 것"이라고 말했다.[8] 당시 임신중절이 법적으로 허용되지 않았음을 고려하면 대부분 공식적 동의 절차가 이루어지기 어려웠을 것으로 보인다.

이 사건을 둘러싼 논쟁에서 찬성 측은 '의학 발전'을, 반대 측은 '시체 훼손과 모욕'에 초점을 맞추고 있어 정작 여성은 이 논의에서 사라졌다. 반대 측 역시 '태아의 몸을 인체로 볼 것인가'라는 질문과 관련된 거부감에 더 초점을 맞추고 있고, 여성들의 동의 여부나 인권, 건강 문제는 거의 다루어지지 않았다. 동의의 문제를 유일하게 제기한 위 교수의 언급에서도 '태아의 오욕'으로 표상되며 주체는 여성보다는 태아로 강조되었다.

이러한 재생산 신체의 생명경제가 가족계획 사업의 정책적 측면에서 직접적으로 육성된 것은 아니지만, 여성의 권리로서보다는 인구 감소라는 목표를 위해 음성적 임신중절을 추동하는 사회적 분위기에서 모자보건법 제

5 「낙태아 장기 수출은 의학 발전 위해 필요」, 《경향신문》, 1970년 11월 30일.
6 「낙태아 콩팥 등 장기까지도 수출」, 《경향신문》, 1970년 11월 27일.
7 「공청회 후퇴한 모자보건법」, 《경향신문》, 1970년 12월 5일.
8 「낙태아 장기수출 콩팥 15불 기관지 10불로」, 《매일경제》, 1970년 11월 27일.

정이 적극적으로 추진되는 시기였다.[9] 따라서 열악한 환경 속 음성적인 방식의 임신중절이 활성화되며 이러한 생명경제가 활성화될 수 있었던 배경에 인구 정책이 있었다고 볼 수 있다. 그 이후 1973년 모자보건법이 제정되면서 임신중절이 일부 허용되었고, 1974년부터 1990년까지 정부는 초기 임신중절술인 '월경조절법'을 가족계획 사업의 하나로 적극적으로 펼쳤는데(지승경, 2019), 이와 같이 임신중절의 실행과 담론은 꾸준히 인구 정책과 연동되어 있었다.

임신중절에서 태아조직의 보존이 우선시된다면 수술의 방법이 여성에게 더 위험한 방식으로 이루어질 수 있다는 윤리적 문제가 제기되는데(Kent, 2008), 수술 방법이 어떻게 이루어졌는지는 검토되지 않았다. 당시는 현재보다 인공임신중절수술 위험성이 높았고, 태아 장기 적출은 보통 6개월 이상의 태아를 대상으로 한 점, 태아 조직의 상태에 따라 대금을 받지 못할 수도 있었다는 점, 72시간 내의 빠른 수송을 강조한 점 등에서 여성의 안전은 과연 우선순위가 되었을지 물을 필요가 있다. 기술발전주의적 시각에서 여성의 결정권과 안전은 쉽게 간과될 수 있는 상황이었다.

1980년 보도에도 병원적출물로 일컬어지는 태아조직, 태반, 탯줄 등이 허가를 받은 적출물처리업자에게 제대로 맡겨지지 않고, 일부 불법적으로 상업화되었다는 사실이 드러났다. "태반, 탯줄이 정력, 체증, 폐결핵 등에 좋다는 이유"로 조직적으로 수거, 가공되어 한약상 등에 팔리고 있다는 것이다.[10] 태반의 폐기 비용을 아끼기 위해 수거료가 비교적 싼 무허가업자에 맡

---

9 인공임신중절과 이 사례와의 연결성에 관해서는 박차민정(2019)을 참조할 수 있다.
10 「탯줄 등 병원 적출물 불법처리 잦다-낙태아 암매장 계기로 본 실태」,《동아일보》, 1980년 6월 23일.

기는 병원이 많은데, 무허가업자들은 이를 가공하여 1천여 원에 중개상에 인계했다. 서울시내 2400여 개 병의원 중 5-6백개만이 적출물 처리를 위생 업자에게 맡기고 있었던 실정에서 버려지거나 불법적으로 처리된 경우가 종종 드러났다.[11]

이러한 생명경제의 회로에 포함된 재생산적 신체는 비가시화된 영역에서 활용되면서, 어떤 가치와 이윤을 위해 활용되었고 여성들의 건강과 인권이 어떻게 경시되었는지에 관해서는 그간 거의 논의되지 못했다. 이러한 생체 조직의 유통이 과학, 의료 연구에 기여를 했을 수 있으나, 재생산적 몸은 연구를 위한 가용한 자원으로 축소되고 여성들의 기여와 고통은 조명되지 못했던 점을 밝힐 필요가 있을 것이다.

2) 자궁내 장치의 실험적 성격

자궁내 장치의 도입은 인도에서는 실패, 한국과 대만에서는 성공한 사례로 평가된다. 한국에서는 양재모 박사 등이 자궁내 장치는 의료인의 개입이 필요하기 때문에 대량으로 유포하는 데는 어려운 점이 있다고 지적했으나, 강한 국가 지원으로 이동식 진료소 등을 설치하고, 한 건당 인센티브를 제공하는 식으로 빠른 보급에 성공했다. 대만에서도 여성들의 고통, 출혈 등이 있었으나 그러한 두려움을 진정시키는 의료진들이 있었기에 성공했다는 지적이 있다(Dugdale, 2000).

한국에서는 1962년 12월 미국인구협회와 패스파인더재단의 연구비 지원

---

11 「태아 등 불법 처리 병원장 21명 입건」, 《경향신문》, 1980년 6월 7일.

으로 서울의대, 연세의대 연구진에 의하여 자궁내 장치의 임상연구가 착수되었으며, 1963년부터는 가족계획협회가 시범연구기관으로 지정한 종합병원에 의해서도 착수되었으며, 1964년에 전국적으로 폭넓게 확산되어 갔다(대한가족계획협회, 1991). 리페즈루프 캠페인은 1964년부터 1968년까지 진행되었다.

리페즈루프는 플라스틱 계통에 바륨을 혼합한 것으로 구불구불한 모양이다. 이 루프가 개발된 시기에도 다른 모양의 같은 소재, 같은 특징을 갖는 루프들이 개발되어 사용되기도 하였지만, 리페즈루프는 미국인구협회가 특허권을 한국에도 나누어 사용할 수 있도록 하여 국내에서 대량으로 제작 사용하였다. 리페즈루프에는 A, B, C, D 4종이 있는데, C와 D는 A와 B에 비해 크기가 더 크다. 한국에서는 "기혼부인"에게만 사용하는 경우로 생각하여 C와 D를 제작, 사용하였다(한국보건사회연구원, 1991: 372). 이러한 점에서 특정한 형태의 루프가 선택되고 보급된 과정은 결혼을 해야만 성생활을 한다는 고정관념과 연관되어 있었으며, 다양한 몸을 반영하지 못하여 더 큰

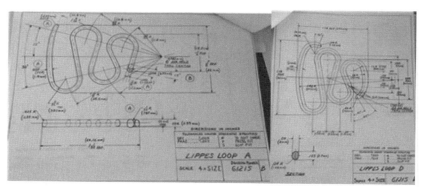

〈그림 1〉 리페즈루프 A형(왼쪽)과 D형(오른쪽) 설계도. IUD Handbook(1966)
출처: Population Council, Accession 1, Series 5, Box 123, Folder 2256, "Contraception-Coils, 1966"-IUD Handbook, Rockefeller Archive Center, Sleepy Hollow, New York(이후 RAC).

부작용을 유발할 수 있었다.

　한국에서는 3년 예정의 시범사업이 끝나기도 전에 1965년 대대적인 보급이 결정되었다. 1964년 미국인구협회는 2만 건의 리페스루프를 공급하기로 약속했고, 루프의 국내 생산을 위해 원료인 바륨을 무상 공급해 주기도 했다(배은경, 2012: 160). 이 과정에서 이동 진료소들이 농촌에 들어가 1회성으로 시술해주었으며, 사후 의료가 충분히 제공되지 않아 여성들은 심각한 신체적 문제를 겪기도 하였다. 부작용으로는 루프가 있는 채로 임신이 되는 경우, 루프가 자연배출된 후 임신이 되는 경우, 월경과다, 복통, 남성이 질강의 루프에 딸린 실을 의식하여 호소를 하는 경우도 있었다(한국보건사회연구원, 1991: 372). 그러나 미국 인구협회에 제출한 서울대팀의 루프 임상실험에 관한 보고서에 의하면 루프에 대한 부작용을 호소할 경우 "심각한 의료적 징후"가 나타나는 경우에만 루프를 제거하도록 의사들에게 강하게 권고하였다(Shin and Kim, 1966: 3). 루프는 대만, 한국 등에서의 임상실험 결과를 토대로 1964년 미국 FDA의 사용 승인을 얻었고 미국 여성을 대상으로 한 시술도 시작되었으나 미국에서도 많은 부작용과 중도 제거로 1985년 결국 미국 시장에서 퇴출되었다(배은경, 2012: 160).

〈그림 2〉 1968년 가족계획 달력(인구보건복지
협회 제공)
아래 왼쪽에 단순화된 루프의 그림이 그려져 있으며, 옆에는 "가장 효과적이며 안전하고 간단한 '루우프' 장치를 아십니까? 원하시는 분은 보건소나 가족계획 지도원을 찾으십시오"라고 적혀 있다. (동그라미는 필자에 의한 것)

　루프는 많은 부작용에도 불구하고,

〈그림 2〉와 같이 간단하고 안전한 피임 도구로 선전되었다. "가족계획"에 성공하여 2명의 아이들과 행복한 미소를 짓고 있는 여성의 이미지는 "이상적인 가족" 모델로 4인 가족을 제시하면서 루프와 연관시키고 있다.

이후 개발된 다른 자궁내 장치인 알자T와 카퍼T는 서울대의대부설 인구의학연구소 가정보건상담실에서 세계보건기구의 요청으로 임상실험을 하였다. 서울대에서는 여성 161명에 Cu-7을, 193명에 Alza-T를 삽입하고 1년간 추구 관찰한 것으로 보고하였다(김승욱, 1976). 당시 Alza-T는 외국에서도 아직 임상시험 단계를 벗어나지 못하고 있었는데(김승욱, 1976: 870), 임상실험 대상자의 모집 광고는 임상실험의 위험성보다는 "무료서비스"로 홍보되고 있었다.

> 흔한 경우는 아니나 운만 좋으면 이런 최신장치를 무료로 서어비스받을 수 있다. (중략) 무료서어비스의 혜택은 아무 제한없이 누구나 받을 수 있다. 필요한 것은 주민등록증과 본인의 도장뿐이다(《동아일보》, 1975년 1월 13일).

비용 때문에 피임 기술에 대한 접근성이 떨어졌던 저소득층 여성에게 임상시험 참여는 유일한 기회일 수도 있었을 것이다. 그러나 그 위험성은 혜택이라는 이름으로 비가시화되었으며 기술 발전의 과정에서 이들의 행위성도 드러나지 못했다.

3) 피임약과 주사피임제 개발, 비가시화된 부작용

초창기 피임 방법은 콘돔, 자궁내장치, 정관수술 등이 활용되다가 1960년대 후반기에 들어, 먹는 피임약이 대량으로 보급되었다. 피임약은 이미 다른 국가에서 연구를 거친 약제도 있었으나, 호르몬의 양 및 성분 등에서 여러 종류가 있었고 호르몬 양을 줄이는 방향으로 개발되어 가는 과정이었다. 따라서 자궁내 장치와 달리 한국이 최초의 임상실험 대상지는 아니었지만, 지속적인 피임약 보급과 부작용 조사 등은 피임약 개발을 위한 데이터들을 생산하고 있었다고 볼 수 있다.

한국에서는 1966년부터 자궁내 장치 시술 목표량을 배로 늘림에 따라 여러 가지 부작용 및 중도 제거 사례가 증가하였기에 이를 보완하기 위한 방법으로 먹는 피임약을 도입하기 시작하였다. 1966년 10월부터 미국인구협회의 재정 지원을 얻어 서울대 보건대학원과 연세의대, 경북의대 등 3개 연구기관에서 먹는 피임약에 대한 임상연구가 시작되었다. 미국인구협회는 1967년 7월 인구학자인 존 로스(John Ross)를 한국에 파견하여 먹는 피임약 보급에 대한 평가를 하도록 하였다(대한가족계획협회, 1991: 133). 가족계획협회를 중심으로 시판된 아나보라, 린디올, 오소노붐을 위시해 오브랄, 씨리얼-28, 오뷰렌, 오이기곤 등을 종합적으로 임상 실험했고, 주사 피임제에 대해서도 연구했다(대한가족계획협회, 1975). 1968년 6월에는 스웨덴 국제개발처(SIDA)의 지원으로 1백30만 사이클의 약제를 확보하였다. SIDA는 1968년도부터 1975년까지 총 1천9백50만 사이클의 먹는 피임약을 지원하였다(대한가족계획협회, 1991: 256). 미국국제개발처(AID)는 1975년 7월부터 1977년 6월까지 5백30만 사이클의 먹는 피임약을 제공하였다.

가협 회고록을 보면 빠르게 진행된 피임약 도입과 임상실험의 문제점도 존재했다.

66년경인가 먹는 피임약 '아나보라'(독일제품)가 최초로 수입되어, 이를 빨리 공급시키기 위해 "야단났다!" 하고 임상실험을 혼쭐이 다 빠지도록 해 놨던 일도 인상깊기만 하다. 정상적인 임상실험을 위해서는 100명의 임상대상자를 두고 2년 동안에 걸쳐 2,400싸이클 이상 실험해야 함에도 불구, 시간이 바쁜 상황이라 6개월 동안에 실시하면서 그 대신 임상실험 대상자를 2,400싸이클을 넘게 많이 선정했던 것이다(곽현모, 1991: 352).

빠른 보급이라는 명목으로 소규모의 임상 대상자를 장기적으로 관찰하는 대신, 대규모의 대상자를 모집해서 빠른 시간 안에 임상실험을 끝내는 방식이었다. "빨리빨리" 문화 속에서 더 많은 이들이 위험에 노출되었던 상황을 볼 수 있다.

〈그림 3〉 피임약 아나보라 광고. 제2회 전국가족계획대회 자료집(1964년 5월 8일)
출처: Population Council, Accession 2, Series 2, Box 106, Folder 1029, "Ministry of Health and Social Affairs: Paul Hartman, 1963-1964 March," RAC

미국인구협회의 지원과 USAID의 원조를 받았음을 밝힌 한 피임약 연구에서는, 가족계획 요원이 먹는 피임약을 공급하면서 먹는 방법과 발생 가능한 부작용을 설명하고, "이러한 부작용은 첫 1-2주기 견디면 소실되니 참고 먹도록 권하고 다음의 내원할 날을 지시"(이성관 외, 1970: 52)하도록 하고 있다. 피임약을 복용한 후 시간의 흐름에 따라 차차 나아지는 경향이 있다며 부작용이 있을 경우 상담을 하기보다는 "인내"하고 복용을 지속할 것을 지시하였다. 여러 피임약별로 부작용을 비교분석한 이 연구에서 집계한 전반적인 부작용 출현율은 22%로 낮지 않아 피임약의 안전성이 아직 충분히 검증된 단계라 보기 힘들다.

연구사업용 피임약은 무료였기 때문에 약국에서 구입해야 하는 다른 피임약보다 경제적 이점이 있었다. 즉 경제적으로 어려운 계층의 여성들이 주로 이러한 연구 대상이 되는 위험을 감수하고 사용하였을 수 있다.[12]

한편 피임약보다 상대적으로 자주 신경을 쓸 필요가 없는 주사 피임제가 하나의 대안으로 검토되었다. 주사 피임제 중 하나인 데포프로베라는 1962년 미국에서 발명되었으며 한 번 맞으면 3-4개월 피임이 지속되는 주사로, 1968년 10월부터 1970년 9월까지 임상시험 하는 등 연구 대상이 되었다(대한가족계획협회, 1975).

1970년 1월-2월 초 《동아일보》, 《매일경제》, 《경향신문》 등에 여러 번 광고된 아래의 데포프로베라 광고를 보면 유유산업[13]이 미국의 업존사와 합작

---

12 가족계획협회 계몽원은 피임약 시범연구사업에 관해 다음과 같이 증언했다. "외국에서 들어온 거는 약국에서 팔았고, 우리가 연구사업으로 들어온 것은 무료로 주었어요. 그건 30원 안 받았어요. 무료로 주고 연구사업을 했지." (국사편찬위원회, 311)

13 유유산업은 유한양행의 계열사인 유한무역주식회사가 전신으로, 1970년 미국의 업존사

투자로 수입, 시판하고 있었다.

> 주사피임제 데포 프로베라 시판안내 말씀 (1회 주사로 3개월 피임)
>
> 업쫀제약회사는 미국 미쉬간주에 본사를 두고 세계 38개국에 관련 회사 및 공장을 소유한 세계굴지의 제약회사로서 치료제 및 약품원료를 생산하여 세계 각국 국민의 보건향상에 협조하여 왔습니다. 금반 당사는 세계최초로 주사피임제 (데포-프로베라 3cc 바이알)을 개발하여 미국을 포함한 세계25개국에서 광범한 임상실험을 실시한바 있으며 미주, 구라파, 아프리카 및 동남아시아 각국에서 선풍적 인기로서 가족계획을 희망하는 수천만 여성에게 공급하고 있습니다. 한국에서도 이미 서울의대, 연세의대, 우석의대 등 각대학 부속병원 및 가족계획협회 서울크리닉에서 만 1년간 한국여성 207명에게 임상실험한 결과 100%라는 완전피임 효과를 거두었으며, 대한가족계획협회의 추천에 의하여 보건사회부 당국으로부터 정식수입허가를 받아 시판하기에 이르렀습니다. (이하생략) - 데포푸로베라 광고, 《경향신문》, 1970년 1월 19일.

광고에는 한국여성 207명에게 만 1년간 임상실험한 결과 100%의 완전피임 효과를 거두었다고 하는데, 이는 100% 안전성을 의미하는 것은 아니며 피임효과 외의 건강상 부작용에 관한 설명은 삭제되어 있다. 이미 다른 국가에서 "선풍적 인기"를 끌고 있다는 점이 중요한 광고 전략으로 사용되었

와 합작투자 하여 '한국업쫀'을 설립하였고 1975년에 주식 상장을 하였다. http://www.yuyu.co.kr/ko

지만, 데포프로베라는 피임용으로는 1973년에서야 미국 FDA에 승인되었다가, 1978년 발암과 부정기출혈 등 부작용을 일으킬 수 있다는 미국 FDA의 통보에 따라 제조 및 판매가 한국에서도 금지되었다.[14] 1993년에는 다시 승인되었지만, 심각한 골밀도 감소 등 여러 가지 건강상 위험은 여전히 논쟁의 대상이 되고 있다. 한국에서는 FDA에 승인되기 이전에 판매되어 오랜 기간 부작용을 겪게 되었다.

4) 불임수술 시연 및 연구, "개인"보다는 "집단"을 위한 기술

먹는 피임약과 자궁내 장치는 탈락율과 중단율이 높아 결과적으로는 "비경제적"이라고 지적되어, 1971년 이후부터 피임 효과와 경제적 이유로 불임술이 최우선적으로 권장되었다. "집단"을 위한 기술로서 개인의 행위성이 약화된 기술이 더 많이 권장된 것이다.

특정 피임 기술이 특정한 몸들에 더 적합하다는 설명은 지역에 대한 관점과도 연관된다. 인구통제의 관점에서 제3세계의 많은 인구는 "잉여"로 보였으며 개인들이라기보다는 대중으로 개념화되었다. 특히 제3세계 사람들이나 농촌의 사람들이 자신의 출산력을 조절할 능력이 없다고 보고, 개인의 몸에 대한 통제력을 약화시키는 피임 기술이 필요하다는 과학자들의 관점에서 이러한 점을 엿볼 수 있다. 예를 들면 피임약은 매일 규칙적으로 복용해야 하므로 비서구 사람들에게는 복용이 어려운 방법이며, 전문가에 의한 통제가 어렵다는 점이 강조되면서 자궁내 장치 등 개인의 통제력이 약화

14 「피임주사약 '데포·프로베라' 발암위험, 제조금지」, 《중앙일보》, 1978년 9월 1일.

된, "비서구 문화"를 위한 피임법, 개인이 아닌 "국가"를 위한 피임법이 제공되어야 한다고 주장되기도 했다(Takeshita, 2012). 한국의 경우 피임약보다는 자궁내 장치, 그리고 더욱 개인의 통제력이 약화된 형태의 기술인 불임 수술이 효율적 방식으로 간주되며 대량으로 도입되었다.

기존에는 개복을 해야 하는 큰 수술이었던 여성불임술은, 1973년부터 미니랩(Mini-laparotomy)[15]과 복강경을 이용한 라파로스코프(Laparoscopic Tubal Sterilization)가 도입되었고, 1974년부터 전국적으로 보급되기 시작했다(대한가족계획협회, 1991: 166-167). 이러한 시술은 폭발적 인기를 끌며 수용되기 시작하여 매년 증가되었다(한국보건사회연구원, 1991: 88). 가족계획사업의 맥락에서 광범위하게 확산된 난관결찰술과 복강경 기법은 추후 시험관아기 등 신생식 기술과 배아줄기세포 연구에서 중요한 난자 채취에 필요한 기술로 이어지게 된다(하정옥, 2006).

1961년부터 시작된 남성 대상 정관절제수술이 1980년까지 20년 동안 47만여 명에게 실시된 데 반해, 여성 난관절제수술인 라파로스코프와 미니랩 수술은 1973년도부터 보급되었으면서도 1980년도까지 81만 2천여 명에게 시행되었다(대한가족계획협회, 1991: 167). 난관수술이 간단해졌다고는 하나 정관수술에 비해 훨씬 더 침습적이었다. 여성불임시술 특히 복강경 불임시술이 널리 보급되면서 실패율은 물론 자궁외임신의 발생빈도가 급격히 높아진 것이 중요하게 지적되는 등(박찬무 외, 1989: 216) 당시 많은 부작용이 있었다. 그러나 여전히 피임은 여성의 책임이라는 가부장적 관점이 팽배한 가

---

15 난관결찰술인 미니랩은 자궁거상기를 이용하여 여성의 난관을 결찰하거나 절제하는 피임수단으로, 미국불임협회의 지원을 받아 서울의대와 연세의대 등에서 먼저 이 수술법을 도입했다(대한가족계획협회, 1991).

운데 여성영구불임술이 더 많이 보급되었다.

1973년 미국국제개발처(USAID) 지원으로 미국 존스 홉킨스(Johns Hopkins) 대학으로부터 소위 "날으는 교수팀(Flying Doctors Teaching Team)"이 내한하여 서울대병원, 연세대 부속병원, 고려대 부속병원, 이화여대 부속병원, 국립의료원에 각각 복강경 장비 1대씩을 공급하고 시술 방법을 전수하였다. 한 회고에 의하면, 전기로 나팔관을 태우는 복강경 소작법의 영국피임시술 방법을 소개한 이 팀은 연세대 세브란스 병원의 시범수술 두 명 중 한 명에서 전기 스파크가 장에 닿아 장파열을 일으켰다. 여기에서 시연에 모델로 참여한 여성들은 세브란스 병원의 수간호원과 그의 여동생이었는데 여동생이 사고의 당사자였다(곽현모, 1991: 353-354). 많은 이들이 지켜보는 시연 현장에서 자신의 몸을 노출하고, 아직 개발 초기인 수술의 위험을 감수하는 일에 참여하기는 쉽지 않은 일이다. 그러나 해당 병원의 피고용인과 그 가족인 자매가 과연 권력 관계에서 자유로운 동의를 할 수 있었을지는 문제화

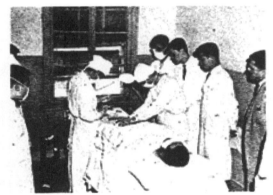

〈그림 4〉 곽현모의 글, "날으는 교수팀" 글에 삽입된 사진. (가족계획협회, 1991: 355) (인구보건복지협회 제공)
어떤 수술의 시연인지는 정확히 기록되어있지 않지만 당시 많은 이들의 참관 속에서 수술 시연이 이루어졌고, 수술 대상자의 입장에서는 쉽지 않은 경험이었을 것임을 추측할 수 있다.

되지 않았다. 이러한 문제는 황우석 사건에서 연구팀의 여성연구원이 여러 압박 속에서 자신의 난자를 연구에 제공하여 윤리적 문제가 되었던 사건을 떠올리게 한다.

이 팀은 이후 서울대 시범수술에서도 실수를 반복하였고, 이후 미국인 교수들을 제외하고 한국인 교수 2명만이 실시한 시연에서는 사고가 없었다고는 하나(위의 글), 소작법의 이와 같은 위험성은 단순한 일회성 실수라기보다는 지속적 문제로 보고되었다.

이후 이러한 소작법의 위험성을 없애기 위하여 존스 홉킨스 대학의 재미교포 윤인배 교수가 나팔관을 묶어주는 밴드 피임 시술법으로 윤 링(Yoon Ring)을 창안하게 된다.[16] 1987년 7월 1일을 기해 모든 정부지원사업에서는 소작법을 중단하고 이러한 링 방법으로 시술하도록 일원화 조치를 하였다(배병주, 1988). 하지만 링 방법도 부작용이 없었던 것은 아니다. 전기소작법에서는 고주파의 열이 발생하여 감염 기회가 없지만, 링 방법을 사용할 시는 기구의 불완전 소독의 문제와 기존의 골반염을 자극하여 악화시키는 문제 등이 보고되었다.[17]

그러나 보고서에서는 "링 시술 후 통증이 소작시보다 심하고 오래 지속되는 것은 사실이나 진통제를 적절히 사용하면 크게 해소 가능"하고 "통증이 적은 소작법을 중단하면 링에 의한 통증과 비교할 수 있는 상대가 없기 때

---

16 1961년 연세대학교 의과대학을 졸업한 윤인배 교수는 1973~1978년 Johhs Hopkins 의대 산부인과 교수 및 Director of Laparoscopic Training Center에 재직하다가 1975년부터 2015년 별세할 때까지 연세대학교 산부인과 외래교수이기도 했다.

17 골반염환자 26례 중 77%인 20례가 복강경 링 방법으로 시술한 후 발생하였다(배병주, 위의 글).

문에 다소간의 통증은 당연한 것으로 인정하고 홍보될 것"이라고 적었다. 부분적으로 전기소작을 인정할 경우 "시술보급 질서가 더욱 혼란해질 우려가 농후"하다는 이유로 난관시술 방법 중 "부작용이 적은 전기소작 기관은 국가적 차원에서 대를 위해 소수가 희생되어야" 한다며 링 방법이 일괄 결정되었다(배병주 외, 1998). 두 기술이 경합하는 과정에서 장점과 단점이 공존하는 가운데, 이를 비교하여 선택할 수 있는 선택지가 제공되기보다는, 여성들을 혼란을 가져올 수 있는 대중으로 상정하고 "대를 위해 소를 희생"하는 전체주의적 방식으로 피임 기술 보급 방법이 전환되었음을 알 수 있다. 여성이 자신에 몸에 가해지는 기술의 위험성과 장점을 고려하여 선택할 수 있는 권리는 그다지 논의의 대상이 되지 못했다.

1973년까지는 난관수술이 개복을 해야 하는 수술이었던 데 반해 정관수술은 상대적으로 간단하여 1962년부터 시작되었다. 정관수술 임상연구 사업은 서울대 의과대학 이희영 교수를 중심으로 이루어졌다. 미국인구협회에서 7,700달러의 연구비를 투입하여 의뢰한 연구는 1963년 5월부터 1965년 12월 사이 이루어졌고, 정관수술 시술 방법의 간편화 모색, 부작용의 규명, 복원 수술의 성공률 향상, 남자 불임증 치료 등을 연구했다(대한가족계획협회, 1975: 228). 이희영 교수는 Lee's Hook이라는 시술에 편리한 특수기구를 개발하여 국제적 명성을 얻기도 했으며, 외국에 초빙되어 시술법을 가르치기도 하였다(한국보건사회연구원, 1991: 374).

1974년부터 유엔인구활동기금(UNFPA)의 재정지원 하에 본격적으로 예비군 대상 사업화가 이루어졌고, "집단계몽이므로 교육 후에 바로 시술과 연결시킬 수 있다는 장점"이 있다며 정관수술 보급의 중요 통로로 활용되었다(한국보건사회연구원, 1991: 87). 이러한 방법은 여성 위주의 피임 보급에서 벗어나 남성 피임 방법의 수용을 증대하는 데 기여하였다고 평가된다. 하지만 남성성에 대한 불안과 연결된 거부감으로, 거세와 혼동되어 매우 기피되었다.[18] 이후 여성불임술이 도입된 후 남성들이 한층 더 기피하게 되었다.

정부는 1960년대에는 '가족계획 사업'의 하나로 정관수술비를 지원했고, 1970년대에는 수술을 받은 이들에게 아파트 분양 우선권을 주었다. 1977년 12월 정관수술을 받은 사람들에게 주공아파트 및 주택부금아파트 분양 우선권을 부여한다고 발표했으며, 1982년에는 예비군 훈련 중 정관수술을 한 사람에게 훈련 잔여 시간을 면제해 주었다. 이에 따라 최고치를 찍은 1984년에는 한 해에 8만3,527명이 정관을 차단했다.[19] 이러한 경제적 혜택은 상대적으로 사회경제적 약자가 불임수술로 유인되는 맥락을 보여준다.

난관수술과 달리 정관수술의 경우 복원이 중요한 이슈로 다루어졌다. 이희영 교수는 복원수술과 관련된 임상연구를 진행했다. 왁스주사와 정관 속에 이물을 넣는 방법 등을 연구하기도 했으며, 실제로 복원수술에 성공한 사례들이 언론에 소개되기도 했다.[20] 복원수술은 "안심하고 누구나가 절제수술을 받을 수 있다는 데 더욱 큰 뜻이 있을 것"이라며 강조되었다.[21]

이와 같이 정관수술과 관련해서는 남성의 두려움, 공포, 남성성 거세의 문제, 복원수술 등에 대한 논의가 크게 관심의 대상이 되었던 반면 난관수

---

18 아래와 같은 기사를 보면, 이러한 논쟁이 많은 주목을 끌었음을 알 수 있다. 「정관수술(精管手術), 과연 정력(精力)에 이상 있나? 강해졌다 약해졌다 말도 많은데」, 《선데이서울》, 1973년 7월 22일.
19 「[산아정책 흑역사] '고자아파트' '내시아파트'… 정관수술 전성시대」, 《동아일보》, 2016년 2월 5일.
20 「가족계획의 문제점」, 《경향신문》, 1968년 5월 27일.
21 「정관절제 복원수술에 성공. 확률은 60% 비용 15000원 정도」, 《동아일보》, 1964년 5월 28일.

술을 포함한 여성을 대상으로 한 피임 방법에서 여성성의 제거나 부작용에 대한 두려움 등은 상대적으로 크게 논의가 되지 못했다.

한편 일부 사회복지시설에 수용되어 있는 정신장애인, 부랑인 등의 인구 집단을 대상으로 불임시술이 실시되었는데(최원규, 2002), 이러한 시술의 위험성에 대해서도 많은 논의가 되지 못했다. 1973년 제정된 모자보건법에서는 유전학적, 우생학적 정신장애나 신체질환이 있는 사람에 대해서는 국가가 불임수술을 명령할 수 있도록 규정했다.[22] 실제로 보건사회부가 모자보건법에 따라 충남의 정심원에 수용중인 정신질환을 가진 여성들에 대한 불임 수술 명령을 내리려 하자 찬반 논란이 일었다.[23]

이 문제를 주관한 보건사회부의 모자보건관리관은 "인구가 기하급수적으로 늘고 있는데 우수한 우리 민족을 보존하기 위해서는 악성 유전질환자에 대한 강제불임시술은 당연한 조치"라는 우생학적 관점을 강조하기도 했다.[24] 살 가치가 있는 생명, 재생산할 가치가 있는 생명 등에 대한 '가치화의 레짐'이 작동한 것이다(Murphy, 위의 글). 보건사회부는 강제불임시술 명령에 대한 일부 학계와 종교계의 강력한 반대에 부딪쳐 이 문제를 무기한 보류했으나, 정심원은 1983-89년 사이 57명에게 불임수술을 실시했으며, 1975년 당시에도 9명에게 불임수술을 실시했다는 의혹이 남아 있다.[25] 1999년 김홍신 의원이 폭로한 내용에 의하면 1983-1989년 사이 66명이 강제 불임시

---

22 1999년 2월 8일 모자보건법 개정으로 이 조항은 삭제되었다.
23 「남 보령군 정심원 수용자들의 경우 시험대 오른 정박녀 불임수술 명령」,《동아일보》, 1975년 4월 3일.
24 「우수민족위해 불임수술 불가피」,《경향신문》, 1975년 3월 12일.
25 「학자들 의견분분해서」,《연합뉴스》, 1999년 8월 20일; 「충남 정심원 75년에도 강제 불임시술 의혹」,《경향신문》, 1975년 9월 5일.

술을 받은 것으로 드러나, 상당수 시설에서 이러한 일이 일어났을 가능성을 보여주고 있다.[26] 이미 1960년대에 나환자 수용소 내 환자 172명에게 정관 및 루프시술을 실시하였다는 보도도 있었다. '희망원생'에게 이루어졌다고 하나 이들이 어떠한 과정으로 동의를 하였는지는 정확히 알기 어렵다.[27]

이와 같이 불임수술은 개인보다는 집단을 위한 기술로 강조되었으며, 개인이 몸을 통제할 수 있는 가능성의 의미보다는 사회적 인구 감소와 우생학적 차원에서 사회경제적 약자, 여성, 장애인, 환자들이 더욱 취약한 개입의 대상이 되었다. 그리고 이들이 이러한 기술 개발 초기의 부작용과 실험적 성격을 더 많이 감수해야 했던 대상이었다는 점도 주목할 필요가 있다.

3. 나가며: 생명의 경제화를 넘어

가족계획 사업 당시 피임과 임신 중단 이슈는 여성의 재생산 권리 이슈보다는 국가 발전의 수단으로 더욱 중요하게 여겨졌다. 가족계획 사업은 인구를 조절하고, 경제성장이라는 가장 중요한 국가적 목표를 이루기 위해 중요한 것으로 여겨졌다. 〈그림 5〉는 가족계획 사업을 홍보하는 포스터로, '생명의 경제화'(Murphy, 2017)를 잘 보여준다. 자녀의 수를 줄이는 것은 국민소득을 증가시키는 경제성장의 수단일 뿐 아니라, 경제성장에 기여하는 생명만이 가치로운 것이라는 인식이 강조된다.

이와 같이 피임은 1960년대 이후 단지 인구증가의 감소뿐 아니라, 가난에

---

26 「김홍신의원 '정신장애 66명 강제 불임수술'」, 《동아일보》, 1999년 8월 19일.
27 「60명이 정관수술 수용소 나환자들」, 《매일경제》, 1966년 6월 11일.

대한 해결책으로 주목을 받았다. 피임이 가난에 대한 "마법의 탄환"으로서 해결책이 된 것은, 근대 과학이 자연을 지배할 수 있으며, 사회적, 정치적, 경제적 문제들의 해결책으로 근대과학을 바라보는 사회적 믿음의 유산으로 볼 수 있다(Hodges, 2008).

1960-70년대는 과학 육성 정책을 본격적으로 실시하고 제도적 인프라가 갖추어지면서 많은 연구 성과가 제출되던 시기이며, 과학기술이 국가 발전을 위

〈그림 5〉 1974년 대한가족계획협회 포스터
(인구보건복지협회 제공)

한 중요한 도구로 여겨지기 시작한 시기이기도 하다(김태호 엮음, 2018; Kim, 2014). 과학기술이 '민족'과 '발전'에 관한 집합적 이해와 연결되어 형성된 과정은 구한말에서 식민지 시기로부터 거슬러 올라갈 수 있지만, '과학입국'과 '기술자립'을 강조한 박정희 정권에서 중요하게 대두되었고, 그 이후 정권이 바뀌었지만 과학기술은 지속적으로 경제성장을 목표로 한 국가 발전을 위한 도구로서 이해되어 왔다(김상현, 2018; Kim, 2014). 이러한 기술발전주의 속에서 취약한 몸들이 연구의 자원이자 정책의 수단으로 도구화되었던 생명경제가 부상했다고 볼 수 있다.

이 연구에서는 재생산적 신체가 피임 기술 등 재생산기술뿐 아니라 생명의료 연구의 자원으로 등장한 가족계획 사업 당시의 사례를 살펴보았다. 살펴본 사례들에서 과학자들은 연구 성과와 특허 등으로 인정을 받았고, 기업들은 이윤을 얻었으며, 한국은 경제개발에 성공한 국가로 부상하게 되었다.

이러한 과정에서 의학 연구와 기술 개발 과정에 노출된 여성들과 사회경제적 약자들은 검증되지 않은 부작용과 폭력을 경험한 피해자이기도 하며, 신기술의 개척자로 몸의 고통을 감수하고 사용 경험을 공유하며 노동을 제공한 기여자들이기도 하다. 그러나 경제성장 담론과 생명의 경제화 속에서 이들의 인권이나 건강, 기여는 비가시화되었다.

특히 실험성 피임 기술이나 불임시술 개발은 인센티브를 활용하며 여성과 사회경제적 취약층 등을 중심으로 적용되었다. 기존에도 사회적으로 소외된 집단에게 임상시험이 이루어진 역사적 사례 등에서 볼 수 있듯, 생물학적으로 이용할 수 있는 자원으로 몸이 인식되고 착취되는 상황은 평등하지 않다. 생명의 경제화 과정에서 피임 기술은 국가 발전을 위한 것으로 개념화되었을 뿐, 여성 자신들을 위한 것이라고 말하기는 어려웠다.

수술대 위에서 각종 약물과 기구의 부작용을 감내한 이들의 행위성을 더 발굴하지 못한 것은 이 글의 한계로, 향후 드러나지 않은 역사에 대한 더 많은 연구가 필요하다. 자신의 몸이 단지 다른 이의 연구 데이터로 대상화될 수 없다는 목소리는 언제나 존재해 왔다. 그러나 이들의 목소리는 역사 자료로 많이 남아 있지 않아, 기존의 기록의 행간 사이에서 이들의 목소리를 읽어야 한다. 기술발전주의적 담론에서는 이러한 문제를 보기 어렵다. 그럼에도 이 논문이 생명의료기술 개발과 재생산을 둘러싼 다양한 논쟁이 중요한 사회적 이슈로 대두되고 있는 현재 상황에서 행위성이 박탈된 사람들로 묘사되는 사람들의 인권과 관련된 논의를 풍부하게 하는 데 기여하기를 바란다.

라마즈 분만법*

- 과학성과 관계성의 조화

민유기 (경희대학교 사학과 교수)

* 민유기, 「베이비붐 시기 프랑스의 라마즈 분만법 확산과 쇠퇴: 의료인문학의 시각」, 『서양사론』 145호, 한국서양사학회, 2020, 43-76쪽을 부분 수정한 글이다.

1. 머리말

그리스 신화에서 아르테미스는 제우스와 레토의 딸이자 아폴로의 쌍둥이 누이이다. 레토가 난산으로 심한 고통을 겪자 아폴로보다 먼저 세상에 나와 어머니의 출산을 도왔고, 어머니처럼 산고를 겪지 않으려고 제우스에게 평생 처녀로 있게 해달라고 부탁했다. 달과 사냥의 여신인 아르테미스가 순결의 여신이자 동시에 출산의 여신인 연유이다. 동서고금을 막론하고 산고는 여성에게 커다란 두려움의 대상이었다.

의학에서 산과는 르네상스기에 과학으로 인식되었는데, 본격적으로 성장한 시기는 산업화와 과학기술 발달로 유럽과 미국 대도시들에 병원 건립이 증가했던 18세기 후반과 19세기 전반이다. 근대 국가에서 출생은 사적인 성격 및 국가와 사회 구성원의 재생산이란 공적인 성격을 동시에 지닌다. 푸코에 의하면 인구 관리는 근대국가의 '통치기술(gouvernementalité)'의 일환이다.[1] 산고를 없애려는 의료계의 노력은 국민국가가 발전해 가던 19세기 중

---

1 Michel Foucault, *Sécurité, territoire, population*, Paris: Gallimard/ Le Seuil, 2004, pp.111-112. Bruce Curtis, "Foucault on Governmentality and Population: The Impossible Discovery", *The Canadian Journal of Sociology/ Cahiers canadiens de sociologie*, vol.27,

반부터 시작된다.[2] 하지만 20세기 전반에도 병원에서 출산하는 여성은 많지 않았다. 이때까지도 임산부는 주로 집에서 출산했고, 프랑스어로 '현명한 여성(sage-femme)'이란 의미를 지닌 조산사와 출산 경험이 있는 친인척 여성들의 도움을 받았다. 느리게 진행되던 '출산의 의료화'는 20세기 중반에 큰 폭으로 증가했다. 제2차 세계대전 이후 새로 구축된 사회보장제도가 병원 출산에 대한 의료보험 혜택을 부여했기 때문이다.[3]

전후 베이비붐 시기에 병원 출산이 확산되면서 인원이 늘어난 산부인과 의사들은 산고의 제거와 완화를 위해 노력했다. 1950년대 초에 프랑스에서 등장해 1960년대까지 널리 적용된 분만법은 당시 '무통분만(accouchement sans douleur)'으로 지칭되었고, 다른 나라에서는 흔히 라마즈 분만법으로 알려졌다. 이 명칭은 소련의 무통분만법을 프랑스에 소개하면서 더욱 체계화한 의사 페르낭 라마즈(Fernand Lamaze, 1891-1957)의 이름을 딴 것이다. 이 분만법은 프랑스공산당의 지지와 후원에 힘입어, 그리고 1950년대 중반부터는 가톨릭교회의 지지까지 받으며 빠르게 확산되었다. 프랑스에서는 1960년대 정점에 도달했는데, 점차 무통 효과에 대한 비판이 제기되면서 1970년대부터 쇠퇴했다. 하지만 전 세계에 보급되어 오늘날에도 많은 나라에서 주요한 분만법으로 활용되고 있다.

라마즈 분만법의 역사를 탐구한 선행연구는 세 범주로 구분할 수 있다.

no.4 (Autum, 2002), pp.505-533.

2 H. Thoumsin et P. Emonts, "Accoucher et naître: de jadis à aujourd'hui", *Revue Médicale de Liège*, vol.62, no.10 (2007), p.621.

3 20세기 초기와 중기 프랑스의 임산부 지원에 다음을 참고하라. Fabrice Cahen, "Le Gouvernement des grossesses en France (1920-1970)", *Revue d'histoire de la protection sociale*, no.7 (2014), pp.34-57.

먼저 연대기적 흐름을 보여주는 연구서가 있다. 프랑스에서 나온 연구서는 라마즈 분만법을 '잊혀진 혁명'이라고 규정하고 산고를 없애려 했던 의료 활동의 문화적 의미를 중시했다. 이 연구서는 의료계, 정계, 언론계 자료들을 주요 사료로 활용했다. 영어권 학자의 저서는 20세기 초 영국의 자연출산, 소련의 무통분만법 및 이의 프랑스에서의 수용, 라마즈 분만법의 세계적 확산을 연대기적으로 서술하는데, 주로 의료의 국제적 상호 영향과 확산을 중시하였다.[4] 두 번째 범주는 정치문화사적 측면에서 라마즈 분만법의 확산을 분석하는 논문들이다. 냉전 초기에 미국보다 소련의 과학기술을 선호하고 지지한 프랑스 좌파 진영이 정치적 의도를 지니고 라마즈 분만법을 선전하고 확산시켰음을 강조하며, 공산당계 언론과 출판물 등을 주요 1차 사료로 활용한다.[5] 마지막으로 여성사/젠더사의 시각에서 여성들의 라마즈 분만법 수용과 점진적인 거부 흐름을 고찰한 연구가 있는데, 비평적 관점에서 정치문화사적 선행연구들과 다른 시각을 제시한다.[6]

이들 선행연구는 라마즈 분만법의 역사적 의미를 다각도로 규명하는 데 도움을 주지만 아쉬운 점도 존재한다. 첫 번째 범주의 저서들은 다양한 사

---

4 Marianne Caron-Leulliez et Jocelyne George, *L'accouchement sans douleur. Histoire d'une révolution oubliée*, Paris: Editions de l'Atelier, 2004. Paula A. Michaels, *Lamaze: An International History*, Oxford University Press, 2014.

5 Marianne Caron-Leulliez, "L'Accouchement Sans Douleur. Un enjeu politique en France pendant la guerre froide", *Canadian Bulletin of Medical History/ Bulletin canadien d'histoire de la médecine* (이하 *CBMH*), vol.23, no.1 (Spring 2006), pp.69-88. Paula A. Michaels, "Comrades in the Labor Room: The Lamaze Method of Childbirth Preparation and France's Cold War Home Front, 1951-1957", *The American Historical Review*, vol.115, no.4 (October 2010), pp.1031-1060.

6 Marilène Vuille, "L'Invention de l'Accouchement sans douleur, France 1950-1980", *Travail, genre et sociétés*, 34-2 (2015), pp.39-56.

회 세력이 라마즈 분만법의 성장과 쇠퇴에 어떤 영향을 미쳤는지를 입체적으로 분석하지 않는다. 두 번째 범주의 연구들은 좌파가 1950년대 라마즈 분만법을 확산시킨 동기와 과정은 잘 보여주지만 이후 쇠락의 원인과 과정은 잘 다루지 않는다. 세 번째 범주의 연구는 라마즈 분만법에 대한 여성들의 인식 변화를 보여주지만, 이 분만법에 다양한 이해관계가 얽혀 있는 여러 사회집단 간의 상호적 영향력과 관계성 분석이 미비하다.

이러한 연구사적 맥락에서 이 글에서는 20세기 중반 프랑스에서 무통분만이란 이름으로 등장한 라마즈 분만법의 성장과 쇠퇴에 의료계, 정치계, 가톨릭교회, 여성주의 진영과 임산부 등 다양한 행위 주체들이 어떤 상호적 영향을 미쳤는가와 라마즈 분만법의 성장과 쇠퇴 원인이 보여주는 역사적 의미가 무엇인지를 규명하고자 한다. 이를 위해 기존 연구에서 크게 주목하지 않았거나 주요 분석 대상이 아니었던 의료계 간행물 사료와 산모들의 증언을 중요 사료로 삼는다.

19세기와 20세기 전반기 프랑스의 인구 정체와 저출산은 다른 나라와 비교해 특이한 현상이었기에, 출산과 인구 문제는 프랑스 현대사를 이해하는 주요 프리즘 가운데 하나이다. 라마즈 분만법의 성장과 쇠퇴를 고찰하는 것은 단순히 의술의 변천사를 살펴보는 것에 그치지 않고, 20세기 중반 프랑스의 다양한 사회집단이 출산 문제를 어떻게 인식했는지를 파악하게 해 준다. 아울러 라마즈 분만법의 역사는 의료인문학적 성찰을 가능하게 한다. 과학성을 기초로 하는 의료가 전문화될수록 의료를 매개로 한 사회적 관계성에 대한 고민은 줄어드는 경향이 있다. 이런 상황에서 새로 대두된 의료인문학은 '의료의 인간화'를 추구하는 인문학적 시각의 의료 연구를 지향하며, 라마즈 분만법은 출산을 매개로 한 과학성과 사회적 관계성의 문제를 잘 보여준다.

2. 출산의 의료화와 무통분만

의료적 무통분만에 관한 최초의 기록은 19세기 중반 에테르(éther), 클로로포름(chloroforme), 아편, 모르핀 등의 흡입 마취를 활용한 분만 기록들이다. 산고를 느끼지 못하게 해 준 약물흡입 마취분만은 '19세기 산과혁명'으로 간주되기도 했다.[7] 이런 변화의 시작은 1847년 1월 스코틀랜드 의사 심슨(James Y. Simpson)이 골반이 변형된 산모의 출산에 진통제로 사용되던 디에틸에테르를 사용하면서부터였다. 하지만 산통 제거에 많은 양이 필요했던 역한 냄새의 에테르는 폐에 나쁜 영향을 미쳤다. 심슨은 에테르의 대안을 찾다가 클로로포름을 사용한 마취 분만에 성공했다.[8]

그런데 마취분만은 안전 문제가 아니라 원죄 때문에 산고를 겪어야 한다는 종교적 믿음에 따라 널리 사용되지 못했다. 영국에서는 1853년 4월 빅토리아 여왕이 여덟 번째 자녀인 레오폴드 왕자를 출산하며 클로로포름 흡입 마취를 한 것이 알려진 이후에야 상류층에서 마취분만이 확산되었다.[9] 국교회 수장인 여왕이 무통분만을 했으니 적어도 국교회 내에서 종교적 고정관념은 약해질 수밖에 없었다. 반면에 에스파냐 귀족으로 1853년 프랑스 제2

---

7 Nathalie Meyer, *Prise en charge de la douleur de l'accouchement: approche historique*, Thèse d'exercice en Médecine, Université de Strasbourg I, 1997, p.147.
8 티나 캐시디, 『출산, 그 놀라운 역사』, 최세문 외 옮김, 후마니타스, 2015, 156-157쪽, 161쪽, 166쪽.
9 여왕의 마취를 담당한 의사는 1년 뒤인 1854년 콜레라가 수인성 전염병임을 밝혀 근대도시의 공중보건 발전에 크게 기여한 스노우(John Snow)였다.

제국의 나폴레옹 3세와 결혼해 황후가 된 위제니(Eugénie)는 충실한 가톨릭 신자였고, 3년 뒤 황태자를 낳을 때 마취분만을 거부했다.[10] 독일에서는 20세기 초에 모르핀과 건만증을 유발하는 약물을 사용해 반(半)마취 상태에서 출산하는 '트와일라잇 슬립(Twilight sleep)' 분만이 등장했고, 의사 비에르(August Bier)는 코카인을 사용해 경막외 마취법을 개발했다.[11] 하지만 다양한 약물흡입 마취분만은 산모나 신생아의 호흡곤란 같은 부작용 때문에 산고를 없애는 이상적인 해결책이 아니었다.

프랑스에서는 약물흡입 마취 대신 최면에 의한 무통분만이 19세기 말부터 20세기 전반까지 파리와 낭시의 산부인과 병원에서 사용되었다. 최면은 19세기 말에 과학으로 인정받으며 의료에도 적용되기 시작했고, 그 중심은 파리 살페트리에르(Salpêtrière) 병원이었다.[12] 최면 무통분만은 사전 최면 교육으로 산모에 심리적 안정을 주고 분만할 때 최면에 쉽게 빠지게 해 통증을 느끼지 못하게 하는 것이었다. 1899년 한 의사는 산모가 자궁 수축을 느끼지 않도록 해 주는 "전혀 고통스럽지 않은" 최면 분만을 통해 산통을 극복할 수 있다고 주장했다.[13] 하지만 분만 과정에서 산모가 최면에서 깨어나는

---

10 Nathalie Meyer, *Prise en charge*, p.143.
11 티나 캐시디, 『출산, 그 놀라운 역사』, 170쪽, 175쪽, 184쪽.
12 1882년에 유럽 최초로 이 병원에 샤르코(Jean-Martin Charcot)를 책임자로 하는 신경과가 설치되었고, 의료에 최면술이 적용되었다. 샤르코는 최면술을 활용한 히스테리 연구를 통해 히스테리가 신경계의 유전적 특징에 의한 신경질환이 아니라 심리적 질환이라는 결론을 내렸다. 그는 정신적 외상에 의한 남성 히스테리 사례를 제시해 남성에서 히스테리가 발견되지 않는다는 당대의 의학적 지식을 반박했고, 외상에서 비롯된 신경학적 증상을 이해할 수 있는 길을 열었다. 살페트리에르 병원과 샤르코의 신경질환 연구는 다음을 참고하라. Jean Thuillier, *Monsieur Charcot de la Salpêtrière*, Paris: Laffont, 1993.
13 Nathalie Meyer, *Prise en charge*, p.144.

등 사람마다 최면을 받아들이는 정도의 차이가 컸고, 최면술 전문가가 극소수였기에 최면 무통분만은 확대 보급되는 데 어려움이 있었다.

제2차 세계대전 이후 베이비붐은 전쟁터에서 돌아온 젊은 남성들이 새로운 세상에 대한 희망과 기대감으로 결혼을 하고 가정을 꾸리면서 나타났다. 전후 복구사업으로 경제가 빠르게 성장하고 사회보장제도가 구축된 것도 주요 요인이었다. 전쟁이 시작된 1939년 61만6천2백여 명이던 프랑스의 한 해 출생아 수는 전쟁 초기 60만 명 미만으로 줄어들었다가 1943년부터 다시 60만 명을 조금 넘겼는데, 1946년에는 84만4천1백여 명이 태어났고 이후 1960년대 중반까지 매년 80만 명 이상이 태어났다.[14]

프랑스에서 의사는 1938년에 2만9천여 명에 불과했으나, 1960년에 4만5천여 명, 1980년에 11만5천여 명, 1990년에 15만여 명으로 20세기 중반에 대폭 증가했다.[15] 사회보장제도가 임신과 출산에 대한 공적 지원을 확대하자 여성들은 병원으로 향했다.[16] 의사의 검진에 의한 임신 확인과 주기적 건강 검진에 익숙해지며 임산부들은 익숙한 집 대신 병원 출산을 선호하기 시작했다. 병원 출산은 1952년에 전체 출산의 53.2퍼센트였는데 1962년 85.5퍼센트, 1974년 98.5퍼센트로 증가했다.[17] 베이비붐 시기 산부인과 의사들은 가능한 모든 방법을 통해 산고를 해소할 방법을 모색했다. 1946년 산부

14 Jacques Dupâquier et als, *Histoire de la population française: v.4. De 1914 à nos jours,* Paris: PUF, 1988, p.290.

15 Marc Olivier Baruch, dir., *Une poignée de misérables*, Paris: Fayard, 2003, p.350. Béatrice Vergez, *Le monde des médecins au XXᵉ siècle*, Paris: Complexe, 1996, p.164.

16 Yvonne Knibiehler, *Accoucher, femmes, sages-femmes, médecins depuis le milieu du XXᵉ siècle*, Rennes: Editions de l'ENSP, 2007, p.26.

17 Yvonne Knibiehler, *La révolution maternelle depuis 1945*, Paris: Perrin, 1997, p.59.

인과 학술지는 같은 해 개최된 프랑스어권 산부인과학회 학술대회 발표 논문들을 게재했다. 이 학술지는 산통 제거 시도들에 관한 논문들을 포함하였다.[18] 산통 해소를 위한 의료적 처치는 약물흡입 마취, 최면, 경막외 마취 주사였다. 전후 미국에서는 경막외 마취 주사가 확산되어 1946년에 만여 명이나 사용했지만, 프랑스 의사들은 비용과 안전성의 이유로 예외적인 경우에만 사용했다.[19] 1940년대 말에는 자연출산, 1950년대 초에는 소련의 정신생리학적 무통분만법이 프랑스에 소개되었다.

영국 의사 딕-리드(Grantly Dick-Read)는 1933년에 『자연출산(*Natural Childbirth*)』을 출간해 약물흡입 마취 분만의 육체적 정신적 부작용을 비판하며 의료적 지원 없는 출산을 강조했다. 그는 군의관으로 근무할 때 인도 군인에게 요가와 이완 요법을 배웠는데, 이를 적용하고 산모가 진통을 자연스러운 것으로 받아들이면 통증이 사라질 것이라고 믿었다.[20] 『자연출산』은 영국에서조차 주목을 받지 못했다. 그러나 1944년에 새로 출판된 『두려움 없는 출산(*Childbirth without Fear*)』이 영국과 미국에서 베스트셀러가 되면서 프랑스의 일부 산부인과 의사들에게도 소개되었다.[21] 딕-리드는 1947년 파

---

18 J. Snoeck et M. Rocmans, "L'analgésie obstétricale", *Gynécologie et Obstétrique* (이하 *Gyn. Obs.*), t.45, no.4 (1946), pp.257-287. J. Gosselin, "La conduite de l'accoucheur. Analgésie et anesthésies exceptées", *Gyn. Obs.*, t.45, no.4 (1946), pp.292-298.

19 F. Lepage et Y. Gueguen, "Anesthésie épidurale continue. Une nouvelle méthode d'anesthésie obstétricale", *Revue Française de Gynécologie et d'Obstétrique* (octobre 1946), p.328.

20 티나 캐시디, 『출산, 그 놀라운 역사』, 268쪽.

21 Grantly Dick-Read, *Childbirth without Fear*, London: Harper, 1944; Jean-Marc Vaillant, trs., *L'accouchement sans douleur: les principes et la pratique de l'accouchement naturel*, Paris: Editions Colbert, 1953.

리의 한 산부인과 병원 초청으로 자연출산 강연을 했고, 그 내용은 1949년에 대중적 의료 잡지에 소개되었다.[22] 1951년에는 자연출산 소개 책이 프랑스에서 출판되었고,[23] 『두려움 없는 출산』의 프랑스어 번역본은 '무통분만'이란 제목으로 1953년에 출간되었다.

자연출산은 출산의 의료화로 인해 임신과 출산을 병리학적 시각에서 인식하는 것에 반대했다. 딕-리드는 분만에 대한 두려움을 자신감으로, 긴장을 이완으로, 통증을 통증 완화로 대치하자고 주장하는데, 난산인 경우에는 마취의 필요성도 인정한다.[24] 그는 분만을 신의 섭리에 의한 자연적 기능으로 인식하면 배변처럼 고통스럽지 않은 것인데도, 분만의 공포가 긴장을 낳고 이로 인해 통증이 생기고 다시 공포가 배가되어 심한 산고가 발생한다고 파악했다. 따라서 산모가 출산을 행복한 것으로 인식하며 심리적 공포를 갖지 않도록 심리적 활동과 근육 이완 연습이라는 물리적 활동을 결합한 출산 준비를 중시했다.[25]

전후 소련에서는 신경정신과와 산부인과 의사들이 파블로프(Ivan P. Pavlov, 1849-1936)의 조건반사 개념을 활용해 정신생리학(Pschophysiology) 혹은 정신예방(psychoprophylaxie) 무통분만법을 탄생시켰다. 1904년 러시아 최초의 노벨 의학생리학상 수상자이자 '파블로프의 개' 실험으로[26] 유명세

22 Robert Merger & Pierre-André Chadeyron, *L'accouchement sans douleur* (이하 *L'ASD*), Paris: PUF, 1964, p.46. Grantly Dick-Read, "La physiologie du travail normal", *Le Progrès médical*, no.15-16 (Août 1949), pp.347-351.

23 Fernande Harlin, *Préparez-vous à une heureuse maternité*, Paris: Denoël, 1951.

24 Grantly Dick-Read, "La suppression de la douleur de l'accouchement", *Gyn. Obs.*, t.57, no.5 (1958), p.548.

25 Robert Merger et Pierre-André Chadeyron, *L'ASD*, pp.49-50.

26 파블로프 실험에서 개는 음식을 보면 생리학적 반사로 침을 흘렸는데, 개 앞에 음식을 놓

를 얻은 파블로프는 조건 형성 과정을 통해 행동의 수정이 가능하다고 주장했다. 조건 형성 과정이란 평소에 특정한 반응을 이끌어내지 못했던 자극인 중성자극(Neutral Stimulus)이 무조건반응과 결합하는 과정인데, 조건형성이 이루어지면 조건자극(Conditioned Stimulus)이 조건반응을 이끌어낸다.[27]

소련의 한 여의사는 1912년에 "산고가 새로운 조건반사에 의해서 사라질 수 있을 것"이라고 주장했다.[28] 하지만 정신생리학의 주요 개념은 1940년대 소련 의사 벨보프스키(I. Z. Velvovski)가 출산 준비과정에서 심리적 활동의 중요성을 강조하며 널리 사용되기 시작했다. 그리고 니콜라예프(A. P. Nikolaev)는 분만 통증이 대뇌피질의 신경세포와 관련이 있음을 연구하여 분만의 통증자극에 대한 부정반사를 의식적 이완으로 제거하는 정신생리학 무통분만법을 정립했다.[29] 소련에서 이 분만법에 따른 출산은 1953년에 30만여 명에 달했고, 1949년 도시 전체 산모의 17.7퍼센트에서 1954년 55.6퍼센트로, 같은 기간 농촌 전체 산모 3.6퍼센트에서 36.7퍼센트로 빠르게 증가했다.[30]

을 때 종 울리기를 반복하자 개는 음식 없이 종만 울려도 침을 흘리게 되었다. 개의 발바닥 전기충격 실험에서는, 전기충격에 대한 방어반사로 고통을 느끼며 도망가려던 개에게 며칠 전기충격을 가하며 음식을 함께 주었더니, 얼마 지나지 않아 방어반사 작용이 약해지고 전기충격에 침을 흘리게 되었다.

27 I. P. Pavlov, *Conditioned Reflexes: An Investigation of the Physiological Activity of the Cerebral Cortex*. Trans., G. V. Anrep, Oxford University Press, 1927, p.142.
28 Hilaire Cuny, *Ivan Pavlov et les reflexes conditionnés*, Paris: Seghers, 1962, p.139.
29 Robert Merger et Pierre-André Chadeyron, *L'ASD*, p.60.
30 Henri Vermorel, *Les douleurs de l'accouchement et la psychoprophylaxie à la lumière de l'enseignement physiologique de Pavlov*, Thèse de médecine, Université de Lyon, 1955, p.22. Léon Chertok, *Les méthodes psychosomatiques d'accouchement sans douleur: Histoire, théorie, pratique*, Paris: L'Expansion scientifique française, 1957, p.161.

3. 프랑스의 소련 무통분만법 도입

소련의 무통분만법이 프랑스에 처음 소개된 것은 1950년에 출간된 프랑스어권 산부인과학회 학술지를 통해서였으나,[31] 라마즈가 1951년에 이를 본격적으로 소개하고 발전시켰다. 프랑스 동부 보즈(Vosges) 도의 소도시에서 교사 부부의 아들로 태어난 라마즈는 낭시대학 의예과를 거쳐 파리대학 의대를 졸업했는데, 낭시대학 시절부터 같은 대학 의대교수로 통증, 혈관 수술, 교감신경의 권위자였던 저명한 외과 의사 르리슈(René Leriche)에게 영향을 받아 통증 문제에 관심을 가졌다.[32] 라마즈는 나치 강점기에 프랑스공산당 계열의 레지스탕스 조직 중 하나인 전국의사위원회(Comité national des médecins)에 참여했다. 이때 의사이자 공산당원으로 파리 교외에서 노동자 건강 증진을 위한 보건소 건립 활동을 전개했고 1936년 에스파냐 내전에서 국제여단 의용군의 의무지원팀을 조직한 루케스(Pierre Rouquès)를 만났다.[33] 루케스는 1947년에 파리 11구의 블루에(Bluets)병원 책임자가 되자 산부인과를 개설해 라마즈를 과장으로 임명했다. 꽃 이름에서 유래한 거리 이름을 딴 이 병원은 인민전선 정부 시기인 1937년에 공산당 계열의 노동총동맹(CGT) 금속노조가 건립한 보건소를 기원으로 하는 소규모 병원이었는데, 1945년부터 사회보장제도에 의해 국가의 재정 지원을 받으며 규모가 확대

---

31 H. Zaidman, "Compte rendu d'un article de A.P. Nicolaeff ("L'accouchement sans douleur", in Obs. Gyn., Moscou, no. 6, 1949)", *Bulletin de la Fédération des Sociétés de Gynécologie et d'Obstétrique de langue française* (이하 *BFSGO*), t.2, no.4 (1950), pp.611-612.

32 Marianne Caron-Leulliez et Jocelyne George, *L'accouchement*, p.23.

33 *Ibid.*, p.26.

되었다.[34]

라마즈는 1951년 8월 중순 소련 의료계 탐방 여행을 떠나 9월 4일 레닌그라드 병원에서 니콜라예프의 무통분만 순간을 목격했다. 프랑스로 돌아온 후 라마즈는 주변에 소련의 정신생리학 무통분만을 '진정한 혁명', 여성의 산고를 없애줄 '빛의 근원'으로 홍보했다.[35] 그는 파블로프와 벨보프스키의 과학적 성과를 탐구하면서 블루에병원의 산모들에게 이 분만법을 적용했으며, 1952년 2월 블루에병원에서 프랑스의 첫 무통분만에 성공하였다. 라마즈는 공산당원은 아니었으나 공산당 지지자였고 공산당이 조직적으로 참여한 평화운동전국위원회(Conseil national du Mouvement de la Paix) 회원이었다. 라마즈와 그의 젊은 보조 의사 벨레(Pierre Vellay)는 1952년 2월에 이 단체의 간행물에 소련의 무통분만법을 "합리적이고 위험성 없는 분만"으로 소개했다. 같은 잡지에 글을 실은 벨보프스키는 "여성이 남성과 동등한 권리를 지니고 국가와 사회의 배려와 존중을 받는 나라, 사회의 이상이 전쟁과 파괴가 아니라 평화와 문명인 나라, 과학이 반(反)계몽이 아니라 인류에 복무하는 나라"에서 무통분만이 가능하다며 소련을 찬양했다.[36]

라마즈와 벨레는 이후 다양한 의료 잡지에 무통분만법과 블루에병원의 임상 사례를 소개했다. 1952년 4월에 한 의료 잡지에 무통분만법을 소개했

---

34 현재 피에르 루케스 병원(Hôpital Pierre Rouquès)과 블루에 산부인과병원(Maternité des Bluets)이라는 두 개의 명칭을 사용한다.

35 Pierre Vellay et Aline Vellay, *Témoignages sur l'accouchement sans douleur par la méthode psychoprophylactique*, Paris: Seuil, 1956, pp.19-20.

36 Fernand Lamaze et Pierre Vellay, "L'accouchement sans douleur en Union Soviétique", *Défense de la Paix*, no.9 (Février 1952), p.51. I. Z. Velvovski, "Pour une maternité heureuse", *Défense de la Paix*, no.9 (Février 1952), p.57.

고, 12월에는 500명의 임산부에 대한 첫해 무통분만 성과를 발표했다. 계속해서 1953년 6월에 산모 1,100명의 무통분만 사례를, 1954년 1월에는 1,863명의 무통분만 사례를 발표했다.[37] 블루에병원의 사례가 알려지면서 무통분만이란 용어가 프랑스 의료계에서 널리 사용되기 시작했다.[38]

라마즈는 1956년에 출판한 무통분만 원리와 실제에 관한 책에서 정신예방법을 미래의 새로운 상황을 받아들이도록 합리적 경험을 통해 산모의 뇌를 훈련하는 것으로 소개했다. 분만 과정에서 자궁 수축 자체가 고통을 발생시키는 것이 아니라 자궁이 보내는 신호를 뇌가 잘못 해석해 고통을 느끼게 하므로, 뇌가 고통을 인식하지 않도록 만들면 무통분만이 가능하다는 것이다.[39] 따라서 '무지에 의한 위험성 인식-수동성-복종-통증'의 과정을 '과학적 인식-능동성-해방-무통'의 과정으로 대체할 수 있다며, 임신과 출산 교육으로 산모의 과학적 인식과 능동성을 키우면 무통분만이 가능하다고 강조

37 Fernand Lamaze et Pierre Vellay, "L'accouchement sans douleur", *Semaine Médicale,* supplément à *La Semaine des Hôpitaux de Paris*, no.15 (18 Avril 1952), p.301. Fernand Lamaze et Pierre Vellay, "L'accouchement sans douleur par la méthode psychoprophylactique. Premiers résultats portant sur 500 cas", *Gazette Médicale de France*, no.23 (Décembre 1952), p.1445. Fernand Lamaze, "L'accouchement sans douleur par la méthode de Pavlov", *Le Concours Médical*, no.24 (13 Juin 1953), p.2163. F. Lamaze, P. Vellay, Roger Hersilie, René Angelergues, A. Bourrel et les sages femmes, "Expérience pratique à la maternité du centre Pierre Rouquès sur la méthode d'ASD par psychoprophylaxie", *Bulletin de l'Académie nationale de médecine* (이하 *BANM*) (26 Janvier 1954), pp.52-58.
38 Pierre Muller, "L'accouchement sans douleur", *BFSGO*, no.4 (1954), p.525.
39 Fernand Lamaze, *Qu'est-ce que l'accouchement sans douleur par la méthode psychoprophylactique. Ses principes, sa réalisation, ses résultats,* Paris: La Farandole, 1956, pp.50-51.

했다.[40]

이미 자연출산에 관심을 보이던 이들은 소련에서 도입한 무통분만이 딕-리드의 자연출산과 크게 다르지 않다고 생각했다. 특히 냉전의 분위기에서 소련에 거부감을 가진 이들은 영국의 자연출산이 소련에서 정신생리학 기술로 수용되었다고 주장했다. 반대로 라마즈는 소련의 무통분만을 프랑스에 소개하면서 딕-리드가 세계적으로 과학적 성취가 알려진 파블로프에게 영감을 받은 것이라고 주장했고, 이후에도 여러 차례 같은 주장을 했다. 라마즈는 진정한 무통분만은 자연출산이 아니라 파블로프의 물질주의적 생리학적 경험적 기능에 기반을 둔 정신예방 분만법이라고 강조했다.[41]

소련의 정신예방 무통분만법이 자연출산법에 비해 과학적이라는 주장은 자연출산 주창자가 출산 자체를 신의 섭리로 파악하기 때문이었다.[42] 출산에 종교가 아닌 과학과 인간의 의지가 작동해야 한다고 믿은 라마즈는 자연출산이 생리학의 과학성에 기반을 둔 것이 아니라 개인적 경험에 기반을 두고 있다고 비판했고, 정신예방 무통분만법은 파블로프뿐 아니라 19세기 중반 프랑스의 저명 생리학자로 실험의학의 창시자인 베르나르(Claude Bernard)가[43] 중시한 '관찰-가설-실험을 통한 증명'에 충실한 실험의학에 기

---

40 *Ibid.*, p.112.

41 Fernand Lamaze et Pierre Vellay, "Union Soviétique", p.51. F. Lamaze, P. Vellay, Roger Hersilie, René Angelergues, A. Bourrel et les sages femmes, "Expérience", p.53. Fernand Lamaze, *Qu'est-ce que l'accouchement*, p.14.

42 R. Angelergues, "Quelques critiques sur les conceptions théoriques et la pratique de Read dans l'accouchement sans douleur", *Bulletin du Cercle Bernard*, no.8 (Février 1954), p.6.

43 19세기 중반 프랑스 의과학계의 대표적 인물인 베르나르는 내분비라는 용어를 창안한 생리학자이자 의사로 1865년에 출간된 『실험의학 서설(*Introduction à l'étude de la médecine expérimentale*)』이 대표 저작이다. 베르나르에 대한 의료사 연구는 다음을 참

반을 두고 있다고 주장했다.[44]

라마즈와 벨레는 산고는 피할 수 없다고 간주하면서 이를 완화하는 데 만족하는 것이 아니라 통증의 원인을 과학적으로 규명하여 이를 의지적으로 해소하는 것이 정신예방 무통분만법이라며 과학성을 전면에 내세우면서 이를 선전했다.[45] 그들은 경막외 마취 주사가 통증을 완화하는 것에 불과하다며 과소평가했다. 파블로프에 의거해 "통증은 새로운 조건 창조를 통해 제거 가능"하며, 따라서 약물의 도움 없이 안전하게 그리고 합리적인 물리적 심리적 교육을 통해서 무통분만이 가능하다는 것이었다.[46] 이 같은 입장에서 마취 주사를 널리 사용하고 있던 동시대 미국의 산부인과 의사들을 "탈인격화된 로봇과 같은 의사"라고 폄하하기도 했고, 경막외 마취 주사는 산모의 "자유에 대한 화학적 정복"이자 "인간적 노력의 무화"와 마찬가지라고 비판했다.[47]

프랑스 의학계는 자연출산과 무통분만 모두에 학술적 차원에서 관심을 기울였다. 프랑스 의학학술원 회보는 1954년 1월에 라마즈가 동료의사 및 조산사 공동의 이름으로 블루에병원의 무통분만 임상사례를 분석한 결과

고하라. Alain Prochiantz. *Claude Bernard: la révolution physiologique*, Paris: PUF, 1990.

44 F. Lamaze, P. Vellay, Roger Hersilie, René Angelergues, A. Bourrel et les sages femmes, "Expérience", p.53.

45 Fernand Lamaze, *Qu'est-ce que l'accouchement*, p.37.

46 Fernand Lamaze, "Avant-propos", *Revue de la Nouvelle Médecine* (이하 *RNM*), no.3 (Mai 1954), pp.5-6. F. Lamaze, P. Vellay, Roger Hersilie, René Angelergues, A. Bourrel et les sages femmes, "Expérience", p.53.

47 Fernand Lamaze et Pierre Vellay, "Considérations sur l'accouchement sans douleur par la méthode psycho-physique", *RNM*, no.1 (Juin 1953), p.72. Pierre Vellay et Aline Vellay, *Témoignages*, p.20, p.5.

를 게재했고, 5월에는 딕-리드의 자연출산 초청강연 원고도 게재했다.[48] 영국에서 온 자연출산과 소련에서 도입된 정신예방 무통분만 간의 대결은 금세 정신예방 무통분만의 승리로 끝났다. 냉전적 사고에서 소련에서 도입되었다는 이유로 무통분만을 꺼려하던 이들의 규모나 영향력은 적었다. "철의 장막 너머에서 유래했을지라도 과학은 국경이 없기에" 거부되어서는 안 된다는 주장이 소련 유래에 대해 반감을 갖던 이들을 설득하는 논리였다.[49] 의료 현장의 산부인과 의사들 다수는 산고 없는 출산에 대한 라마즈의 홍보가 과장된 것이라고 생각했고, 의사협회 파리지회는 1954년 봄에 라마즈와 벨레에게 과장 의료 선전 경고 처분을 내리기도 했다.[50] 그럼에도 불구하고 무통분만을 선호하는 산모들은 빠르게 증가했다.

4. 라마즈 분만법의 확산: 진보와 보수의 협력

라마즈 분만법의 빠른 확산은 냉전 초기 프랑스공산당의 정치적 선전의 성공으로 평가된다.[51] 1951년과 1952년 프랑스에 처음 소련의 무통분만법이 소개될 때 공산당 계열 일간지들만 관련 보도를 했다.[52] 공산당원인 의사는 극히 소수였으나 레지스탕스에 헌신한 공산당에 대한 전후의 정치적 사

---

48 F. Lamaze, P. Vellay, Roger Hersilie, René Angelergues, A. Bourrel et les sages femmes, "Expérience", pp.52-58. G. D. Read, "L'accouchement naturel", *BANM* (25 Mai 1954), pp.263-267.

49 Emilien Mourgues, *D'Ogino à Pavlov*, Paris: Nouvelles éditions Debresse, 1956, p.141.

50 Pierre Vellay, *Un homme libre*, Paris: Grasset, 1985, p.40.

51 Marianne Caron-Leulliez, "Un enjeu politique", p.86.

52 *Libération* (12 Septembre 1951; 5 et 6 Décembre 1952), *L'Humanité* (6 Décembre 1952).

회적 신뢰 속에서[53] 공산당을 지지하는 의사들은 상당했다. 게다가 보수적인 대부분 의사가 무통분만법에 무관심하거나 의사협회처럼 비판적이었던 것과 달리 공산당을 지지하는 의사들은 적극적으로 무통분만을 선전했다. 공산당 지지 의사들이 1953년 6월에 창간한 새로운 대중적 의료 잡지 창간호는 "변증법적 유물론에 기초한 파블로프 학파"의 과학성을 옹호하고 전파하여, "의과학을 후퇴하게 할 수 있는 비합리적 독트린이자 미국의 수출품인 정신신체의학(psychosomatique)"의 프랑스로의 침투에 대항하자고 주장한다.[54] 이 의료 잡지는 창간 후 3년 동안 라마즈의 글 7편을 포함해 무통분만 관련 17개의 글을 게재했다.[55]

무통분만의 확산을 통해 공산당 지지자들은 자본주의 사회를 극복할 새

53 프랑스공산당은 제4공화국에서 치러진 세 차례 총선에서 모두 가장 많은 득표를 했다. 1946년 총선에서 10퍼센트 이상 득표한 정당들은 공산당의 28.6퍼센트, 민중공화운동 26.3퍼센트, 사회당 17.9퍼센트, 자유공화당 12.9퍼센트, 급진공화당 12.4퍼센트였다. 1951년 총선에서는 공산당 25.9퍼센트, 드골파 21.7퍼센트, 사회당 14.5퍼센트, 민중공화운동 12.5퍼센트, 급진공화당 10퍼센트였다. 1956년 총선에서는 공산당 25.6퍼센트, 사회당 14.9퍼센트, 농민사회행동 14.5퍼센트, 급진공화당 13.4퍼센트, 푸자드운동 11.5퍼센트, 민중공화운동 11.1퍼센트였다. 민유기, 「68혁명 전후 프랑스 좌파연합과 공동정부프로그램」, 『서양사론』 109호, 한국서양사학회, 2011, 175쪽.
54 "Editorial", *RNM*, no.1 (Juin 1953), p.6.
55 라마즈의 글 7편은 다음과 같다. Fernand Lamaze, "Avant-propos", *RNM*, no.3 (Mai 1954). Fernand Lamaze, "Les maternités soviétiques et l'accouchement sans douleur", *RNM*, no.5 (Mai 1955). Fernand Lamaze, "La suppression de la douleur liée à la contraction de l'utérus en travail", *RNM*, no.7 (Juin 1956). Fernand Lamaze et Pierre Vellay, "Considérations sur l'accouchement sans douleur par la méthode psychophysique", *RNM*, no.1 (Juin 1953). F. Lamaze et P. Vellay, "Considérations sur la technique de l'accouchement sans douleur", *RNM*, no.3 (Mai 1954). F. Lamaze, P. Vellay et H. Hersilie, "Essai d'interprétation des causes d'échecs", *RNM*, no.3 (Mai 1954). F. Lamaze, P. Vellay et H. Hersilie, "Réponses à quelques questions", *RNM*, no.3 (Mai 1954).

로운 사회 조건을 창출하기를 원했다. 출산 과정에서 고통을 느끼지 않는 새로운 조건 형성을 경험한 여성들은 고통스러운 자본주의 사회를 대체할 새로운 사회의 형성을 위한 투쟁에 적극적으로 나설 것으로 전망되었다.[56] 출산은 단순한 재생산의 문제에 국한되지 않고 개인의 의식과 행동 변화를 추동해 낼 수 있는 정치화의 이상적 영역으로 중시되었으며, 무통분만은 "전위 과학, 인민의 과학, 20세기 휴머니즘의 과학, 공산주의 건설의 과학"으로 칭송되었다.[57] 공산당과 직간접적으로 연계된 사회비평 잡지들은 무통분만 관련 글을 자주 게재했는데, 이는 의료의 과학성을 사회적 과학성으로 연계시키려 했기 때문이다.

레지스탕스 여성위원회를 모태로 하여 1944년 12월에 프랑스공산당 주도로 창립된 프랑스여성동맹(Union des femmes françaises) 역시 무통분만을 적극적으로 홍보했다. 이 단체는 1955년에 관련 소책자를 출간해 "과학의 성과가 인간의 행복에 봉사하도록" 무통분만을 확산시키자고 선전했다.[58] 이 단체의 적극적 활동가였던 지식인이자 작가 콜레트 장송(Colette Jeanson)은 무통분만의 이론과 실제를 다룬 저서에서 "굴종적인 여성이 아닌 완전히 의식적인 여성"은 "전투와도 같은 출산에서 해방"될 수 있다며 무통분만을 선전했다.[59] 무통분만을 지지한 의사들 역시 출산에서 여성의 능동적 역할

---

56 René Angelergues, "Naissance et disparition de la douleur", *La Pensée,* no.60 (Mars-Avril 1955), p.65.

57 Etienne-Emile Baulieu, "L'accouchement sans douleur a des bases scientifiques", *La Nouvelle Critique*, no.44 (Février 1953), p.139.

58 UFF, *Comment vous préparez à accoucher sans douleur par la méthode psychoprophylactique*, Paris, 1955, p.6.

59 Colette Jeanson, *Principes et pratique de l'accouchement sans douleur*, Paris: Seuil, 1954, p.75.

을 강조했다. 이들은 산고를 없애는 마취가 뇌 활동에 영향을 주어 출산 과정에서 산모를 수동적으로 만들고, 임산부가 아이의 첫 울음소리를 들으며 느낄 생의 가장 아름다운 순간의 감정을 느끼지 못하게 하며, 태아에게 안 좋은 영향을 미칠 수 있다고 판단했다.[60] 이와는 달리 무통분만은 임산부를 "스스로 신경계를 지휘하는 능동적 여성"으로 만들어 출산의 진정한 주체가 되게 한다고 강조했다.[61]

라마즈는 블루에병원에서 소련의 정신생리학 무통분만을 적용하면서 출산에 대한 두려움을 없애주는 연상, 근육의 피로를 줄여주는 이완, 산소를 체내에 충분히 공급하는 호흡 훈련을 더욱 체계화했다. 특히 호흡법이 중시되었는데, 출산의 리듬에 따라 다르게 설정된 리듬 호흡법은 산모와 태아에 충분한 산소를 공급하는 것은 물론이고, 근육 및 체내 조직의 이완을 돕고, 진통에 집중된 산모의 관심을 분산시키는 여러 효과를 낳았다.

프랑스공산당이 라마즈 분만법을 선전한 이유들 가운데 하나는 출산 준비 훈련 과정에서 산모와 가족 그리고 의료진이 형성하는 "변증법적 인간관계"가 사회적 공동체적 의식을 증대시켜 새로운 사회주의적 인간성을 고양한다는 기대 때문이었다.[62] 출산과 관련되는 의료진에는 의사와 간호사 외에 조산사도 포함되었다. 출산의 의료화가 진행되면서, "과학의 진보가 의학에 적용되면서 출산이 점점 조산사에게서 멀어져" 간다며 조산사들은

---

60 Lola Tranec, *Sans douleur, l'accouchement physiologique*, Paris: Editions sociales française, 1958, p.96.
61 H. Vermelin, "Le problème actuel de l'accouchement", *Revue Médicale de Nancy* (Janvier 1955), pp.9-10.
62 Léon Chertok, *Les méthodes*, p.211.

1954년 조산사노조 총회에서 일자리 감소를 우려하였다.[63] 하지만 라마즈 분만법은 의사뿐 아니라 임산부와 계속 정서적 친밀감을 형성하는 조산사가 산모의 출산 준비에 최고의 교육적 효과를 거두게 기여한다며 조산사와의 협력을 중시했다.[64]

출산 준비 훈련은 아이 아빠를 참여시켜 가족애의 강화를 도왔다. 공산당 당원으로 블루에병원에서 무통분만으로 출산한 후 농촌의 작은 병원에서 일하며 라마즈 분만법을 적용한 의사 부부는 농촌에서의 무통분만을 소개하는 글에서 다음과 같이 표현했다. "여성이 자신의 분만을 의식적으로 생각하고 구체적 목적을 위해 거대한 지적 노력을 하는 것을 지켜보는 것은 아름답다. 그의 남편이 이러한 노력에 참여하고, 그녀를 지지하고, 그녀를 존중하고 그녀에 대한 새로운 사랑이 커 가는 모습을 지켜보는 것 역시 아름답다."[65] 아래 인용하는 세 산모의 증언처럼 아이 아빠의 출산 준비 참여는 라마즈 분만법에 대한 임산부의 만족도를 증가시켰다.

아이의 출산은 진정으로 공통의 경험으로, 함께 준비되고 함께 체험되었다.

출산은 공동의 노력에 의한 것이었고, 아이 출산을 함께 성공한 즐거움으로 인해 부부 관계가 다시 강화되었다.

우리의 아들이 막 태어나 내 몸 위에 포개지던 순간을 결코 잊을 수 없다.

---

63 Marthe Pierre-Jay, "Rapport général", *Maternité*, no.3 (1954), p.131.

64 Bernard Muldworf, "La psychoprophylaxie, promotion culturelle et humaine de la sagefemme", *Bulletin officiel de la Société française de Psychoprophylaxie obstétricale* (이하 *BOSFPPO*) (Décembre 1964), p.39.

65 A. Rolland et P. Rolland, "L'accouchement sans douleur à la campagne", *RNM*, no.4 (Décembre 1954), p.63.

남편은 기쁨에 겨워 울면서 나를 안아주었고, 나는 매우 감동했다.[66]

출산에 대한 두려움을 없애주는 동시에 가족애의 강화에 기여하는 무통분만은 보수적 사회 지도층에게도 환영받았다. 19세기 말부터 전후 베이비붐 직전까지 이어진 프랑스의 심각했던 저출산 현상은 사회 지도층에게 출산 증진에 대한 강박증을 발생시켰다. 첫 출산에서 심한 산고를 경험한 여성들이 새로운 임신을 거부하는 경향이 존재하지만, 무통분만은 "새로운 임신에 대한 두려움을 사라지게" 해 출산 증진에 기여한다고 선전되었다.[67] 라마즈와 블루에병원의 동료들도 출산에 대한 두려움의 감소가 "낙태의 감소"를 가져오며, 산고 없이 태어난 아이에 대한 부모의 애정은 극심한 산고와 출산 후유증으로 육체적 정신적 건강이 나빠진 부모가 아이에게 보이는 애정보다 훨씬 크다고 주장했다.[68]

출산 증진과 가족애에 대한 강조는 공산당과 이념적으로 대척점에 서 있던 가톨릭교회가 라마즈 분만법을 옹호하게 만든 이유이다. 프랑스에서 오랫동안 보수 우파의 정신적 지주이자 후견자였던 가톨릭교회가 소련에서 도입되고 프랑스공산당이 선전한 무통분만을 지지한 것은 라마즈 분만법의 빠른 확산을 추동한 기이하고 '놀라운 결합'이었다.[69] 처음 독실한 가톨릭 신자 여성들은 신의 말씀을 거역하기를 원하지 않는다며 그리스도교 교리

---

66 Pierre Vellay et Aline Vellay, *Témoignages*, p.306, p.293, p.300.
67 Henri Vermorel, *Les douleurs*, p.273.
68 F. Lamaze, P. Vellay, Roger Hersilie, René Angelergues, A. Bourrel et les sages femmes, "Expérience", p.56.
69 Léon Chertok, "Déclin de l'ASD?", *Le Concours médical* (1966), p.4621.

에 반하는 무통분만에 거부감을 표출했다.[70] 이들에게 고통은 구세주 예수를 떠올리게 하는 것이었고, 산고는 원죄로 인한 필연이었다. "산고는 모성애의 문을 여는 열쇠"이기에 산고가 없으면 모성애도 생기지 않는다는 인식도 존재했다.[71] 하지만 종교적 교리나 산고에 대한 오랜 전통적 믿음을 따르고자 하는 임산부보다 산고가 없거나 최소화되기를 원하는 임산부가 비교할 수 없을 정도로 많았다. 1955년 블루에병원에서 무통분만으로 아이를 낳은 가톨릭 신자 산모는 "의지적 통제 아래에서 아이를 세상에 나오게 하는 것은 신성한 창조주의 권한이 작동하는 순간을 체험하는" 것이었다고 밝혔다.[72] 이런 증언은 무통분만이 종교적 불경이 아니라는 인식의 확대에 기여했다.

1960년대 중반까지 프랑스공산당은 피임 자유화에 반대하면서 출산 증진을 중시한 보수주의 세력과 동일한 입장을 견지했다. 네오맬더스주의적 산아제한이 인구 증가에 따른 빈곤 증가의 책임을 개인에게 떠넘기려는 부르주아 경제학에 기반을 두고 있다고 인식했기 때문이다.[73] 가톨릭교회는 소련의 무통분만이 처음 프랑스에 소개되었을 때 무관심했으나 여성 신자들이 점점 이를 수용하자 관심을 가졌고, 약물 마취에 의존하지 않는 출산이 신의 섭리에 따르는 것이라며 무통분만을 긍정적으로 인식하기 시작했

---

70 L. Chertok, J. L. Donnet, Claude Revault d'Allonnes, M. Bonnaud, "Sur les motivations du refus de l'accouchement sans douleur", *BOSFPPO* (Janvier 1961), pp.52-53.

71 A. Plichet, "L'amour maternel naît-il de la souffrance?", *La Presse médicale* (2 Octobre 1948).

72 Pierre Vellay et Aline Vellay, *Témoignages*, pp.301-302.

73 민유기, 「프랑스의 피임 자유화에 대한 보수와 진보의 사회갈등과 해소(1956-1974)」, 『프랑스사연구』 38호, 한국프랑스사학회, 2018, 97-129쪽.

다. 가톨릭교회가 라마즈 분만법을 지지하게 된 전환점은 1956년 1월 8일에 로마에서 열린 가톨릭 산부인과 의사들 회합이었다. 교황 비오 12세(재위 1939-1958)는 이 회합에서 유럽 각국에서 모인 산부인과 의사들에게 무통분만이 "과학적, 윤리적, 신학적 측면에서 그리고 성인의 말씀에 비춰볼 때도 문제가 없다"고 발언하였다.[74]

산모들의 라마즈 분만법 체험담은 이 분만법의 확산에 기여했다. 산모들의 증언은 공산당의 선전이나 가톨릭교회의 지지에 정당성을 부여하기도 했다. 라마즈와 벨레는 1952년 말에 블루에병원의 무통분만 첫해 결과를 소개하는 글에서, "어떤 방식에서건 영웅적 여성의 범주에 해당하지 않고, 고통을 두려워하고 민감한 사람"이었던 여성이 무통분만으로 출산할 때 "자궁수축이 나타나고 더욱 강해졌지만 계속해 고통스럽지 않았다"는 증언을 했다고 언급했다.[75] 벨레 부부가 산모들의 증언을 모아 1956년에 출간한 증언집은 라마즈 분만법의 확산에 결정적 역할을 했다. 한 산모는 "자신에 대한 첫 번째 대전투에서 승리했다"고 표현했고, 다른 산모는 "자기 자신이 지닌 커다란 힘을 자각하는 것은 커다란 기쁨이었다"고 표현했으며, "분만은 고통스러운 것이 아니라 의지와 노력의 문제였다"고 증언한 이도 있었다.[76]

프랑스공산당은 무통분만을 제도적으로 지원하려고 애썼다. 공산당 시의원들의 노력 덕에 파리시의회는 1954년부터 블루에병원을 비롯해 파리 공공병원에 무통분만 보조금 지원을 결정했다.[77] 공산당 하원의원들은 무

74 *Acta Apostolicae Sedis*, vol. 48 (1956), p. 82.

75 Fernand Lamaze, et Pierre Vellay, "Premiers résultats", p. 1456.

76 Pierre Vellay et Aline Vellay, *Témoignages*, p. 65, p. 67, p. 252.

77 F. Leguay, "Conditions pratiques de réalisation de l'accouchement sans douleur à la

통분만 출산 준비가 의료보험 지원을 받을 수 있도록 법률 제정에 나섰다. 1953년 처음 하원에 제출된 관련 법률은 이데올로기적 속성을 내포한다며 보수적 의원들에 의해 논의가 거부되었다. 그러나 가톨릭교회가 무통분만을 지지한 이후에는 보수파의 반대 목소리가 줄어들었고, 법률 제정을 통해서 1959년부터 9주간의 무통분만 출산 준비에 의료보험 혜택이 보장되었다.[78]

1960년대에는 임산부가 무통분만을 준비하는 것이 일반화되어 이를 거부하는 건 "독특하고 흔치않은 심리적 현상"으로 간주되었다.[79] "출산의 고통이 없다면 남편이 자신을 존중하지 않을 것"이라거나 "배 아파 낳아야 나중에 아이가 엄마를 사랑할 것"이라고 생각하는 여성들은 무통분만을 거부했다.[80] 이에 대해 라마즈 분만법 옹호자들은 "산통이 엄마와 아이의 긴밀한 관계 형성에 절대조건이 아니"라고 주장했다.[81] 일부 임산부들의 거부에도 불구하고 라마즈 분만법은 계속 확산되어 1961년 프랑스의 전체 임산부 30퍼센트가, 1966년에는 50퍼센트가 이 분만법으로 출산을 준비했다.[82]

라마즈 분만법을 지지하는 의료계 종사자들은 1958년에 프랑스정신예방

Maternité des métallurgistes", *RNM*, no.3 (Mai 1954), p.145. "Au Conseil municipal de Paris: L'accouchement sans douleur", *L'Humanité* (30 November 1954).

78 Paula A. Michaels, "Comrades", pp.1052-1053.

79 L. Chertok, J. L. Donnet, Claude Revault d'Allonnes, M. Bonnaud, "Sur les motivations", p.46.

80 *Ibid.*, pp.53-54.

81 Emilien Mourgues, *D'Ogino à Pavlov*, p.59.

82 1961년 통계는 Marianne Caron-Leulliez, "Un enjeu politique", p.85. 1966년 통계는 Mattea Battaglia, "Tu enfanteras sans la douleur", *Le Monde magazine*, no.4 (10 Octobre 2009), p.52.

산과학회(Société française de psychoprophylaxie obstétricale)를 창립하고 학회지를 발간했다. 일 년 뒤에는 국제정신예방산과학회도 창립되어 학회지를 발간하게 되었다. 블루에병원은 1953년부터 10년 동안 프랑스 전역과 60여 국가에서 온 3천여 명의 견습생, 조산사, 일반의사에게 라마즈 분만법을 전수했다.[83] 1950년대 말에 파리에 머물며 블루에병원에서 무통분만에 성공한 후 미국으로 돌아간 한 여성은 경험담인 『감사해요, 라마즈 선생님』을 출간해 미국에 라마즈 분만법 열풍을 일으켰다.[84]

5. 라마즈 분만법의 쇠퇴

라마즈는 1956년 소련의 헝가리에 대한 군사 개입에 비판적이었다. 그는 1957년 3월 6일 공산당 계열의 금속노조가 병원 지원 중단을 논의한 회의에 참석한 다음 날 66세의 나이에 심장마비로 사망했다. 프랑스여성동맹은 1년 뒤 그를 기리며 전국적으로 광장이나 산부인과 병원 명칭에 라마즈 이름을 넣자는 캠페인을 전개했으나 별다른 성과를 거두지 못했다.[85] 오히려 유명세를 누리던 라마즈의 생존 당시에 제기되지 못한, 혹은 제기되었더라도 주목받지 못한 무통분만에 대한 비판이 증가했다.

사실 라마즈 분만법 출산 준비를 충실히 했더라도 분만 과정에서 심한

83 Serge Bazelaire, Dr Bourrel, Dr Gutherz et Dr Fontaine, "Bilan et perspectives de l'enseignement de la psychoprophylaxie", *Bulletin officiel de la Société internationale de Psychoprophylaxie obstétricale* (이하 *BOSIPPO*), no.4 (1963), p.116.
84 Marjorie Karmel, *Thank You, Dr. Lamaze: A Mother's Experiences in Painless Childbirth*, Philadelphia and New York: Lippincott, 1959.
85 Marianne Caron-Leulliez, "Un enjeu politique", pp.85-86.

산고에 시달린 산모들이 존재했으며, 다각도의 원인 규명 시도가 있었다. 1960년 프랑스정신예방산과학회 학술대회에서는 고용주가 임산부 노동자에게 정신예방 분만 준비에 필요한 충분한 시간을 허용하지 않는 것을 무통분만 실패의 원인으로 지적하기도 했다. 임산부의 정신건강에 영향을 미치는 실직에 대한 두려움, 내일에 대한 불안 등 사회경제적 요소들은 완벽한 무통분만 준비를 방해하는 원인들로 간주되었다.[86]

낭시의 한 병원에서 무통분만을 적용한 의사는 1955년에 무통분만의 "긍정적 결과"가 70퍼센트이고 실패가 30퍼센트라고 밝혔고, 1956년 파리의 한 의사는 실패가 17퍼센트라는 임상 통계를 발표했다.[87] 1956년에 출간된 책은 소련 보건부의 통계를 소개했는데, 소련에서 정신생리학 무통분만으로 어떠한 통증도 없이 출산한 산모가 20.95퍼센트, 매우 견딜 만한 통증의 출산이 38.74퍼센트, 마취의 도움이 필요한 심한 통증의 출산이 29.72퍼센트, 완전한 무통분만 실패가 10.50퍼센트였다.[88] 하지만 소련의 벨보프스키가 1960년 국제정신예방산과학회 학술지에 게재한 논문에서는 실패가 5.5퍼센트, 매우 좋은 결과가 81퍼센트였다.[89] 무통분만의 성공 통계는 분만 과정에서 산모가 느끼는 통증을 객관적으로 측정하기 어렵기에, 그리고 임산부의 출산 준비 훈련의 수용 정도가 개인마다 상이했기에 과학적 신뢰성이 지속적으로 의심을 받았다.

---

86 R. Hersilie, "Les causes d'échec", *BOSFPPO*, (Juin 1960), p.44.
87 H. Vermelin, "Le problème actuel", p.11. G. Le Lorier, "Accouchement sans douleur", *Maternité*, no.5 (Mai 1956), p.164.
88 Emilien Mourgues, *D'Ogino à Pavlovop*, p.143.
89 I. Z. Velvovski, "L'analyse des causes du comportement agité des femmes préparées par la méthode psychoprophylactique", *BOSIPPO*, no.1 (1960), p.58.

이미 1950년대 중반부터 무통분만에 대한 각종 통계가 성공뿐 아니라 실패에 대한 정보도 제공하고 있었지만, 실패는 선전 효과에 가려져 크게 부각되지 않았다. 소련에서는 1955년부터 "목표에 도달하기 어려운 무통분만에 대한 신뢰 상실을 염려하여" 무통분만이란 용어 대신 "정신생리학적 분만 준비"라는 용어 사용을 선호했다.[90] 하지만 프랑스에서는 무통분만이란 용어를 계속 사용했고, 라마즈가 사망한 이후에야 무통분만이란 표현이 "대중을 자극하기 위한 선전용 슬로건"에 불과하다는 비판이 제기되었다.[91] 성공 사례에 대한 증언들은 산모들의 주관적 느낌에 의한 "요란스런 선전"으로 평가절하되기도 했다.[92]

당시 대부분의 산부인과 의사들은 출산의 고통이 자궁 수축과 관련된 물리적인 것이기에 어떠한 이론도 이를 변화시키지 못한다고 생각했다. 산부인과 의사들은 "고통을 없애는 것은 유토피아이며, 단지 감내하게 만들며 고통을 감소하게 할 수 있을 뿐"이라고 생각했다.[93] 무통분만은 자궁 수축이 야기하는 고통을 뇌와 신경의 정신예방 훈련을 통해 느끼지 않게 하는 것이었다. 사실 물리적 요소나 정신생리적 요소 하나만으로 출산의 고통을 설명하기는 어려울 수 있다. 20세기 중반 영장류 인류학자들은 직립보행으로 인해 골반이 좁아진 반면에 지능 발달로 두개골이 커진 인류의 '산과적 딜

---

90 Léon Chertok, *Les méthodes*, p.157.
91 Fernande Harlin, *Douleur et enfantement,* Paris: Denoël, 1958, pp.70-71.
92 F. Hanon, "L'accouchement conditionné", Revue *Médicale Française*, t.39, no. spécial (1958), p.37.
93 G. Langevin-Droguet, "Préparation physique et psychologique à l'accouchement", *Maternité*, no.3 (Mars 1954), pp.122-123.

레마(Obstetrical dilemma)'라는 개념을 제시했다.[94] 인간의 산고가 다른 포유류에 비해 유독 큰 이유를 출산 과정에서 좁아진 골반이 확장하며 발생하는 통증과, 이를 인지하는 신경계의 발달 모두에서 찾아야 한다는 것이다.

무통분만이란 용어에 대한 비판이 증가하자 라마즈 분만법 옹호자들은 심했던 출산의 고통을 상당히 완화시킨 것은 사실이라며 "무통분만이라 말하는 것이 임산부를 속이기 위한 것이 아니고, 편향적 용어도 아니며, 유토피아적 표현도 아니다"[95]고 항변하였다. 그러나 1960년대 중반부터는 점점 무통분만이란 용어를 사용하지 않았고, '라마즈 분만 준비'라는 표현을 더 자주 사용하기 시작했다. 1965년 프랑스정신예방산과학회 학술지에 실린 논문에서 따온 아래 주장은 라마즈 분만법이 거둔 성과를 인정하면서도 궁극적으로 산통을 없애기 위해서는 약물 마취 사용을 확대해야 한다는 입장을 보여준다.

여성이 고통 속에 출산하도록 내버려 두어야 하는 어떠한 도덕적인 이유도 존재하지 않는다. 오히려 산모와 태아를 고통에서 보호해야 하는 의학적인 이유가 존재한다. 이를 위해 사용 가능한 방법은 정신예방과 약물이 있다. 첫 번째는 여전히 적용 가능하며 무해하지만 언제나 충분하지는 않다. 어떤 방식으로든 두 번째를 촉진해야 한다.[96]

---

94 Jonathan C. K. Wells, Jeremy M. Desilva, and Jay T. Stock, "The obstetric dilemma: An ancient game of Russian roulette, or a variable dilemma sensitive to ecology?", *Yearbook of Physical Anthropology*, no.55 (2012), pp.40-71.

95 Pierre Vellay, "Le terme d'accouchement sans douleur est-il valable?", *BOSFPPO* (Mars 1963), p.3.

96 G. Barrier, "Rôle de l'anesthiologiste dans une équipe obstétricale", *BOSFPPO*

출산 과정에서 통증을 느끼지 않도록 마취 주사를 요구하는 임산부는 점점 증가했다. 1974년 한 산부인과 의사는 산모들이 갈수록 경막외 마취 주사를 요구한다며 자신이 맡았던 임산부 가운데 절반 정도가 라마즈 분만법을 거부했거나, 이 분만법을 활용하더라고 준비가 덜 되어 통증이 심해지자 경막외 마취 주사를 사용했다고 밝혔다.[97]

1968년을 전후로 여성운동에는 중요한 변화가 나타났다. 몸에 대한 자율성과 자기결정권을 중시하며 생물학적 문제에 대한 주체성을 강조하는 급진적 여성주의 활동가들이 늘어나면서, 낙태합법화 운동도 본격적이고 조직적으로 전개되기 시작했다.[98] 반면에 이전까지 공산당이나 노동조합 활동과 연계되었던 사회주의적 여성해방운동의 흐름은 약화되었다.

1950년대에 도입된 무통분만은 여성의 능동성과 주체성을 고양하는 것이었다. 이를 선전한 공산당 활동가들은 인간의 원죄 때문에 출산의 고통이 발생한다는 오랜 종교적 믿음에 순응하는 "복종, 무지, 수동성을 거부"하며 여성이 능동적으로 출산을 준비한다는 것을 강조했다.[99] 1960년대 중반에도 라마즈 분만법의 옹호자들은 출산 준비 훈련 과정에서 나타나는 의료진과 임산부와의 교감을 "단지 과학적 역할만을 원하며 신체 기관과 질병에만 관심을 보이는 의사들"의 냉정함을 극복하는 것이라며 인간적 관계성을 높

(Septembre 1965), p.74.
97 P. Muller, "Insertion de la technologie obstétricale dans la psychoprophylaxie", *BOSFPPO* (2ème trimestre 1974), pp.28-30.
98 민유기, 「68년 이후 프랑스 여성운동과 낙태 합법화」, 『프랑스사연구』 39호, 한국프랑스사학회, 2018, 89-121쪽.
99 Lola Tranec, *Sans douleur*, p.18.

게 평가했다.[100] 하지만 성과 가족에 대한 내밀한 이야기들을 대부분 남성이었던 산부인과 의사에게 털어 놓아야 했던 여성들은 점차 의사의 과학적 전문가적 권위에 순응하게 만드는 출산 준비에 불편함을 느꼈다.

권위주의적 기성 사회질서에 전면적으로 도전했던 68운동은 전통적 가족 개념에, 결혼으로 맺어진 부부가 정상적 성생활을 통해 아이를 낳아 가족을 구성한다는 인식에 변화를 요구했다. 가톨릭교회가 공산당이 선전한 라마즈 분만법을 옹호한 것은 새로운 생명이 건강하게 잘 태어나도록 산모가 능동적으로 준비하고 아이의 아빠가 준비 과정에 적극적으로 참여하는 것이 성부-성모-성자 성가족의 이상에 부합하는 것이었기 때문이다. 하지만 모든 임산부가 전통적 이상적 가족 모델 속에서 임신을 하고 출산을 하는 것은 아니었다. 전후 성 해방의 흐름에 따라 전통적 결혼이나 가족 모델에 부합하지 않는 임신과 출산이 늘어나고 있었다. 따라서 아이 아빠나 보호자의 출산 준비 참여는 "가족에 대한 정형화된 사회적 이미지"에 기반을 둔 것으로 급진적 여성운동 활동가들에게 비판받았다.[101]

1968년을 전후로 여성운동에서는 출산에 관련된 두 개의 흐름이 나타났다. 한편에서는 출산의 의료화를 비판하면서 자연분만을 장려하였고, 다른 한편에서는 기술적 현대성에 더욱 의존했다.[102] 청년세대의 저항문화와 물

---

100 Jean Blum, "Le rôle de l'ASD sur le comportement psychique de la femme enceinte", *BOSFPPO* (Juin 1964), p.32.

101 Claude Revault d'Allonnes et Yvonne Vittoz, "Réflexions sur les modèles et les valeurs qui sous-tendent la pratique de la méthode psychoprophylactique et notamment sur la présence du père à l'accouchement", *BOSFPPO* (1er trimestre 1971), pp.91-92, p.95.

102 Maud Arnal, "Les enjeux de l'accouchement médicalisé en France et au Québec", *Travail, genre et sociétés*, no.39 (2018/1), p.203.

질주의적 서구 문명에 대한 반감이 자연주의 유행으로 이어진 미국에서는 당시 널리 사용되던 경막외 마취 주사 대신 자연분만이 새롭게 부각되었다. 특히 딕-리드의 자연출산과 라마즈 출산 준비 과정이 뒤섞이며 널리 보급되었다.[103] 반면 프랑스에서는 라마즈 분만법 대신 의료 기술의 현대성과 과학적 효능을 중시한 경막외 마취 주사 사용이 증가했다.

앞에서 언급한 것처럼 라마즈 분만법을 체험한 산모들의 증언들은 여성들이 이 분만법을 신뢰하게 만든 주요 원인이었다. 그런데 1968년 이후에는 라마즈 분만법을 비판하는 산모들의 체험 증언들이 쏟아져 나왔다. 1968년에 여성운동 활동가들이 주도한 가족계획운동 잡지에 벨레가 라마즈 분만법 선전용 글을 게재하자, 바로 다음 호에 한 여성이 반박하는 글을 게재했다. 이 여성은 3년 전 이 분만법으로 출산했는데 끔찍한 기억을 아직도 지니고 있다며 "웃음거리밖에 안 되는" 고통스러운 이 분만법으로 다시는 아이를 낳지 않기로 결심했다고 밝혔다.[104] 1970년대 중반 라마즈 분만법을 체험한 여성들이 무통 효과를 강하게 비판하는 증언을 모은 책은 1980년에 출간되었다. 여기에는 산모들이 아이가 건강히 태어나면 자신의 고통을 얘기하지 않는 경향이 있으며, 출산 준비 교육에서 고통이 심하지 않을 거라고 이미 말해주었기에 어느 정도의 통증에 대해서는 출산 후 얘기하지 않았다는 증언들이 실려 있다.[105] 이 증언집은 라마즈 분만법 옹호자들이 성공을 위해

103 Paula A. Michaels, "Comrades", p.1050 각주 70.
104 Pierre Vellay, "Influences de l'ASD sur le couple", *Planning Familial*, no.18 (1968), pp.6-11. Madame B., "Accoucher sans douleur", *Planning Familial*, no.19 (1968), p.32.
105 Giselle Tichané. *Accouche et tais-toi: des femmes parlent*, Paris: Le Centurion, 1980, p.12, p.52.

"정보를 왜곡 변형"하고 "여성을 기만하는" 위험을 감수했다고 비판했다.[106]

라마즈 분만법의 확산을 주도한 프랑스공산당의 정치적, 사회적 영향력은 1968년 이후 크게 줄어들었다. 제4공화국 내내 모든 총선에서 득표 1위 정당이던 공산당은 1958년 제5공화국 출범 이후에는 득표 1위를 드골파에게 넘겨주었으며, 1968년 이후에는 좌파정당의 대표 자리마저 사회당에게 넘겨줄 수밖에 없었다. 라마즈 분만법이 등장하며 내세운 무통분만의 산고 제거 효능을 곧이곧대로 믿는 이들도 갈수록 줄어들었다. 여성 주체성의 강화 흐름은 라마즈 분만법 출산 준비에 스며든 가부장적 가족 논리에 대한 거부감을 키우면서 산모들이 경막외 마취 주사라는 과학적 효능을 선택하도록 만들었다. 1960년대 중반 프랑스의 전체 임산부 절반 정도가 수용한 라마즈 분만법은 1970년대 중반 전체 임산부의 25퍼센트 정도만 수용할 정도로 줄어들었다.[107]

6. 맺음말: 출산에 대한 의료인문학적 성찰을 위해

가정에서의 출산이 병원에서의 출산으로 대체되는 출산의 의료화가 진행되면서 산고를 없애거나 줄이려는 의료계의 노력은 강화되었다. 프랑스에는 전후 베이비붐 초기에 영국의 자연출산법이 알려졌고 소련의 정신생리학 무통분만법이 라마즈에 의해 소개되었다. 당시 정치적, 사회적 영향력이 강했던 프랑스공산당은 무통분만의 의료적 과학성을 선전했고, 동시에

---

106 *Ibid.*, p.90.
107 Mattea Battaglia, "Tu enfanteras", p.52.

출산을 매개로 한 공동체적 사회적 인간관계 확산을 중시하며 라마즈 분만법을 적극적으로 홍보했다. 냉전 시기 소련에서 도입된 분만법에 대한 보수층의 거부감은 가톨릭교회 덕에 해소되었다. 가톨릭교회는 무통분만이 출산 장려와 낙태 감소, 그리고 가족애 강화에 기여한다며 지지했다.

하지만 라마즈 분만법의 성장을 도운 공산당이나 가톨릭교회의 정치적, 사회적 영향력은 권위주의적 기성질서에 저항했던 68운동을 통해 크게 줄어들었다. 여성들의 태도도 변화했다. 처음 여성주의 활동가들은 라마즈 분만법이 원죄로 인해 산고를 피할 수 없다는 종교적 믿음에 도전하는 것이기에 환영했다. 의식적 교육과 준비를 통해 스스로 산통을 제거하거나 완화하는 것은 여성을 출산의 능동적 주체로 만드는 것으로 환영받았다. 그러나 1968년 이후 그때까지 좌파정당이나 노동운동과 연계되어 해방운동의 한 부문으로 인식되던 여성운동이 약화되고 생물학적 문제를 급진적으로 인식하며 여성의 몸에 대한 자기결정권을 중시하는 흐름이 대두되었다. 이들은 라마즈 분만법이 권위주의적 요소를 지녔고, 보수적 가부장적 가족 모델에 기반하고 있다고 비판했다. 의료 기술의 발전으로 경막외 마취 주사의 위험성이 줄어들고 효과는 커졌기에 무통분만 대신 경막외 마취를 선호하는 산모들도 증가했다. 현대적 과학성과 효용성에 기초한 경막외 마취 주사는 산고를 완화하는 데 큰 효과가 있다. 그런데 세계통증연구학회(IASP)는 통증을 "실제적 또는 잠재적인 조직의 손상에 관련하여 표현되는 감각적이고 정서적인 불유쾌한 경험"으로 정의한다.[108] 이 정의에 따르면, 산고는 분만에 연계된 여러 신체 기관이나 조직에서 발생하는 손상이 신경 체계를 통

---

108 David Le Breton, *Anthropologie de la douleur*, Paris: Editions Métailié, 1995, p.13.

해 감각적이고 정신적인 불유쾌함으로 나타나는 것으로 이해된다. 그렇다면 라마즈 분만법이 무통분만 효과가 없는 기만에 불과하다는 반대 세력의 주장은 지나치게 과도한 것으로 볼 수밖에 없다.

현대의 의료는 과학성에 기반을 두지만, 의료행위는 인간을 위한 것이므로 과학성에 대한 신뢰가 의료행위 과정에 나타나는 인간적, 사회적 관계성을 무시하게 할 수는 없다. 라마즈 분만법은 파블로프의 조건반사에 기반을 둔 것으로 과학성을 내세우며 성장했다. 그런데 이 과학성에는 물리적 속성뿐 아니라 사회과학적 속성도 포함된다. 출산 준비 과정에서 산모, 가족, 의료진 사이의 정서적 교감을 중시했기에, 이 분만법을 지지한 이들은 새로운 사회 구성원이 태어나는 과정에 대한 공동체적 노력과 인간적, 사회적 관계 형성을 높게 평가했다. 1968년 이후 급진적 여성주의 활동가들이 출산 준비 과정의 이데올로기적 속성을 비판하면서, 게다가 경막외 마취 주사의 효과를 절대적으로 신뢰하면서 관계성보다 과학성이 더욱 중시되었기에 프랑스에서는 1970년대부터 라마즈 분만법이 쇠퇴했다. 반면 미국에서는 의료의 과학화에 대한 반작용으로 자연출산과 결합한 라마즈 분만법이 성장한다.

과거의 사실은 그 자체로 역사 지식을 증대시키며 특정 시대의 역사상을 더욱 잘 이해하게 해준다. 베이비붐 시기 프랑스의 라마즈 분만법 성쇠 원인에 대한 역사적 분석은 출산에 대한 다양한 사회집단의 공유인식이나 상이한 태도를 드러내며 20세기 중반 프랑스 사회를 더욱 잘 이해하게 해준다. 그리고 이런 역사 지식은 라마즈 분만법의 단점을 극복하고 장점을 계승하는, 즉 가부장적 가족 이데올로기의 속성을 배제한 채 과학성과 다양한 사회적 관계성의 조화를 추구하는, 한층 더 개선된 분만법을 모색하는 데 의료인문학적 성찰의 기회를 제공한다.

상업적 대리출산의 상품화 문제에 대한 철학적 고찰*

김현수 (경희대학교 인문학연구원 HK+통합의료인문학연구단 HK연구교수)

* 이 글은 김현수, 「상업적 대리출산의 상품화 문제에 대한 철학적 고찰」, 『문화와 융합』 43(2), 한국문화융합학회, 2021. 2에 게재한 논문을 수정·보완한 것임을 밝힌다.

1. 머리말

생식세포를 다루어 자연적으로 임신이 이루어지지 않는 경우 이를 돕는 의료기술을 보조생식술(ART, Assisted Reproductive Technology)이라 한다. 생의학에서 불임은 '부부가 피임하지 않고 정상적인 성생활을 했을 때 1년이 지나도 임신이 되지 않는 것'으로 정의되며(강지연, 2012: 61), 이때 보조생식술의 다양한 방법을 통해 불임의 치료, 즉 임신의 가능성을 높인다. 미국질병통제예방센터(CDC, Centers for Disease Control and Prevention)의 정의에 따르면, 보조생식술은 난자나 배아를 다루는 모든 불임 치료를 포함한다. 일반적으로 보조생식술 시술은 외과적으로 여성의 난소에서 난자를 채취해 실험실에서 정자와 결합시켜 여성의 몸에 되돌리거나 다른 여성에게 기증하는 것을 포함한다. 달리 말해, 정자만 취급하는 치료(즉, 자궁 내 수정 또는 인공 수정)나 여성이 난자를 회수할 의도 없이 난자 생산을 자극하기 위해 약을 먹는 시술은 포함하지 않는다. 보조생식술에 한정된 것은 아니나, 대한생식의학회는 불임의 치료 방법들로 자궁 경부내 인공 수정과 자궁 내 인공 수정으로 나눌 수 있는 배우자 정자 수정, 체외 수정이라고도 하는 시험관 아기 시술(IVF), 난자와 정자를 난관에 넣어주는 생식세포 난관내 이식술

(GIFT), 한 마리의 정자를 성숙 난자에 직접 주입하는 미세보조 수정술(ICSI), 대리임신 등을 제시하고 있다.[1]

의학적으로 생명 탄생의 과정에 인위적 조작을 개입시키는 보조생식술의 목적은 임신의 가능성을 높이는 불임의 치료이다. 그러나 불임 부부의 입장에서 말한다면, 불임의 치료는 임신에 그치지 않고 자녀를 얻는 데 그 목적이 있다. 이런 점에 주목한다면, 대리임신은 통상 대리출산을 함축한다. 또한 불임 부부가 원하는 자녀는 대부분 자신들과 생물학적 혹은 유전적으로 연결된 존재이다. 이때문에 오늘날 '대리출산(surrogacy)'은 체외 수정 방식으로 생성한 수정란을 대리모의 자궁에 착상시키거나 남편의 정자를 대리모에게 인공 수정시켜 출산을 대신하는 일을 가리킨다.

대리출산은 난소는 있으나 자궁 종양 등으로 자궁을 적출하였거나 자궁 내벽 유착으로 임신이 어려운 경우 등 자궁측 혹은 복막측 요인으로 임신이 불가능한 여성이 현재 실용화된 보조생식술을 통해 자녀를 얻을 수 있는 유일한 방법이다. 물론 의학적으로 임신이 가능한 여성이 개인의 선택으로 대리모를 통한 자녀의 출산을 선택할 가능성도 있다.[2] 다만 어느 경우든 해당 국가의 법률이 그러한 행위들을 허용할 때에만 가능하다. 김현진(2018: 73)은 대리모 친화적인 캘리포니아 주에서 대리모 계약이 널리 행해지고, 특히 리키 마틴, 마이클 잭슨, 엘튼 존, 루시 류, 니콜 키드먼, 사라 제시카 파커,

---

1 대한생식의학회, https://www.ksfs.or.kr:4443/general/treat.php (최종방문일: 2021.01.26.)
2 최근 중국의 인기 연예인 정솽이 배우 생활의 지장을 우려하여 대리출산이 불법인 자국 대신, 미국에서 대리모를 통해 아이 2명을 출산하고 버림으로써 폭로된 사건이 이에 해당한다. JTBC, 2021.01.25., https://news.jtbc.joins.com/article/article.aspx?news_id=NB11989507 (최종방문일: 2021.01.26.)

킴 카다시안, 티아라 뱅크스, 로버트 드니로, 조지 루카스 등 할리우드의 유명 인사들 사이에서 대리모로 아이를 가지는 것이 유행이라고 할 만큼 이미 만연해 있음을 지적한 바 있다.

대리모 계약을 법률로 금지하는 국가로 프랑스, 독일, 이탈리아, 스위스, 워싱턴DC가 있다. 대리모를 별도로 규제하지 않는 국가로는 일본, 벨기에, 뉴욕주가 있다. 나아가, 이타적 대리모는 명백히 허용하면서 상업적 대리모는 규제하는 국가로 영국, 그리스, 이스라엘이 있다. 마지막으로 상업적 대리모까지 완전히 허용하는 나라로 인도, 러시아, 우크라이나, 캘리포니아주 외가 있다. 또한 이들 나라들 중 인도, 태국은 외국인과의 대리모 계약은 금지한다.(김현진, 2018: 77)

우리나라는 대리모 계약을 규율하는 법령이 따로 있지 않으며, 법원은 민법 제924조의 반대해석으로 친권의 포기 또는 양도는 불가능하고, 대리모 계약은 여성을 상품화, 대상화하는 것으로 민법 제103조의 선량한 풍속 기타 사회질서에 반하는 법률행위로서 무효라는 입장을 지지한다.(송석현, 2018: 102-103) 따라서 우리 사회의 법질서 체계 안에서 대리모 계약을 통한 대리출산은 가능하지 않다.

그런데 〈생명윤리 및 안전에 관한 법률〉, 약칭 〈생명윤리법〉 제23조(배아의 생성에 관한 준수사항) 제3항에 따르면, "누구든지 금전, 재산상의 이익 또는 그 밖의 반대급부(反對給付)를 조건으로 배아나 난자 또는 정자를 제공 또는 이용하거나 이를 유인하거나 알선하여서는 아니 된다."[3] 일견 이 조항

3　〈생명윤리 및 안전에 관한 법률〉은 2005년 1월 1일부터 시행되고 있으나, 해당 조항은 2012년 2월 1일 공포되고 2013년 2월 2일 시행된 법률 제11250호부터 등장한다.

은 임신 가능한 여성에 대해서조차 금전, 재산상의 이익 또는 그 밖의 반대 급부를 조건으로 하는 계약에 의하지 않을 경우, 대리모의 난자 제공이 가능한 것처럼 해석될 여지가 있다. 더 나아가 의학적으로 임신이 불가능한 여성에 대해 대리모가 그러한 계약에 의하지 않으면서 선의로 법에 명시되지 않은 자신의 자궁을 무상으로 제공하는 경우는 더욱 그러한 해석의 가능성을 높인다. 여성을 상품화하거나 대상화하는 것도 아니기 때문이다. 물론 〈모자보건법〉 제2조 제11호와 제12호에 따라 정자와 난자 채취 등 보조생식술의 대상은 난임 부부로 제한되기에, 위의 행위들은 허용되지 않는다.

그럼에도 계약에 의하지 않으면서 대리모가 선의로 자신의 자궁을 무상 제공하는 행위가 가능하다고 할 때조차 친생자(親生子)의 모(母)를 누구로 할 것인가의 문제가 발생한다. 우리 민법은 모자관계의 성립에 대해 명시적으로 규정하고 있지는 않으나 아이를 출산한 여자가 모(母)라는, mater semper certa est, quem nuptias demonstrant(엄마는 항상 확실하지만 아빠는 혼인이 가리키는 자이다)는 원칙이 로마법 이래 확립되어 있어, 일반적으로 친생자관계의 형성에 있어 모(母)의 결정은 문제가 되지 아니하였다.(김현진, 2019: 512) 그렇다고 하여 난자를 제공한 친모와 자궁만 제공하고 출산한 대리모 모두를 모(母)로 할 수는 없다. 친생모자관계의 중첩은 친자관계의 불확실성, 불안정성을 초래할 우려가 있어 자녀의 복리에 반하고 가족관계의 기본 개념에 반함을 이유로 부정되기 때문이다.(김현진, 2019: 513) 이에 계약에 의하지 않는 대리모가 선의로 자신의 자궁을 무상으로 제공할 때라도 국내에서는 법률상, 출산 자녀의 친모가 될 것이다.

대리모가 출산 자녀의 친모가 될 때, 난자를 제공한 친모는 '모자관계'의 영역 밖으로 밀려난다. 이 외에도 대리모가 출산 자녀의 양육권이나 자녀의 상해나 사망의 경우에 손해배상청구권을 갖게 되는 등 문제는 더욱 복잡해진다. 이런 점들로 대리출산 관련 연구 가운데, 새로운 대리모 계약에 관한 입법 필요성을 촉구하는 법학의 논의가 산견된다.

이 글은 상업적 대리출산의 상품화 문제에 대해 철학적 시각에서 폭넓게 고찰하는 데 목적이 있다. 상업적 대리출산과 관련된 국내 연구가 적지 않으나, 철학 영역에서는 본격적으로 다루어지지 않았다는 점에서 이 글의 연구 의의를 찾을 수 있다. 특히 이 글에서는 상업적 대리출산이 여성의 출산에 사용 가치를 부여하여 수단화하고 상품으로 취급한다는 점에 주목하여 논의를 전개할 것이다. 2에서는 우선 〈서울가정법원 2018. 5. 18.자 2018브15 결정〉을 확인한다. 해당 판결은 자궁 공여 대리모가 미국에서 출산한 자녀의 국내 출생신고가 문제된 사안에서, 대리모 계약의 효력과 우리 민법상 모(母)의 결정 기준에 대해 본격적으로 판단한 중요성이 있다. 더 나아가 이는 여성 출산의 상품화와 무관한 이타적 대리출산이 국내에서 법률적으로 허용될 수 있는가를 판단할 단초가 된다. 특히 법원의 판결이 동시대 가치의 문제를 바라보는 도덕·윤리적 판단과 떨어질 수 없다는 점에서 그 바탕에 깔린 철학적 이념의 확인 또한 가능하다. 3에서는 어떤 목적의 성취를 위해 여성의 출산을 수단으로 삼은 가장 오래된 철학적 주장을 플라톤의 철인 정치론을 통해 살펴볼 것이다. 4에서는 정치철학자 마이클 샌델이 『정의란 무엇인가』에서 '아기 M(baby M)' 사건을 통해 다룬 상업적 대리출산의 도덕적 문제를 정리, 분석할 것이다. 5에서는 '아기공장'을 비롯한 상업적 대리출산의 부정적 문제와 함께 멀지 않은 미래에 구현될 것으로 거론되는 인공자궁 관련 연구에서 반드시 검토되어야 할 조건을 제시할 것이다. 6에서는 이상에서 확인된 내용을 간략히 정리할 것이다.

2. 상업적 대리출산과 이타적 대리출산

대리출산은 상업적 대리출산(commercial surrogacy)과 이타적 대리출산 (altruistic surrogacy)으로 구분할 수 있다.[4] 전자의 경우, 대리모는 난자를 제공하거나 태아를 임신하고 출산하는 것 혹은 이 모두에 대해서 보상을 받는다. 대리모가 임신 및 출산에 소요되는 비용 이외에 그 어떤 금전적 대가를 받지 않는다면, 이러한 여성에서는 아기매매라고 하는 상업적 요소가 다분히 있다는 비난으로부터 자유로울 수 있다. 그러나 현실적으로 이러한 경우는 거의 드물며, 대부분의 대리모는 어떠한 보상(compensation) 없이 아기를 인도한다는 것은 생각하지 않는다고 한다.(김향미, 2012: 90) 반면, 의료윤리를 연구하는 권복규는 대리모를 대가가 있는(유상) 대리모와 대가가 없는 대리모(무상)로 구분하면서, 불임 부부의 고통에 깊이 공감하여 자신의 임신기능을 제공하겠다는 순수한 목적의 대리모, 즉 선의의 대리모 가능성을 제시함과 동시에 그러한 경우에도 우려되는 점 가운데 하나로 법률적 문제를 거론한 바 있다.

현행 법률이 그렇게 태어난 아기와 대리모의 친모-친자 관계, 그리고 유전적인 모와의 친자관계 문제를 어떻게 해석할 것인가가 관건이 된다. 우리나라의 민사나 형사법은 이 점에 대해 아직까지 뚜렷한 입장을 보이지 않고 있지만 일단 대리모를 통해서라도 아기가 태어나게 되면 친자관계는 대

---

4 정자, 난자, 모체(자궁) 공여의 주체에 따라 대리모의 유형을 출산대리모, 유전적 대리모, 제3자 난자 제공 출산대리모, 제3자 정자 제공 출산대리모, 제3자 정자 및 난자 제공 출산대리모로 구분하기도 한다. 이에 대한 정리는 최성경(2020)을 참조.

리모를 요청한 유전적인 부모에게 있다고 보는 편이 타당할 것이다.(권복규, 2006: 115)

권복규의 주장과 다른 판단이 12년이 지나 2018년 제1심 법원(서울가정법원 2018. 2. 14.자 2018호기13 결정)에서 내려졌다. 신청인은 생명윤리 및 안전에 관한 법률이 금지하는 영리 목적의 대리모 계약도 아니며, 수정란을 착상하는 방법에 의한 대리모의 경우 법률상 금지된 것도 아니므로, 1심 결정은 부당하다고 주장하면서 항고하였다. 이에 2심 법원인 서울가정법원은 모자관계의 결정 기준, 제1심 결정의 적법 여부, 대리모가 법률상 허용되는지 여부에 이르기까지 설시를 한 바, 그 내용 일부를 제시하면 다음과 같다.

인공수정 등 과학기술의 발전에 맞추어, 법률상 부모를 '출산'이라는 자연적 사실이 아니라 유전적인 공통성 또는 수정체의 제공자와 출산모의 의사를 기준으로 결정하여야 한다는 의견이 있을 수 있다. 그러나 '출산'이라는 자연적 사실은 다른 기준에 비해 그 판단이 분명하고 쉬운 점, 모자관계는 단순히 법률관계에 그치는 것이 아니라, 수정, 약 40주의 임신기간, 출산의 고통과 수유 등 오랜 시간을 거쳐 형성된 정서적인 부분이 포함되어 있고, 그러한 정서적인 유대관계 역시 '모성'으로서 법률상 보호받는 것이 타당한 점, 그런데 유전적 공통성 또는 관계인들의 의사를 기준으로 부모를 결정할 경우 이러한 모성이 보호받지 못하게 되고, 이는 결과적으로 출생자의 복리에도 반할 수 있는 점, 또한, 유전적인 공통성 또는 수정체의 제공자를 부모로 볼 경우 여성이 출산에만 봉사하게 되거나 형성된 모성을 억제하여야 하는 결과를 초래할 수 있고, 그러한 결과는 우리 사회의 가치와 정서에도 맞지 않는 점, 정자나 난자를 제공한 사람은 민법상 '입양', 특히 친양자입양을 통하여 출생자의 친생부모와 같은 지위를 가질 수 있는 점 등에 비추어 보면, 우리 민법상 부모를 결정하는 기준은 그대로 유지되어야 한다고 판단된다.

…

우리 민법상 모자관계의 결정 기준이 '모의 출산사실'인 점, 가족관계등록법상 출생신고를 할 때에는 출생신고서에 첨부하는 출생증명서 등에 의하여 모의 출산사실을 증명하여야 하는 점, 인간의 존엄과 가치를 침해하는 것을 방지함으로써 생명윤리와 안전을 확보하고 국민의 건강과 삶의 질 향상에 이바지하고자 하는 생명윤리법의 입법목적 등을 종합하여 볼 때, 남편이 배우자 아닌 여성과의 성관계를 통하여 임신을 유발시키고 자녀를 낳게 하는 고전적인 대리모의 경우뿐만 아니라, 본 건과 같이 부부의 정자와 난자로 만든 수정체를 다른 여성의 자궁에 착상시킨 후 출산케 하는 이른바 '자궁(출산)대리모'도 우리 법령의 해석상 허용되지 아니한다고 할 것이고, 이러한 대리모를 통한 출산을 내용으로 하는 계약은 선량한 풍속 기타 사회질서에 위반하는 것으로써 민법 제103조에 의하여 무효라고 할 것이다.(최성경, 2020: 345-346)

　부모를 '출산'이라는 자연적 사실이 아니라 유전적인 공통성 또는 수정체의 제공자와 출산모의 의사를 기준으로 결정할 수 없다는 판단에 의거할 때, 〈생명윤리 및 안전에 관한 법률〉에 명시되지 않은 모체(자궁)의 제공 또한 검찰의 기소가 이루어진다면, 법원은 인간의 존엄과 가치를 침해하는 것을 방지함으로써 생명윤리와 안전을 확보하고 국민의 건강과 삶의 질 향상에 이바지하고자 하는 해당 법의 입법목적 등을 종합하여 유죄를 선고할 가능성이 높다. 즉 상업적 대리출산만이 아니라, 선의에 의한 이타적 대리출산으로서 자궁 공여 대리출산도 현재 국내에서는 법률상 허용되지 않는 행위로 봄이 마땅하다.

그러나 '출산'을 자연적 사실로 규정하고 임신과 출산의 과정에서 형성되는 정서적인 유대관계를 축으로 '모성' 개념과 다시 연결하는 법원 판단의 주요 근거를 두고, 이를 '자연적 모성 신화 이데올로기'라 비판하며 모성이나 임신과 출산 또한 자연적 사실인가를 되묻는 여성주의의 비판적 관점이 있으며(김선혜, 2019: 88-92 참조), 이는 다양성에 더 많은 귀를 기울이기 위해 우리 사회가 함께 숙고해야 할 지점이기도 하다.

보조생식술은 기본적으로 정자와 난자 그리고 태아를 임신할 모체(자궁)가 필요하다. 생식의 기본요소라고도 할 수 있는 이 세 가지는 각각 그 자체로 하나의 인격과 연결되어 있다는 특징이 있다.(송석현, 2018: 95-96) 인격을 지닌 한, 인간은 존엄하며 수단으로 대우되어서는 안 된다. 대리출산에 대한 법원의 판단은 〈대한민국헌법〉 제10조 "모든 국민은 인간으로서의 존엄과 가치를 가지며, 행복을 추구할 권리를 가진다. 국가는 개인이 가지는 불가침의 기본적 인권을 확인하고 이를 보장할 의무를 진다"와 칸트의 정언명령 가운데 목적 그 자체의 정식으로 일컬어지는 "네가 너 자신의 인격에서나 다른 모든 사람의 인격에서 인간(성)을 항상 동시에 목적으로 대하고, 결코 한낱 수단으로 대하지 않도록, 그렇게 행위하라"(임마누엘 칸트 지음, 백종현 옮김, 2014: 176-177)라는 이념을 재차 확인하는 것이기도 하다.

3. 플라톤의 처자 공유와 출산의 수단화

상업적 대리출산은 대리모의 인간으로서의 존엄과 가치를 침해한다. 여성이 출산에만 봉사하게 되거나 형성된 모성을 억제하여야 하는 결과를 초래할 수 있다는 법원의 이해처럼, 여성의 출산 혹은 생식력을 수단으로 전락시키기 때문이다.

대리출산에 해당하지는 않으나, 어떤 목적의 성취를 위해 여성의 출산을 수단으로 삼은 가장 오래된 철학적 주장을 플라톤의 철인정치론을 통해 확인할 수 있다.

플라톤은 『국가』편에서 인간이 추구할 수 있는 가장 훌륭한 나라를 이론상 수립해 보고, 이를 '가장 아름다운 나라(kallipolis: 527c)'[5]로 부르고 있다. 가장 아름다운 나라는 기본적으로 나라 구성원들에게 각자의 성향에 적합한 업무가 배분되고 전체가 조화를 이루고 있는 '올바른 정의로운 나라'이지만, 수호자 계층의 사유재산 금지, 남녀평등, 처자 공유 등과 같은 매우 혁명적인 제도를 포함하고 있다. 철인정치론은 이런 나라의 실현 가능성에 관한 문제가 제기되자 이를 실현할 수 있는 하나의 방안으로 제시된다.(김영균, 2010: 342) 이에 따르면, 나라를 통치할 철학자는 완전한 인식을 소유하고 있는 자가 아니다. 그는 개인이나 공동체의 삶에서 가장 중요한 가치인 좋음, 정의, 아름다움 등의 본질에 대한 인식을 추구하는 자이며, 이것들을 최대한 실현하고자 하는 자이다. 또한 철인치자는 지성이 지배하는 삶을 살

---

5 저본으로 이용한 원전 교정본과 우리말 번역은 다음과 같다. 플라톤의 국가: Slings(2003), 박종현 역주(2005).

기 때문에 세속적인 욕망을 추구하지 않는 탁월한 도덕적 품성을 지니고 있는 자이다. 결국 철인치자는 지성을 최대한 지니고 있는 자라고 말할 수 있다.(김영균, 2010: 359-360) 플라톤이 말하는 철인치자, 즉 나라의 수호자로서 통치를 하는 철학자들은 교육(paideia)과 양육(trophē)을 통해 길러진 다수이다.(424a) 또한 여성들 가운데서도 자질을 충분히 지니고 태어난 이들이라면 남성과 마찬가지로 교육과 양육을 통해 그 역할을 담당할 수 있다.(540d)

플라톤은 그들 수호자 계층에 대해 생활비를 수호에 대한 보수로 다른 사람들한테서 받아 모두가 공동으로 쓰며(464a) 그들 자신의 몸을 제외하고는 아무것도 사유하는 것이 없고, 다른 것들을 모두 공유한다고 말한다.(464e) 또한 이들 모든 남자의 이들 모든 여자는 공유하게 되어 있고, 어떤 여자도 어떤 남자와 개인적으로는 동거하지 못하게 되어 있으며, 아이들도 공유하게 되어 있고, 어떤 부모도 자기 자식을 알게 되어 있지 않으며, 어떤 아이도 자기 부모를 알게 되어 있지 않다고 말한다.(457c) 수호자들은 서로를 '동료 통치자들'(synarchontes)이라 말하지 않고 '동료 수호자들'(symphylakes)이라 말하며(463b) 나라를 단결시키도록 고통과 즐거움을 공유하는 '최대선'(最大善: to megiston agathon) 속에서(464b), 사사로운 것들에 대한 사사로운 즐거움과 고통도 나라에 생기게 함으로써 분열하게 하는 일이 없이 고통 및 즐거움과 관련하여 모두가 최대한으로 '공감 상태'(homopatheia)에 있다.(464d)

플라톤은 이들의 혼인이 가능한 한 최대한으로 성스러운 것이어야 한다고 말하면서 성스러운 혼인은 가장 유익한 혼인일 것이라 부연한다.(458e) 성스러운 혼인과 유익한 혼인이 같을 수는 없다. 그럼에도 플라톤은 자신이 내린 규정에 따라 성스러운 혼인에 대해 이야기하지 않고 가장 유익한 혼인을 설명하면서 이를 우생학(eugenics)의 관점으로 풀어나간다. 즉, 글라우콘의 집에 있는 사냥개들과 굉장히 많은 혈통 좋은 새를 통해 그것들의 짝짓기와 새끼치기를 예로 들어 혈통 좋은 것들 중에서도 최선의 것들과 그렇지 않은 것들이 있으며, 절정기에 있는 최선의 것들한테서 최대한으로 새끼를 얻지 않으면, 새와 개의 혈통이 나빠지게 될 수 있을 것이라 한다. 이에 인류의 경우도 사정이 마찬가지라면, 통치자들이 최상급이어야만 할 필요성이 얼마나 크겠는가를 반문함으로써 선발된 수호자들의 처자 공유가 그 계층이 최상급으로 유지될 수 있는 가장 유익한 혼인임을 암시한다.

플라톤은 장년의 적령기 수호자들-여성은 20세부터 40세에 이르기까지 그리고 남성은 25세부터 55세까지-에 의한 출산이 나라를 위해서 자식을 낳는 것임을 분명히 한다.(460e) 또한 그는 그것이 비단 나라를 위한 것일 뿐만 아니라, 그들에게도 행복이며 시민 전체에게도 행복이기에 "설사 이들이 이러하고서도 가장 행복하다고 할지라도, 이는 조금도 놀라운 일이 아니지만, 우리가 이 나라를 수립함에 있어서 유념하고 있는 것은 우리의 어느 한 집단(ethnos)이 특히 행복하게 되도록 하는 게 아니라, 시민 전체가 최대한으로 행복해지도록 하는 것"(420b)이라고 말한다.

특기할 만한 점은 플라톤이 수호자들의 아내들을 위한 지극히 편한 출산을 언급하고 있다는 사실이다. 그는 특정 지역의 보호 구역 안에서 산모들은 보모들이나 양육자들과 생활하며, 산모들이 젖이 넉넉지 않을 때, 젖 있는 다른 여인들이 도울 수 있고 산모들은 적절한 시간 동안만 젖을 빨리도록 하되, 불침번이나 다른 수고는 보모들과 양육자들이 담당할 수 있다고 한다.(460d) 그러나 이 또한 출산과 양육의 어려움을 고려한 여성 자체에 대한 배려이기보다는 수호자들의 아내이자 동료 수호자들로서 그녀들이 집중하고 역량을 발휘해야 하는 나라의 수호, 즉 통치라는 목적을 위한 수단으로 볼 가능성이 높다.

플라톤의 처자 공유에 대해 이미 아리스토텔레스는 그것이 현실화될 경우의 문제점과 논리적 결함 때문에 지지될 수 없다고 비판한 바 있다.(송대현, 2012: 100-101) 이러한 비판 외에도, 수호자 여성들의 출산 혹은 생식력을 시민 전체의 최대한의 행복이라는 목적을 위한 수단으로 전락시켰다는 비판을 면할 수는 없다. 이 외에도 다음의 문제를 지적할 수 있다.

앞서 플라톤의 우생학 관점에 근거한 가장 유익한 혼인에 대해 언급했지만, 그는 발전론적 관점 속에 유비추리의 오류를 범하고 있는 것으로 보인다. 플라톤의 다음의 말을 보자.

> 정체(politeia)는 일단 출발을 잘 하게 되면, 마치 하나의 순환처럼, 성장해 갈 걸세. 건전한 양육과 교육(paideusis)이 유지됨으로써 훌륭한 성향(자질)들을 생기게 하고, 다시 건전한 성향(자질)들은 이런 교육을 받음으로써 선인(先人)들보다도 더 나은 사람들로 자랄 것이기 때문일세. 이는 다른 동물들의 경우에 있어서도 그렇듯이, 다른 여러 가지 점에 있어서도 그렇지만, 출산에 있어서도 그러하다네.(424a)

맥락상, '훌륭한 성향(자질)'의 '훌륭한'은 '최선의'나 '최상의' 의미는 아니다. 오히려 '건전한 성향(자질)'의 '건전한'이 교육의 이념에 근접하는 것을 넘어 부합하는 '좀 더 훌륭한'의 의미로 '최선의'나 '최상의'에 가까울 것이다. 그럼에도 플라톤은 건전한 양육과 교육을 통해 훌륭한 성향(자질)들이 생기게 하고, 건전한 성향(자질)들은 건전한 양육과 교육에 의해 더욱 훌륭한 사람들로 자랄 것처럼 끊임없이 발전하리라 낙관하고 있다. 게다가 출산의 문제에 대해서도 동일한 발전론적 관점 속에, '훌륭한 혈통은 훌륭한 부모의 결합을 통해 건전한 혈통이 생기게 하고, 다시 건전한 혈통은 더욱 훌륭한 부모의 결합을 통해 더욱 건전한 혈통을 낳을 것이다'와 같은 결론을 도출하리라 기대함으로써 유비추리의 오류를 범하고 있다. 이것이 오류인 이유는 교육과 달리, 출산은 훌륭함(aretē)과 같은 비유전적 요소를 전하지 않기 때문이다.

혹 플라톤의 우생학 관점에 근거한 가장 유익한 혼인을 장바티스트 라마르크(1744-1829)의 '획득형질의 유전(inheritance of acquired characteristics)'을 근거로 옹호하고자 할 수도 있다. 최근 생명과학계에서는 후성 유전적 변화가 발생에서 중요한 역할을 한다는 사실이 널리 인식되면서 생명체의 변이와 발생 과정에 미치는 환경적 영향의 중요성이 크게 부각되고 있기에 그러하다. 후성유전학에 따르면 유전적으로 동일한 세포라 할지라도 다양한 환경조건에 따라 서로 다른 형질들로 발생될 수 있는데, 이는 생명과학에서 부정된 획득형질의 유전 이론을 다시 생각해 보게 하는 명제이기 때문이다.(이정희, 2016: 247-248) 그러나 우리는 적어도 두 가지 점에서 그 논거의 정당성을 비판할 수 있다. 첫째, 라마르크가 생명체의 진화를 설명하기 위해 사용한 '환경' 개념의 문제이다. 그는 환경을 지칭하는 용어로 'milieu'가 아닌 복수형의 'circonstances'를 사용했는데, 이는 기후, 장소, 환경(milieu)을 포괄하는 것이었다.(이정희, 2016: 257) 이때문에, 그것은 플라톤이 말한 건전한 양육, 교육 환경과는 큰 차이가 있다. 둘째, 라마르크가 설명하는 진화는 물리적 법칙이 단순히 한 세대가 아니라 오랜 지질학적 시간에 걸쳐 생명체의 조직화를 복잡하게 만드는 과정이다.(이정희, 2016: 258) 이에 플라톤의 주장처럼, 건전한 양육과 교육을 받아 형성된 어느 세대의 훌륭한 성향(자질)

이 다음 세대에 바로 전해지는 일은 가능하지 않다.

이러한 점들을 고려할 때, 플라톤의 철인정치론에 나타난 처자 공유는 수호자 여성들의 출산을 시민 전체의 최대한의 행복이라는 목적을 위한 수단으로 삼았을 뿐만 아니라, 훌륭함과 같은 비유전적 요소가 발전적으로 전해질 것이라는 그릇된 이해를 드러내고 있음을 보게 된다.

4. 상업적 대리출산의 도덕적 문제

샌델은 『정의란 무엇인가』를 통해 상업적 대리출산의 문제를 다룬 바 있다. 그는 1986년 미국 뉴저지에서 있었던 이른바, '아기 M(baby M)' 사건과 관련하여 도덕적 문제에 초점을 맞춰 논의를 전개한다. 해당 사건이 앞서 언급했던 국내 대리모 출산 사건과 차이가 있다면, 대리출산 계약이 존재하고 대리모는 난자와 자궁을 함께 제공했으며, 의뢰 부모에게도 친권 세탁의 의도는 없었다는 점이다. 계약 의뢰자인 스턴(Stem) 부부 가운데 남편이 정자를 제공하고 계약에 응해 난자와 자궁까지 제공한 메리 베스 화이트헤드(Mary Beth Whitehead)는 임신 후, 출산과 동시에 아이를 넘겨주고 아울러 어머니로서의 친권을 양도하며 스턴 부부가 아이를 입양하도록 협조하겠다고 계약한 사실이 있기 때문이다.

샌델은 먼저 법원의 판결과 관련된 내용을 기술한다. 그는 계약 이행에 찬성하는 사람들이 내세우는 가장 강력한 주장, 즉 '거래는 거래라는 사실이다'라는 점을 지적한다. 그리고 이에 대한 반론, 즉 계약 이행의 강제가 망설여질 수 있는 두 가지 입장으로 첫째, 대리모가 모든 정보를 충분히 제공받지 못한 채 약속을 했거나 빈곤한 처지로 인해 판단이 흐려졌을 수 있으며, 둘째, 양측의 자유의사에 따른 합의일지라도, 아이의 상품화와 임신과 출산을 돈벌이를 위한 수단으로 만들기에 여성 출산 능력의 유상 제공 행위 자체에 대해 반대할 수 있음을 제시한다. 실제 1987년 1심 법원의 판단은 계약의 존엄성을 강조했다. 이에 첫째, 양측의 합의가 대등한 위치에서 자발적으로 이루어졌으며 둘째, 아기는 생물학적으로나 유전적으로 생부 스턴의 친자식이기에 상품으로서 구매한 것이 아닌 서비스(임신)에 대해 수수료를 지급한 것이며, 남성이 생산 수단인 정자를 팔 수 있는 것과 마찬가지로 여성도 출산 능력을 팔 수 있어야 한다고 함으로써 계약 이행에 반대하는 위의 두 가지 입장이 아닌 계약 이행에 찬성하는 판결을 내렸다.

그러나 메리 베스 화이트헤드는 판결 결과에 불복하여 뉴저지 대법원에 상고했으며, 1988년 대법원은 만장일치로 1심 법원의 판결을 뒤집어 대리출산 계약이 무효라 판결했다. 대법원의 판결에 따르면, 그 계약이 무효인 이유는 다음과 같다. 첫째, 메리 베스 화이트헤드의 약속은 충분한 정보를 가진 상태에서 완전히 자발적인 결정이 아니었으며, 특히 충분한 정보에 근거할 수 없다는 것이 가장 중요하다. 둘째, 이익 추구 동기에 의한 상업적 대리출산은 아기를 판매하는 행위와 마찬가지로, 문명화된 사회에는 돈으로 살 수 없는 것이 있으며 본 사건은 이를 역행한 계약으로 결함이 있다는 것이다.

샌델은 '아기 M' 사건에서 1심 법원과 대법원 가운데 어느 쪽이 옳은가에 대해 논의를 이어간다. 그는 출산 계약을 지지하는 주장이 자유지상주의와 공리주의에서 출발함을 언급한다.

자유지상주의는 계약은 선택의 자유를 반영한다고 주장한다. 성인들이 합의하여 맺은 계약을 지키는 것은 곧 자유의 존중이다. 한편 공리주의는 전체 복지가 커진다고 주장한다. 거래 당사자들이 계약에 합의했다면, 둘 다 이익이나 행복을 얻을 것이다. 그렇지 않다면 합의할 이유가 없기 때문이다. 따라서 그 거래로 다른 사람의 공리가 줄지 않는 한(또는 줄더라도 당사자들에게 돌아가는 이익이 더 크다면), 대리출산 계약을 비롯해 서로에게 이로운 어떠한 교환도 장려되어야 한다.(마이클 샌델 지음, 김명철 옮김, 2017: 148-149)

샌델은 메리 베스 화이트헤드의 동의가 전적으로 자발적이었는지에 대한 주목과 합의에 결함이 있다고 보는 반박이 결국 부당한 압력을 받지 않고, 또 대안에 관한 정보를 충분히 제공받은 상태여야 자유로운 선택을 할 수 있으며 그러해야 한다는 입장으로, 이는 정의를 자유의 존중으로 이해하는 부류와 사실상 같으며 자유지상주의 또한 그 부류에 속함을 지적한다. 이에 "자유지상주의는 다른 사람의 권리를 침해하지 않는 한, 사람들이 어떤 선택을 하든 그 선택을 존중해야 정의롭다고 말한다"(마이클 샌델 지음, 김명철 옮김, 2017: 149-150)라고 한다. 또한 정의를 자유의 존중으로 보면서도 자유지상주의와 다른 이론들은 선택의 조건에 다소의 제한을 두며 대법원 판결이 그러한 입장에 서 있음을 지적한다.

샌델은 아기나 여성의 출산 능력은 사고팔 수 없는 고귀한 것이라는 반박과 관련하여 우선 그런 것들을 사고파는 행위의 문제가 해당 가치를 비하하거나 그 가치를 적절히 평가하지 않는 행동임을 거론한다. 또한 이러한 대답이 설득력 있는 이유는 재화나 사회적 행위의 가치가 오로지 우리가 부여하기 나름이라고 볼 수 없다는 인식이 깔려 있기 때문임을 제시한다.

가치 부여 방식은 재화나 행위에 따라 다르다. 자동차나 토스터 같은 상품의 가치는 이를 사용함으로써 얻는 이익, 혹은 이를 팔아서 얻는 이익으로 정해진다. 하지만 모든 것을 상품으로 취급해서는 안 된다. 예를 들어 인간을 단순히 사고팔 수 있는 상품으로 취급하는 것은 옳지 않다. 인간은 존중받아야 하는 존재지, 사용하는 물건이 아니기 때문이다. 존중 가치와 사용 가치는 가치를 부여하는 서로 다른 방식이다.(마이클 샌델 지음, 김명철 옮김, 2017: 150-151)

샌델의 주장에 따르면, 존중 가치와 사용 가치는 다르다. 또한 후자는 상품으로 취급될 수 있는 반면, 인간과 같은 전자는 사용 가치로 잴 수 없고 존중받아야 하는 존재로서 상품으로 취급되어서는 안 된다. 특히 샌델은 가치의 비하 문제와 관련하여 대리출산 논란에 이 논리를 적용한 도덕철학자 엘리자베스 앤더슨(Elizabeth Anderson)의 주장을 인용한다. 앤더슨에 따르면, 비하는 어떤 대상을 그에 합당한 가치보다 낮은 가치를 부여하여 다룬다는 뜻이다. 상업적 대리출산은 아기를 상품으로 비하하며 여성의 몸을 물건을 찍어 내는 공장으로 비하한다. 뿐만 아니라, 그 거래는 아기를 갖는 행위를 지배하는 부모의 본분이라는 규준을 일반적 상품 생산을 지배하는 경제적 규준으로 대체하며, 대리출산 계약은 아기에 대한 부모로서 애정을 대리모에게 무조건 억제하라고 강요함으로써 여성의 노동을 소외시킨다.(마이클 샌델 지음, 김명철 옮김, 2017: 151) 물론, 앤더슨의 주장대로 아기와 여성의 몸은 상품과 물건을 찍어 내는 공장보다 높은 가치가 부여되어야 한다. 그러나 그 가치의 차이는 양적인 정도를 의미하지 않으며 사용 가치와 존중 가치처럼 질적으로 전혀 다른 것으로 이해되어야 한다.

존중 가치와 사용 가치를 구분하고 앤더슨의 주장을 지지하는 샌델의 입장은 고통의 양 이상으로 쾌락을 극대화할 것을 주장하는 공리주의에 또한 반대함을 드러낸다. 공리주의는 특히 모든 재화를 우리에게 주는 쾌락이나 고통이라는 통일된 단일 잣대로 평가한다. 그러나 자동차, 토스터와 같은 재화와 달리, 아기, 임신, 부모 역할처럼 더 높은 기준으로 평가해야 마땅한 다른 종류의 재화가 있기 때문이다.

5. 아기공장부터 인공자궁까지

샌델에 따르면, "유럽에서는 많은 국가가 상업적 대리출산을 금지한다. 미국에서는 10여 개 주가 이를 합법화했고, 10여 개 주가 금지했으며, 다른 주들은 법적으로 애매한 입장을 보이고 있다."(마이클 샌델 지음, 김명철 옮김, 2017: 153) 또한 대리모가 난자와 자궁을 동시에 구매해야 했던 과거와 달리, 생식보조 의료기술의 발달로 체외 수정이 가능해지면서 난자와 자궁을 묶음으로 구매할 필요가 없어졌고 대리출산 시장은 더욱 활성화되고 확대되었다. 그러나 체외 수정 대리출산 덕분에 공급과 더불어 수요도 늘어난 탓에, 의료비와 법적 비용이 포함된 총비용은 보통 7만 5천~8만 달러에 달하게 되었고 해외의 더 값싼 대리모 공급자를 찾게 되었으며 인도는 2002년 외국인 고객을 유치할 목적으로 상업적 대리모 행위를 합법화했다.(마이클 샌델 지음, 김명철 옮김, 2017: 154-155) 인도는 2015년 외국인을 대상으로 하는 상업적 대리모 행위가 금지되긴 했지만, 대리모 산업의 규모는 연간 10억 달러 이상이고 매년 3만 명 이상의 아이들이 대리모에게서 태어난다.(이병화, 2016: 124) 러시아에서도 대리출산은 합법적이며 수년 동안 목돈을 벌 수 있는 일로 여겨졌으나, 최근에는 외국인들을 위한 대리출산을 중단해야 한다는 주장이 힘을 얻고 있다.[6] 나이지리아에서는 10대 소녀들을 강제로 임신시키고 그 아기들을 팔아 온 이른바 '아기공장'이 적발되기도 했으며,[7] 캄보디아는 2016년 상업적 대리출산을 전면 금지했으나 대리모들을 합숙시키는 '아기공장'이 여전히 운영되다 적발되어 관련자들이 인신매매 혐의로 기소되는 등 사회 문제가 되고 있다.[8] 최근 2020년 7월에도 중국에서 코로나19 확산 이후 가난에 시달리는 저소득층이 대리출산과 혈액판매 등 불법적 행위에 손을 대고 있다는 일본 니시닛폰(서일본)신문의 보도가 전해졌다. 코로나19로 중국 지방 곳곳에서 일자리를 잃은 빈곤층이 수입을 얻기 위해 이 같은 행위에 가담하고 있으며 중국 정부가 의료 기관에서 대리출산 기술을 사용하지 못하도록 하고 있지만 어떤 한 병원에서는 한해 수십 건의 대리출산이 이뤄지기도 한다고 지적했다.[9]

'아기공장'을 비롯한 불법적 대리출산의 문제 외에 다음과 같은 놀랄 만한 일도 발생하고 있다. 네덜란드에서는 불임 치료 산부인과의가 인공수정을 시술하면서 여성들의 의도와 다르게, 제3자가 아닌 자신의 정자를 사용해 최소 17명의 아이를 출산하게 한 사건이 전해졌는데, 심지어 이러한 사건은

---

6 뉴시스, 2020.08.27., https://newsis.com/view/?id=NISX20200827_0001143961&cID=101 01&pID=10100 (최종방문일: 2021.01.26.)

7 연합뉴스, 2011.06.03., https://www.yna.co.kr/view/MYH20110603004700038 (최종방문일: 2021.01.26.)

8 헤럴드경제, 2018.11.14., http://news.heraldcorp.com/view.php?ud=20181114000562 (최종방문일: 2021.01.26.)

9 서울경제, 2020.07.22., https://www.sedaily.com/NewsView/1Z5EGL6X69https://www.sedaily.com/NewsView/1Z5EGL6X69 (최종방문일: 2021.01.26.)

네덜란드에서조차 처음이 아니었다.[10] 게다가 이 의사는 이미 사망하여 법적 책임을 물을 수도 없으며, 의료전문직이 준수해야 할 윤리로서 악행 금지의 원칙 또한 위반한 것으로 인공수정의 시술자 및 시술기관에 대한 관리 감독 문제의 중요성을 보여준다.

프랑스 국회는 적어도 한주간의 격론 후에 현지시간 2020년 7월 31일 금요일부터 8월 1일 토요일 밤 사이 생명윤리법안과 그것의 상징적 조치인 '모든 여성에 대한 개방을 위한 의료보조생식(PMA, La Procréation médicalement assistée)'을 재독해 채택했다.[11] '모든 여성에 대한 개방을 위한 PMA'는 2013년 동성결혼 합법화에도 불구하고, 이성 커플에게만 한정되었던 인공수정을 통한 임신, 출산의 사회보장 지원을 여성 동성 커플과 독신여성에게도 확대하는 내용이다. 임신과 출산의 권리 또한 성 정체성이나 결혼 여부를 떠나 허용돼야 한다고 보기 때문이다.[12] 만일 2021년에 '모든 여성에 대한

---

10 뉴시스, 2020.10.06., https://newsis.com/view/?id=NISX20201006_0001188803 (최종방문일: 2021.01.26.)

11 Le Monde, 2020.08.01., https://www.lemonde.fr/societe/article/2020/08/01/loi-bioethique-l-assemblee-adopte-le-projet-de-loi-en-deuxieme-lecture_6047874_3224.html (최종방문일: 2021.01.26.)

12 1991년 프랑스에서 대리모와 관련하여 내려진 최초의 파기원 전원합의부 판결에 따르면, '유상이든 무상이든 관계없이 여성이 출산시 자를 포기할 목적으로 타인을 위해 자를 임신 출산한다는 내용의 계약'은 무효이며 "대리모가 자를 포기하여 의뢰부부에게 입양을 통해 종국적으로 아이를 양도하는 행위는 인체에 대한 처분불가능성(l'indisponibilité du corps humain)뿐만 아니라 신분에 대한 처분불가능성(l'indisponibilité de l'état des personnes)을 침해하여 공서(l'ordre public)에 반한다." 1994년 7월 29일 생명윤리법률(la loi bioéthique)에 의해 이 판결에서 인정된 원칙을 프랑스민법전에 명문화하여, 타인을 위해 임신 또는 출산하기로 하는 모든 합의는 공공질서에 반하여 무효라고 규정하기에 이르렀다(프랑스민법 제16-7조 및 제16-9조). 그리고 대리모 계약에 대한 민사법상 금지는 프랑스 형법에 의해 강화되었다. 그 결과 효력이 없는 대리모 계약을 형법상 처벌 규정에도 불구하고 체결하여 출산을 감행할 프랑스인들은 없어서, 프랑스 국내에서의 대

개방을 위한 PMA'가 시행된다면, 프랑스는 유럽연합 내에서 여성 동성애 커플과 독신여성에게 인공수정을 허용한 포르투갈, 스페인, 아일랜드, 영국, 벨기에, 네덜란드, 룩셈브루크, 덴마크, 스웨덴, 핀란드에 이어 열한 번째 국가가 된다. '모든 여성에 대한 개방을 위한 PMA'를 반대하는 이들은 해당 법안의 시행이 향후 필연적으로 남성 동성 커플을 위한 대리모 출산을 초래할 것임을 지적한다. 이렇듯, 대리출산 문제는 다양한 방식의 가족 구성이 허용되는 사회일 경우, 좀 더 복잡한 논의를 요구함을 보여준다.

보조생식술의 발달에 의해 더욱 다양한 문제들이 발생하고 있음에도 불구하고, 멀지 않은 미래에 구현될 인공자궁(artificial womb) 기술은 적어도 상업적 대리출산이 지닌 두 가지 문제, 즉 아기의 비하와 여성의 몸의 비하 가운데 후자의 문제는 해소할 수 있을 것으로 기대된다.

인공자궁은 여성의 신체 외부에 인공적으로 만들어진 자궁이고, 체외발생(ectogenesis)은 수정된 배아를 그러한 인공적인 환경에서 발달시키는 것을 의미한다.(최하영, 2017: 264-265) 또한 인공자궁 기술은 크게 보면 인공심장으로 대표되는 인공장기 기술의 하나이지만, 자궁은 태아와의 복잡한 물질 교환을 요구하므로 인공심장과는 비교하기 어려울 정도의 복잡성을 갖는다. 따라서 미숙아를 위한 인큐베이터와 인공자궁의 가장 큰 차이는 태반의 역할을 할 수 있느냐의 여부이다. 인큐베이터는 태반이 없으므로 탯줄을 통한 호흡이 불가능하여 호흡 기능이 완성되지 않은 미숙아는 생존시킬 수

리모 출산은 사라졌다. 그러나 그 수요가 사라지는 것은 아니어서 프랑스인들은 대리모 출산이 가능한 해외로 출산여행을 떠나기 시작했다.(김현진, 2018: 86-88 참조) '모든 여성에 대한 개방을 위한 PMA' 조치를 포함하는 새로운 생명윤리법안의 채택은 이러한 기존 입장의 철회를 의미한다.

없다. 이처럼 영양소와 미생물, 호르몬 등의 공급, 노폐물의 흡수 등 태아를 위한 물질 교환의 중추인 태반을 인공적으로 구현할 수 있느냐가 인공자궁 기술의 핵심이 된다.(송석현, 2018: 98)

현재 체외수정 과정에서는 수정된 배아를 시험관에서 3-5일간 더 배양한 후 자궁에 이식한다. 또한 초미숙아는 수정 후 22주 이후에는 출산하여 모체 밖 인큐베이터에서 생존케 할 수 있다. 결국 개발 중인 인공자궁은 수정 후 5일 이후부터 22주까지의 기간 동안 배아(수정란)를 생존시키고 성장시킬 수 있어야 한다.(유지홍, 2016: 120) 따라서 초미숙아 생존 가능 시기와 인간배아 배양기술과는 20주 정도의 틈이 있는 것으로 정리할 수 있다. 그러나 인간이 아닌 동물을 대상으로 한 실험에서는 거의 완성에 가까운 연구들이 존재한다. 코넬대 류홍칭(Hung-Ching Liu) 교수팀의 인공자궁에 쥐의 수정란을 착상시켜 출생시킨 연구나 일본 준텐도대 요시노리 쿠와바라(Yoshinori Kuwabara) 교수팀의 플라스틱 탱크 형태의 인공자궁에서 염소를 키워낸 연구, 그리고 가장 최근에는 미성숙한 양을 백(bag) 형태의 인공자궁에서 성장시킨 연구가 있다.(송석현, 2018: 97)

이러한 인공자궁 실현을 앞당길 근년의 연구들에도 불구하고, 다음과 같은 우려는 남는다. 인큐베이터는 여타 생명 연장 의료 장치와 같은 부류에 속한다. 다시 말해, 그것은 미숙아의 생명 존속이라는 낮은 목표를 설정한 기구이다. 반면, 인공자궁은 체외에서 수정되어 어느 정도 발생할 때까지 배양한 배아로부터 성장한 태아가 출산에 이르는 훨씬 정교한 시스템을 요구하므로, 모체를 통한 출산과 동등한 건강한 삶의 영위가 가능하도록 최대한 높은 목표를 설정하여 개발이 이루어져야 한다. 특히나 동물을 대상으로 한 실험들이 인공자궁 실현에 근접한 연구들이라면, 해당 쥐, 염소, 양들이 자궁을 통해 출산된 개체들과 비교하여 건강하며 기대 수명이 충족되는지 또한 그러한 출산이 고도로 재현 가능한지 등의 조건이 반드시 검토되어야 한다. 또한 그러한 고려 속에 의철학에서 관심을 갖는 '건강' 개념의 명확한 규정도 논의되어야 한다. 그런 점에서 엥겔(Engel)과 노르덴펠트(Nordenfelt)의 이해를 종합한 버쳐(Bircher)의 다음과 같은 건강과 질병에 대한 역동적 정의는 주목할 만하다.

> 건강은 신체적, 정신적, 사회적 잠재력으로 특징지어지는 역동적인 안녕(wellbeing)의 상태로, 연령, 문화 그리고 개인적 책임에 상응하는 삶의 요구를 충족시킨다. 만일 잠재력이 이러한 요구를 충족시키기에 불충분하다면, 그 상태가 질병이다.(Johannes Bircher, 2005: 336)

6. 맺음말: 수단화와 가치의 비하를 넘어

상업적 대리출산의 상품화 문제를 고찰하고자 한 이상의 논의를 요약하면 다음과 같다.

첫째, 〈서울가정법원 2018. 5. 18.자 2018브15 결정〉에 의거할 때, 현재 국내에서는 〈생명윤리 및 안전에 관한 법률〉에 명시되지 않은 자궁 공여 대리출산도 허용되지 않는다. 더 나아가 그러한 행위가 선의에 의한 이타적 대리출산일 경우에도 법률상 허용되지 않는 행위로 봄이 마땅하다.

둘째, 플라톤의 철인정치론에 나타난 처자 공유는 수호자 여성들의 출산을 시민 전체의 최대한의 행복이라는 목적을 위한 수단으로 삼았을 뿐만 아니라, 훌륭함과 같은 비유전적 요소가 발전적으로 전해질 것이라는 그릇된 이해를 드러내고 있었다.

셋째, 샌델은 존중 가치와 사용 가치는 다르며 인간은 사용 가치로 잴 수 없는 존중받아야 하는 존재이기에, 상품으로 취급되어서는 안 된다고 주장하고 있었다. 또한 그는 앤더슨의 모든 재화의 가치를 이익의 수단이나 사용상의 효용만으로 평가해서는 그 가치들을 비하하게 된다는 이해에 동의함으로써 모든 재화를 우리에게 주는 쾌락이나 고통이라는 통일된 단일 잣대로 평가하는 공리주의적 관점에 반대하고 있었다.

넷째, 상업적 대리출산이 금지된 나라들에서조차 여전히 '아기공장'을 비롯한 불법적 대리출산의 문제가 확인되고 있었다. 이성 커플에게만 한정되었던 인공수정을 통한 임신, 출산의 사회보장 지원을 여성 동성 커플과 독신여성에게도 확대하는 프랑스의 '모든 여성에 대한 개방을 위한 의료보조생식(PMA)'은 대리출산 문제가 다양한 방식의 가족 구성이 허용되는 사회일 경우, 보다 복잡한 논의를 요구함을 보여주고 있었다.

다섯째, 머지않은 미래에 구현될 인공자궁 기술은 상업적 대리출산이 지닌 여성의 몸의 비하 문제는 해소할 수 있을 것으로 기대된다. 그러나 인공자궁 실현을 앞당길 근년의 연구들에도 불구하고, 인공자궁 출산은 모체를 통한 출산과 동등한 건강한 삶의 영위가 가능하도록 최대한 높은 목표를 설정하여 개발이 이루어져야만 함을 지적하였다.

예방육아의 첨병*

- 벤저민 스파크의 『육아 상식』

이남희 (이화사학연구소 박사후과정 연구원)

* 이 글은 이남희, 「예방의학과 육아-벤자민 스파크(Benjamin Spock)의 『육아 상식』을 중심으로」, 『미국사 연구』 47, 한국 미국사학회, 2018. 5에 게재한 논문을 수정 · 보완한 것임을 밝힌다.

1. 머리말

출산은 숭고한 순간으로 종종 묘사된다. 산모와 아기가 만나는 그 순간은 그래서 이상적인 이미지를 지니고 있기도 하다. 하지만 열 달 동안 뱃속에 품었던 아이를 만나는 순간인 출산의 실제 과정에 숭고한 느낌만 존재하는 것은 아니다.[1] 자연분만을 하느냐 혹은 수술을 하느냐에 따라 경험은 다를 수 있지만, 출산은 이제 대부분 산모에게 의학적 경험이 되었다. 집에서 산파의 도움을 받아 아이를 출산하던 방식은 과거의 유물이 되었고, 자연주의 출산이라는 이름으로 여전히 남아있기는 하지만 출산 전까지 태아와 산모의 건강 상태를 유지하는 일은 의학의 영역에 맡겨진다. 또한 태아나 산모에게 예의주시해야 할 만한 증상이 발견되면 그때부터는 더욱 지속적인 의

---

1   연구자가 경험한 출산 과정은 철저하게 현대의학이 지니는 특성과 지향점에 맞닿아 있었다. 아기와의 첫 만남은 감격스러웠으나 짧고 강렬했으며, 그 이외의 과정은 지극히 의학적 지침대로 진행되었다. 최대한의 효율 중시, 응급 상황 대처 매뉴얼 가동, 그 안에서의 의학 종사자들의 재량, 고객으로서의 환자에 대한 예우 등이 고스란히 느껴지는 과정이었다. 그리고 임신을 인지한 순간부터 출산 전까지는 혹시 있을지 모를 위험 요소를 미연에 방지하거나, 제거하거나, 적어도 인지하는 과정이었다. 주기적으로 여러 가지 검사를 받고 태아의 장애 가능성 유무를 판단하며 신체적 성장—내부 장기 포함—에 관련한 출산 이후 이상 증상에 대한 예측이 가능한 수준에 이르렀다.

학 영역의 관리를 받아야 한다. 그래서 숭고한 이미지를 지닌 출산의 경험은 예상보다 더 체계적이고 전문적인 영역으로 느껴지고 이 영역이 어느 순간 삶에 깊숙이 관여하고 있다는 인상을 받게 된다.

이처럼 출산의 영역은 분명 20세기 의학의 확장과 더불어 의료의 영역으로 편입되었다. 그리고 이에 더해 적절한 양육자가 되는 것은 출산만으로 그 조건을 충족시킬 수 없게 되었다. 아이의 부모라는 이름으로, 혹은 양육자라는 역할만으로 자연스럽게 아이를 책임질 수 있다고 생각하는 시대가 지나가 버렸다. 출산과 동시에 시작되는 육아는 이제 온전히 부모의 손에만 맡겨지지 않는다. 특히 아이의 신체 발달을 포함하여 정서적, 정신적, 심리적 발달을 책임지는 시기로 그 중요성은 커지게 되었으며 현재는 많은 전문가가 이 영역에서 양육자의 조력자 역할을 하고 있다. 하지만 이런 변화는 갑작스럽게 일어난 것은 아닐 것이다. 이 글에서는 양육자와 아이가 행복하게 성장할 방법에 관해 20세기 중반 미리 고민했던 벤저민 스파크(Benjamin Spock) 박사와 그의 저서를 중심으로 육아 영역에서의 의학적 요소의 확산에 대해 살펴보고자 한다.

1946년 6월 미국의 소아과 의사인 벤저민 스파크의 『육아 상식(The Common Sense Book of Baby and Child Care)』[2]이 출간되었을 때, 이 책의 성공을 예측한 사람은 많지 않았다. 출간한 지 두 달 만에 오십만 권의 판매를 기록한 그의 책은 그 후 3년 동안 매해 백만 권에 육박하는 판매량을 유지하

---

2 1970년 한국에서도 『스파크 박사의 육아상식』이라는 이름으로 출간된 적이 있다가 절판되었으나 이 장에서는 원 제목인 'The Common Sense Book of Baby and Child Care'의 의미를 유지하고 비슷한 이름을 가진 『화이트 박사의 육아전서』와 구별하기 위해 『육아 상식』으로 번역하였다.

며 그를 소위 국민 소아과 의사의 반열에 올려놓았다. 특히 유명한 문구인 "자신을 믿으세요. 당신은 당신이 생각하는 것보다 많은 것을 알고 있어요 (Trust Yourself. You know more than you think.)"[3]는 그의 책 맨 앞 페이지에 등장하며 그가 기존의 권위적인 의사들과는 다르다는 것을 보여주는 주문처럼 인식되었다. 그 스스로 밝히고 있듯이 그의 육아서 집필 목적은 기존의 육아서들이 주로 "잘난 체하고, 꾸짖거나, 겁을 주는 것처럼 보였기 때문이었다."[4] 이런 당시의 경향과 달랐던 스파크의 육아서는 당시 미국 중산층 양육자들에게서 큰 인기를 누리게 되었다.

이러한 『육아 상식』의 가장 큰 성공은 긴 문장이나 어려운 용어의 사용을 최대한 줄이고 대화체를 사용한 스파크의 글쓰기 방식 때문으로 볼 수 있다.[5] 또한 이 책은 2차 세계대전과 함께 그 모습을 드러낸 전체주의에서 드러난 사회적 폭력성과 불확정성을 "양육을 통제함으로써" 제어하려고 시도한 사회공학적 성공이라고 평가받기도 한다.[6] 또는 그와는 반대로 기존의 보수적이고 전통적인 사고에 대한 저항으로서 프로이트의 영향력과 심리학에 관한 관심을 근거로 "관대한(permissive)" 육아 방식이 등장했음을 알리

---

3 Benjamin Spock, *The Common Sense Book of Baby and Child Care* (New York: Duell, Sloan and Pearce, 1946), p.3.

4 Lynn Bloom, *Doctor Spock: Biography of a Conservative Radical* (Indianapolit & New York: Bobbs-Merrill Company, 1972), p.101.

5 Rima D. Apple, *Mothers and Medicine: A Social History of Infant Feeding, 1890-1950* (Madison, Wisconsin: University of Wisconsin Press, 1987), p.119.

6 William Graebner, "The Stable World of Benjamin Spock: Social Engineering in a Democratic Culture, 1917-1950," *The Journal of American History* (December 1980), p.613.

는 신호로 보기도 한다.[7] 그러나 스파크의 연구와 다른 저작을 살펴보면 단순히 그가 사회공학적 통제를 목표로 하거나 관대한 양육 방식을 설파하려는 의도를 가진 것이 아님이 드러난다.

소아과 의사로서 스파크는 그가 제공하는 정보가 아이와 부모의 행복을 증진시킬 수 있었다고 믿었다.[8] 그리고 이러한 그의 노력이 더 민주적이고 평화로운 사회를 만들어나가는 데 공헌할 수 있다고 생각하였다.[9] 양육은 생각보다 힘들고 어려우며 즐기기는 힘든 일이지만, 준비되지 않았거나 심리적으로 성숙하지 못한 양육자는 더 심각한 어려움을 겪거나, 부정적인 양육 경험을 만나게 될 확률이 높다고 생각했다. 이러한 상황을 예방하고 방지하기 위해서 그는 육아서를 통해 아이의 발달 단계에 대한 자세한 정보를 제공했고, 그에 따라 양육자들이 어떻게 대처해야 할지 친근한 어조로 알려주었다. 그가 제공한 조언은 발달 상황에 따라 사전정보 혹은 문제 해결에 필요한 정보로 쓰이며 큰 관심을 받았다.

물론 스파크의 조언이 처음부터 예방의학의 확산을 목적으로 육아서로 탄생한 것은 아니었다. 하지만 부모가 육아하며 좀 더 행복을 느끼기를, 그리고 행복한 양육자가 키우는 아이가 행복한 삶을 살게 될 거라는 믿음을 가지고 더 많은 양육 정보를 독자들에게 쉽게 전달하려는 그의 의도는 당시 정신건강 측면의 예방의학적 양육 방식을 일반 양육자들에게 전달하는 데

---

7 Alan Cecil Petigny, *The Permissive Society: America, 1941-1965* (New York: Cambridge University Press, 2009), pp. 15-16.

8 Thomas Maier, *Dr. Spock: An American Life* (New York: Basic Books, 1998), p. 126.

9 Benjamin Spock, *Decent and Indecent: Our Personal and Political Behavior* (New York: McCall Publishing Company, 1969).

큰 영향을 주었다. 이에 이 글은 스파크의 조언의 특성—새로운 정보 전달 방식과 태도—이 전문가가 아니었던 일반 양육자들에게 당시 최신의 과학적 정보에 대한 접근성을 높이게 되었으며, 이 과정을 통해 예방의학적 특성이 육아의 영역으로 확산하는 데 이바지했다는 것을 전제로 그 특징들에 대해 살펴보고자 한다.

2. 정신건강과 예방의학

건강증진(health promotion)의 개념은 기초적인 위생 개선을 통한 질병 예방으로부터 전반적인 건강증진의 관점으로 진화해 왔다.[10] 이런 개념 변화는 정신의학에도 예외가 아니었다. 세계보건기구(WHO)의 정의에 따르면 정신건강은 특정한 정신적 질환이나 질병이 없는 상태를 포함하여 개인의 심리적, 신체적, 도덕적으로 건강한 상태 유지를 포괄한다.[11] 이는 단순히 정신적 질환으로 고통을 받는 상태의 환자를 의학적 개입으로 치료하는 개념을 넘어서, 한 개인이 사회에서 건강한 개인으로 행복한 삶을 유지할 수 있을 때 이를 정상적인 상태로 본다는 것을 의미한다. 즉, 의학이 질병의 치료나 질환의 호전만을 목적으로 하는 것이 아니라 건강을 증진함으로써 전반적인 삶의 질 향상이라는 확장된 목표로 전환했다는 것을 알 수 있다. 정신건강의 증진을 목표로 하는 사회, 기관, 개인들은 질병의 발생 이후 치료

---

10 David M. Macrina, "Historical and Conceptual Perspectives on Health Promotion," *Handbook of Health Promotion and Disease Prevention* (New York: Kluwer Academic/ Plenum, 1999), p.18.

11 *Mental Health Atlas 2017* (Geneva: World Health Organization, 2018), v.

의 성공뿐만 아니라 문제 상황이 발생하지 않도록 하는 예방도 정신건강의 목표로 포함해 왔다.

이런 면에서 미국 사회에서 정신건강 증진과 예방은 전혀 새로운 개념은 아니었다. 그 기원은 20세기 초 정신질환의 예방과 공동체의 정신건강을 증진하는 것을 목표로 진행된 '정신위생 운동(mental hygiene movement)'에서 찾아볼 수 있다. 실업가이면서 정신병원에 입원한 경험이 있던 클리포드 비어스(Clifford Beers)의 저서 『마음의 실체(A Mind that Found Itself)』를 계기로 정신과 의사인 아돌프 메이어(Adolf Meyer)와 하버드대학 심리학과 교수인 윌리엄 제임스(William James) 등이 "정신위생"이라는 개념을 제시하였다.[12] 이들은 1909년 전국정신위생위원회(National Committee for Mental Hygiene)를 설립하고, 초기에는 정신질환자들의 보호 상태를 조사해 그 수준을 향상하는 데에 주안점을 두었다. 그리고 1차 세계대전 이후에는 가벼운 정신장애 치료뿐만 아니라 예방을 위한 활동으로 그 관심을 확대하였다.[13] 1920년대 이후에는 전국에 아동 지도 상담소(Child Guidance Clinic)를 설치해 학교나 공동체에서의 보건교육을 증진하기 위한 방향으로 운동을 전개하였다.[14]

또한 전국정신위생위원회가 설립된 같은 해, 지크문트 프로이트(Sigmund Freud)가 미국의 심리학 교수였던 G. 스탠리 홀(G. Stanley Hall)의 초대로 클라크 대학(Clark University)을 방문하였다.[15] 프로이트의 정신분석학은 이미

---

12 Edward Shorter, *A History of Psychiatry: From the Era of the Asylum to the Age of Prozac* (New York: John Wiley & Sons, Inc., 1997), p.161.

13 Nathan G. Hale, *The Rise and Crisis of Psychoanalysis in the United States: Freud and the Americans, 1917-1985* (New York: Oxford University Press, 1995), p.74-75.

14 *Ibid.*, p.85.

15 Roy Porter, *The Greatest Benefit to Mankind: A Medical History of Humanity* (New York:

그의 방문 전부터 미국의 정신의학계와 심리학계에 큰 변화를 가져다주고 있었다. 정신분석학 이론이 미친 주요한 영향은 정신의학의 대상이 정신질환(psychosis)뿐만 아니라 신경증(neurosis)으로 확대될 수 있다는 것을 의미하였다.[16] 이는 정신병동에 수용 혹은 격리하지 않아도 증상의 완화나 치료가 가능한 환자가 늘어난다는 것이었다. 대도시를 중심으로 정신분석학을 연구하거나 교육하는 대학병원과 지역협회가 생겨났다. 1911년 처음으로 뉴욕에, 1914년에는 워싱턴 디시에, 1930년과 1931년 각각 보스턴과 시카고에 정신분석학협회가 설립되었다.[17]

정신분석학의 주요 주장 중 하나는 신경증의 원인이 환자의 어린 시절 발달이나 경험과 밀접하게 연결되어 있다는 것이었다. 즉 출생 이후의 정신적 발달이 온전히 이루어지지 못하면 특정한 발달 단계에 고착되거나 부정적인 기억이 억압되어 이후 성장한 후 신경증으로 발현된다는 것이다. 이런 프로이트의 이론으로 인해 어린 시절의 발달 단계와 경험의 중요성이 더욱 주목받았다. 어린 시절 다소 부정적이고 권위적인 부모와의 경험이 있던 스파크가 소아과 의사가 되고 정신분석학에 관심을 보인 것은 어쩌면 당연해 보인다.[18] 하지만 프로이트의 정신분석학은 소아과학에 적용하기에는 그 자체로 한계가 있었다. 프로이트가 연구를 통해서 밝혀낸 것은 성인에게서 나타나는 여러 가지 정신적 증세의 원인이 어린 시절에 있을 수 있다는 것

W. W. Norton & Company, Inc., 1998), p.517.

16 Shorter, *A History of Psychiatry*, p.160.

17 *Ibid.*, p.164.

18 Maier, *Dr. Spock*, 38, pp.76-78. 스파크는 소아과 의사가 된 이유를 어린 시절 무섭고 엄격했던 부모와의 관계, 소아과 의사가 그러한 부모에게 갖게 되는 권위, 그리고 첫째 아들로 다섯 명의 동생들을 돌보았던 긍정적 경험 등을 꼽았다.

이었지 어떻게 정신적 혹은 심리적으로 건강한 어른으로 성장할 수 있는지를 알려준 것이 아니기 때문이다. 또한 당시 정신의학 분과도 출생 이후 영유아의 정신적, 심리적 성장에 대해 전문적으로 다루지 않았다.

당시 아동의 정신건강에 관심이 있던 스파크는 소아과 레지던트를 마친 후, 아동정신의학에 관련된 훈련을 제공하는 대학병원을 찾아보았지만 그런 교육을 해주는 곳은 없다는 대답을 받았다. 그 후 대안으로 뉴욕-코넬 대학에서 운영하는 페인위트니 정신병원(Payne Whitney Psychiatric Clinic)을 선택하였다. 그는 1년 동안 그곳에서 레지던트 생활을 하며 소아과 의사로서 아동정신의학에 대해 배울 것을 기대했으나, 그곳은 아동의 정신건강에 대한 수련과는 무관하게, 정신질환이 있는 아동을 치료하는 곳이었다. 이후 소아과로 복귀해야 했던 스파크는 1933년부터 뉴욕 정신분석학협회에서 정신분석과 프로이트 이론에 대해 5년 정도 교육을 받았다고 밝히고 있다.[19] 이처럼 질병의 영역이 아닌 육아에서 정신건강을 체계적으로 다루는 곳은 없는 상황에서 스파크의 관심은 선구적 역할을 할 수밖에 없었다.

이후 스파크의 정신분석학에 관한 관심은 5년 후 발표한 논문에서 첫 번째 결실을 보게 된다. 정신과 의사인 메이블 허슈카(Mabel Huschka)와 함께 쓴 논문에서 수유, 배변 훈련 등 아이의 발달 과정에서 소아과 의사가 고려해야 할 심리학적, 정신의학적 측면에 대해 다룸으로써[20] 아동의 정신건강

---

19 뉴욕정신분석학회(New York Psychoanalytic Society and Institute)에 공식적인 등록 자료를 요청하여 확인한 결과 1933년 정규 프로그램을 수료한 적은 없어 수료자 명단에서 발견할 수는 없었지만, 비정규 프로그램은 수료 기록이 남아 있지 않다는 답을 들음. 스파크는 당시 전임 소아과 의사로 일하고 있었기 때문에 정규 프로그램은 수강할 수 없었음. Maier, *Dr. Spock*, p.93.

20 Benjamin Spock and Mabel Huschka, "The Psychological Aspects of Pediatric Practice,"

증진에 첫걸음을 내딛게 되었다. 이후 그는 자신의 연구와 클리닉에서의 경험을 바탕으로 육아서 출판 제안을 받아들였다.[21] 앞서 언급했던 대로 그가 생각한 육아서의 목적은 양육자와 아이가 육아 경험 안에서 행복하고 안정된 관계를 형성하고 그 관계를 통해서 건강한 삶을 살도록 돕는 것이었다.

이와는 달리, 이전에 출간된 육아서의 초점은 아이의 감정적, 정신적 건강보다는 신체적 건강에 그 관심이 더욱 집중되었다. 이는 19세기 후반과 20세기 초의 높은 영아사망률 때문이기도 했다. 위생적인 환경을 조성하고 질병의 패턴을 파악하기 위해 규칙적인 수유 방식이 권장됐고, 아이와의 장시간 접촉을 지양하는 것이 과학적이고 합리적인 것으로 받아들여지게 되었다. 사실 과학적이고 이상적인 방법을 앞세운 의학은 이미 양육의 영역에 이 시기 깊숙이 들어와 있었다. 이런 경향으로 인해 의학적으로 훈련받지 않은 간호사나 양육자는 아이의 건강에 대해 잘 모른다는 인식이 소아전문의사들 사이에 팽배해졌다.[22] 육아는 교육의 영역이 되었고 주양육자는 자연스럽게 교육의 대상이 되었다. 이러한 경향 속에서 등장한 육아법에 관해 다룬 책들은 의사들의 전문지식을 싣고 있는 경우가 많았다. 용어는 어려웠으며, 정보는 제한적이었고, 양육자가 해서는 안 되는 것이 나열되어 있었다. 더욱 과학적인 방법만이 아이를 안전하게 키울 수 있다는 생각이 지배적이었다.[23]

과학적인 양육 방식은 비전문적인 양육자에 대한 불신을 의미하기도 하

   The Practitioners Library of Medicine and Surgery 8 (1938), p.764.
21 Maier, Dr. Spock, p.126.
22 Rima, Mothers and Medicine, pp.53-56.
23 Ibid., p.97.

였다. 종종 소아전문 의사에게 자신의 아이를 키우는 문제에 의존해야 하는 상황이 늘어나게 되었다. 이전 세대 혹은 종교적인 관습에 의존해 어느 정도 양육자가 통제력을 가질 수 있다고 믿었던 육아의 시대는 막을 내리게 된 것이었다. "계몽된 어머니(An enlightened mother)"는 육아에 대한 여러 방면의 지식과 그에 관련된 전문가들의 도움을 받으며 아이의 반응과 증상에 대해 배워야만 했다.[24] 스파크는 과학적이고 의학적인 양육 방식이 필수적이라는 데에는 동의했지만, 아이를 온전히 잘 키워내는 데에 양육자의 역할이 필수적이라는 것을 인지하였다. 하지만 기존의 양육자로부터 주도권을 빼앗는 방식은 양육자가 자신감을 느끼고 양육을 할 수 있는 환경을 조성해 주는 데에 도움을 주지 못한다고 생각하였다. 이에 그는 그러한 환경을 만드는 데에 자신의 조언이 도움이 되기를 바란 것이다.

현대적 관점에서 예방은 발명 이전 단계에서 병의 발현을 막는 기초예방, 건강을 유지하는 단계로 초기 발견, 검사, 병의 신속한 처치와 이후 장애의 제한을 목표로 하는 2차 예방, 그리고 회복과 재활 및 정상적인 생활로의 복귀과정에 연관된 3차 예방으로 구분할 수 있다.[25] 이 세 가지 단계 중 스파크의 육아 조언은 첫 번째 단계인 기초예방의 특성이 있으며, 이러한 예방의학의 목적과 지향점은 스파크가 생각했던 건강하고 행복한 아이와 부모의 관계를 형성하는 것과 맞닿아 있다고 볼 수 있다.

---

24 Ann Hulbert, *Raising America: Experts, Parents, and a Century of Advice about Children* (New York: Vintage, 2003), p.156.
25 H. R. Leavell & Clark E. G. Clark, *Preventive Medicine for the Doctor in His Community: An Epidemiological Approach* (New York: McGraw Hill, 1965).

3. 예방정보의 제공

스파크 박사의 관점에서 육아는 식욕, 욕망, 감정, 신체적 발달을 포함한 누군가의 삶 전체를 다루는 일이었다. 이는 양육자가 종종 쉽게 통제력을 잃어버릴 수 있는 영역이었으며, 아이를 키운다는 것은 단순히 아이를 먹이고 돌보고 입히고 재우는 것에서 머물지 않는다고 생각하였다.[26] 그는 양육이 쉬운 일은 아니지만 잘 해낼 수 있다는 믿음을 가지고 전문가의 조언을 따르면 본질적으로 보람된 일이 더욱 의미를 지니게 될 것이라고 양육자들을 안심시켰다. 스파크가 제공한 방대한 자료를 살펴보면 그가 얼마나 양육자들이 불확실성이나 예측할 수 없는 것에 잘 대처하기를 원했는지 알 수 있다.[27] 이런 측면에서 스파크는 예방적 특징으로 위험 요소(risk factors)의 특정(identifying)과 감소를 위한 사전정보를 제공하고 있다.

스파크의 예방의학적 접근에 관한 관심은 1950년에 쓴 그의 논문에서 잘 드러난다.

> 소아과 의사들은 점차 신체적 질병으로 인해 왕진을 가야 하는 경우가 줄어들고 있다. 오히려 아이들의 성장, 발달, 행동 문제, 학교나 사회적응에 대한 문제를 더 많이 다룬다. 이러한 변화에는 잘 알려진 이유가 있는

---

26 Benjamin Spock, *Dr. Spock on Parenting: Sensible Advice from America's Most Trusted Child-care Expert* (New York: Simon & Schuster Inc., 1988), pp.15-16.

27 그의 육아서는 선뜻 서점 선반에서 선택하기에는 홀트나 왓슨의 육아서에 비해서도 상당한 양을 자랑한다. 1946년에 출간된 초판은 527페이지, 1957년 재판의 경우 627페이지, 3판은 620페이지 그리고 4판은 666페이지에 달한다.

데 위생에 대한 인식의 향상, 면역과 항생제, 아이의 전반적인 발달과 적응을 증진하는 것에 대한 부모와 의사들의 인식향상, 예방의학과 심인성 (psychosomatic) 의학에 관한 관심 등이 포함된다.[28]

스파크는 "소아과학 자체가 부모들의 예방의학적 가이드에 대한 열망에 부응하지 못하면"[29] 이러한 새로운 변화에 잠식당할 수 있다고 생각하였다. 새로운 영역을 개척한다는 측면에서도 이는 꽤나 중요한 일이었다. 심리학적 방법론과 물리적 치료법은 전통적으로 분리되어 왔는데 이런 상황을 공고히 하는 것은 당시 변화하고 있는 상황에 맞지 않다고 생각한 것이다.

이런 이유로 스파크는 『육아 상식』을 통해 심리학적 준비과정에 대한 "사전정보(prior-information)"를 제공하였다. 스파크의 양육에 관한 조언은 아이의 발달 단계에 대한 정보와 그 시기에 양육자가 어떻게 대처해야 하는지에 대한 정보로 구성되었다. 그는 각각의 발달 단계마다 유아들의 적절한 신체적, 심리적, 지적 발달의 특징과 그에 따라 유아를 다루는 방법, 나이별 식이 방식, 그리고 질병이나 긴급 상황과 같은 위험에 대처하는 방법에 대한 정보를 제공한다. 그가 제공한 정보는 유아의 발달에 대한 최신 의학 정보와 전문가의 판단에 근거한 지식의 결합이라고 볼 수 있다. 이 두 가지 종류의 정보는 전문가의 훈련과 임상 자료를 근거로 한 수많은 관찰 과정을 통해 축적된 것들이기 때문에, 양육 정보에 목말라하던 부모들을 위한 "과학적인" 사전정보였다.

---

28 Benjamin Spock, "Teaching the Broader Aspects of Pediatrics," *Pediatrics* (January 1950), p. 21.
29 *Ibid.*

이런 정보와 지식은 양육 상황에서 벌어질 수 있는 일에 대해 제한적이지만 일반화된 지도를 제공하는 것이었다. 예를 들어, 유아의 발달 단계에 대한 정보는 양육자가 겪게 될 상황에 준비할 수 있도록 하는 사전 지식이 될 수 있었다. 양육자가 유아의 신체적, 심리적, 지적 발달 상황이 나이별로 어떻게 진행될지 예측할 수 있게 되면, 예상치 못한 혹은 통제할 수 없는 장애물에 대한 가능성을 줄이는 데 도움이 될 수도 있고 이후의 개입 필요성을 줄일 수도 있을 것이다. 스파크는 양육자가 최신의 과학적 사전 지식으로 미리 무장함과 동시에 양육하는 동안에는 발달 단계의 일반화와 정량화를 통해 예상치 못한 것들을 준비할 기회를 제공하였다.

게다가 스파크의 조언은 양육자가 겪을 수 있는 상황 속에서 예측할 수 없는 요소들을 줄이기 위해 유아의 발달 과정과 그 면밀한 특성, 그리고 발달 과정 중 발생할 상황에서 양육자의 대처법에 대해 다루고 있다. 가능한 자세한 조언을 통해 스파크는 그의 조언이 부모들에게 이정표가 될 수 있다고 믿었다. 《레이디스 홈 저널(Ladies' Home Journal)》 연재 칼럼에서 그는 "각각의 사례들을 자세히 연구할 때, 종종 유년기에 시작되는 더 분명한 원인을 찾아낼 수 있고, 이론적으로 만약 의학적 개입이 가능했을 경우 예방할 수 있을 것이다"[30]라고 쓰고 있다. 이러한 전제로 그의 조언에서는 예방의학적 시각이 드러난다.

그에 대한 첫 번째 예로, 스파크의 양육서 초반에 다루는 출산 전 준비(material preparation) 과정을 들 수 있다. 아기 전용 담요, 옷, 젖병과 다른 도

---

30 Benjamin Spock, "True Love Makes Them Grow," *Ladies' Home Journal* (May 1954), 134; See also Bejamin Spock, "Children's Health: Accent on Emotions," *National Parent-Teacher* (December 1954), pp.30-32.

구들을 미리 준비하라고 일러주면서 아기를 돌보는 데에 준비해야 할 것들에 대해 가능한 한 자세한 정보를 제공하고 있다.[31] 그는 양육자가 "모든 것을 미리" 준비하기 위해 언제, 어떻게, 무엇을 먹여야 하는지 등 양육 초기에 일어날 수 있는 가능한 상황을 자세히 다루었다. 이러한 시도는 미흡한 준비나 정보로 인해 발생할 수 있는 예측 불가한 요소들을 제거하려는 노력으로 보인다. 그의 이러한 태도는 철저한 사전준비가 예측 불가능한 상황으로 인해 양육과정이 문제에 봉착하는 것을 방지하는 데에 도움이 될 것이라는 그의 믿음을 반영한다.

출산 전 준비 과정에 대해 스파크가 제공한 조언을 살펴보면, 그가 아기의 안전과 산모의 편이성을 증진하기 위한 가능한 모든 것을 책에 담으려고 시도했다는 것을 어렵지 않게 발견할 수 있다. "필수품(Things You'll Need)"을 다룬 부분에서 주목할 점은 아기의 침대를 고를 때 신경 써야 할 부분이나 천이나 매트리스의 종류와 같은 부수적인 것이 아니라 아이가 "안전하게" 잘 수 있는 장소를 선택해야 한다고 말한 것이다. 아기용 침대를 묘사하면서 그는 "가장 중요한 것은 아기가 굴러떨어지지 않도록 매트리스 주변을 감쌀 수 있는 안전틀이 필요하다고" 언급한다.[32] 스파크는 아기의 안전을 양육자의 의무 이상으로 여겼다. 만일 아기가 다치거나 잘못된다면 부모는 이에 큰 책임을 느끼게 될 뿐만 아니라, 이후 양육 경험은 걱정과 근심으로 얼룩질지도 모를 일이기 때문이다. 이를 방지하기 위해 '안전'에 대한 강조는 어쩌면 너무나 당연한 일이었다.

---

31 Spock, *Baby and Child Care*, pp.4-9.
32 *Ibid.*

또 다른 스파크의 관심사는 산모의 안락함과 편안함이었다. 아기를 돌봄과 동시에 집안일을 하거나 추가적인 일이 생기는 것은 산모에게 부담일 수밖에 없다. 이에 스파크는 산모가 불필요한 일을 할 필요가 없도록 유용한 사전정보를 제공한다. 산모들이 번거롭거나 부담을 느끼지 않도록 침대 시트, 담요 등은 "습기를 흡수하는 방수 재질"에 "가볍고" "다림질이 필요없는" 것을 구매하도록 권한다.[33] 그는 편이성과 신생아의 건강을 최우선으로 놓고 최대한 빨래나 집안일이 양육하는 과정에서 방해요인이 되지 않도록 사전에 대비하도록 조언한다. 방해 요인을 사전에 없애는 것은 좀 더 온전하게 육아에 집중하도록 하려는 그의 목적의식이 반영된 것이었다.

또한 그는 각각의 발달 단계의 신체적 특성과 특징들에 대한 정보를 제공한다. 이는 양육자가 발달 단계에서 어떤 특징들을 관찰할 수 있는지를 알려준다. "아기의 발달(Your Baby's Development)" 부분에서는 아기들의 욕구, 미소 짓기, 머리, 손이나 다른 신체 기관의 사용과 같이 출생에서 12개월까지의 눈에 보이는 아기들의 발달 상황에 대한 신호에 초점을 맞추고 있다. 또 출생 이후 아기들은 외부 자극과 끊임없는 상호작용이 필요한 채로 대부분 자기애적인 특징을 보인다고 설명한다. 2~3개월의 유아는 자기 자신의 욕망과 내부 자극에 반응을 보인다[34]는 등의 발달 과정에서 관찰할 수 있는 아기들의 반응을 나열함으로써 양육자들이 어떤 것들에 마주할 수 있는지에 대한 정보를 제공한다. 뿐만 아니라 1세 유아(24개월까지)가 어떤 특징을 보이며 어떤 행동을 하는지, 즉 아이의 "식습관, 관심 사항, 자신과 타인

33 Ibid.
34 Ibid., pp.145-148.

에 대한 시각"[35] 등의 변화에 대한 과학적, 임상적, 의학적 정보를 제공해준다. 그는 1세의 아기들은 보통 자신들만의 독립성(autonomy)를 형성하는 단계에 접어들게 되면서 "자신이 그저 인형이 아니라 자신만의 사고와 의지를 가진 생명체라는 것을 인식하게 된다"고 그는 언급한다. 심리학자들은 이 발달 단계를 '거부증(negativism)'이라 칭하는데 종종 끔찍한 '아니' 단계(No Stage)라고 부른다. 그 이외에도 이 나이의 아기들은 호기심, 독립성, 사교성과 같은 특성을 보인다고 설명한다.[36]

스파크는 2세 이상의 유아에게서 나타나는 특정한 발달의 양상에 대한 사전정보를 제공하는데, 심리적 발달에 관한 표식이 그 대표적인 예이다. "2세에서 3세 사이 아이들에게는 반항성이나 다른 내면의 긴장이 드러나게 되는데 1세의 유아들이 보이는 '부정적인' 반응이 지속된 것이기도 하지만 이 시기에 이르면 다른 형태를 보이기 시작한다."[37]고 언급한다. 3세의 감정 발달에 다루면서 그는 "동일시"와 "호기심"을 가장 특징적인 현상으로 꼽는다. 또한, 이 나이의 유아들은 호기심으로 인해 어떤 것이든 탐구하려는 발달 특성을 보이는데 이와 함께 공포가 여러 가지 형태—어둠, 강아지, 소방차, 죽음, 장애에 대한 두려움 등—로 표출된다고 설명한다.

4. 건강한 육아에 쉽게 다가가기

육아에 도움이 될 정보를 다루는 데 중요한 요소는 접근성이었다. 20세기

---

35 *Ibid.*, p.203.
36 *Ibid.*
37 *Ibid.*, p.285.

전환기에 육아 정보를 얻을 수 있는 곳은 크게 두 군데였다. 하나는 종교적 혹은 도덕적 관습을 토대로 한 전통적인 지혜를 기반으로 한 정보, 그리고 또 다른 하나는 당시 새롭게 전문가 영역으로 변모되던 과학적 지식이 그것이다.[38] 의학의 전문화와 과학적 육아의 중요성이 두드러지면서 전통적으로 권위를 지니고 있던 할머니들로부터 이어져 오던 지혜는 본래 영역에서 누리던 지위를 잃어 가고 있었다. 이는 양육자가 좀 더 친밀하고 익숙한 방법으로 지식을 획득하던 원천이 그 힘을 잃어 간다는 것을 의미했다. 육아 지식은 과학으로 무장하여 접근하기 어렵고 때로는 이해하기 어려운 것이 되어 갔다. 아이에게 어떤 문제가 생겨야만 그에 맞는 치료법이나 대처 방안을 알 수 있었다. 하지만 육아를 하는 데는 생각보다 일상적인 부분—예를 들면 아픈 것은 아니지만, 아이가 밤중에 자다가 깨서 우는데 이유를 알 수 없다거나 갑자기 수유를 거부한다든가 하는 등—에서 불안을 느끼게 하는 지점들이 있다. 지식이 전문화된다는 것은 이런 사소해 보이지만 중요한 것들을 묻거나 해결할 곳이 없어진다는 것을 의미하였다.

이런 면에서 『육아 상식』은 급하게 해결해야 하는 질병치료가 아닌, 양육자들이 안정된 심리상태를 갖고 효과적으로 육아에 임할 수 있도록 하는 데 그 목적을 두었다는 것을 알 수 있다. 실제로 아이의 발달 상태, 안정적인 성장에 대한 정보는 클리닉에 가야 얻을 수 있었는데 이는 양육자에게 친근한 방식은 아니었다. 집안에서 누군가에게 손쉽게 얻을 수 있었던 정보를 타인인 전문가에게, 그것도 의문점이 생길 때마다 묻는 것은 생각보다 쉬운

---

38 Christina Hardyment, *Perfect Parents: Baby-care Advice Past and Present* (Oxford: Oxford University PRess, 1995), p.89.

일이 아니기 때문이다.

이에 더해 당시 그나마 유명해진 프로이트의 이론은 아동의 심리발달에 대해 다룬 것이 아니었다. 이후 아동의 심리발달에 대한 이론은 안나 프로이트(Anna Freud)나 멜라니 클라인(Melanie Klein) 등에 의해 알려지기 시작했으나 그것은 정신분석학이나 대상관계이론과 연계된 전문적인 심리학 영역에 한정되었다. 더욱더 전문적인 영역에 속한 정보들을 쉽게 일반 양육자가 접할 수 없었을 뿐만 아니라 이해하기도 쉽지 않았다.

게다가 스파크 이전의 육아 전문가들의 저서는 양육자들이 쉽게 접근하기에 더욱 어려웠을 것으로 보인다. 이들이 자신들의 저서에서 사용한 언어는 다소 딱딱한 명령조이거나 전달하는 정보의 분류가 전문가의 시선에서 이루어져 있었다. 예를 들어, 미국에서 19세기 말에서 20세기 초 중산층 양육자들에게는 거의 성경과 같은 역할을 했던 에맷 홀트(Emmett Holt)의 책, 『보육과 수유(Care and Feeding of Children)』는 "해야 한다(should)"의 향연이었다.[39] 당시 최신의 과학적 연구를 바탕으로 전문가가 제안하는 양육자가 지켜내야 할 규칙을 나열하여 길지 않은 분량이지만 왜 홀트 박사가 이런저런 제안을 하는지 그 이유는 알 수가 없다. 이에 더해 아이의 발달 상황에 대한 전반적인 정보를 제공하지 않는 점도 한계라고 볼 수 있다. 1920년대에 등장한 행동 심리학자인 존 B. 왓슨(John B. Watson)의 저서에서는 그의 실험관찰에 근거한 엄격한 양육법을 보여준다.[40] 여기서 왓슨이 설정한 상황

---

39 L. Emmett Holt, *Care and Feeding of Children* (New York & London: D. Appleton & Company, 1926).

40 John B. Watson and Rosalie Alberta(Rayner) Watson, *Psychological Care of Infant and Child* (New York: W. W. Norton & Company, 1928).

에 아이들이 어떠한 행동을 보이는지를 근거로 아이들의 행동 심리발달에 대해 분석하고 있지만, 이를 양육자가 실제 육아에 적용하기에는 지나치게 특정한 사례만을 보여준다는 단점이 있었다. 앤더슨 알드리치(C. Anderson Aldrich)의 책은 비교적 얇지만, 육아 관련 정보보다는 아기들의 특성에 대한 지식을 가볍게 소개하고 있다.[41] 아놀드 게젤(Arnold Gesell)과 프랜시스 일그(Francis Ilg)의 저서는 과학적이고 냉철한 어조로 방대한 지식을 쏟아낸다. 아기들의 나이에 따라 발달 상황을 상세하게 묘사하고 있지만 다소 백과사전 같은 인상을 풍긴다.[42] 위의 사례들은 독자들에게 일방적으로 자신들이 원하는 정보를 전달하는 방식으로 쓰였기 때문에 최신의 과학적 양육 방식에 관심이 있는 사람이나 연구자에게는 좋은 자료일 수 있었지만, 양육 정보나 지식을 공유하는 데에 효과적인 방법을 사용했다고 보기는 어렵다. 전문화된 지식은 특정한 계급과 전문가 집단으로만 한정될 수밖에 없는 한계를 지녔다는 것을 생각할 때 정보를 쉽게 전달하기는 어려웠을 것이다.

이와는 반대로 스파크의 『육아 상식』은 자칫 어려울 수 있는 의학지식[43]

---

41 C. Anderson Aldrich and Mary M. Aldrich, *Babies Are Human Beings: An Interpretation of Growth* (New York: The Macmillan Company, 1938).

42 Arnold Gesell, Fransces L. Ilg, Louise B. Ames and Janes L. Rodell, *Infant and Child in the Culture of Today: The Guidance of Development in Home and Nursery School* (New York: Harper & Row, 1974).

43 내용 면에서 다른 이전의 저서와 스파크가 제공한 의학 지식이 차별화되는 지점은 학술 논문이나 전문지에서 볼 수 있었던 정신분석학 이론들을 실생활의 사례와 함께 쉽게 설명하고 있다는 점이다. '분리불안(separation anxiety)'이나 '우울(depression)' 등 직접적으로 용어를 사용한 사례도 있고 유아의 발달에서 고착(fixation)을 방지하기 위해 한 조언도 찾아볼 수 있다. 또한 전반적인 설명이 프로이트의 이론을 이용한 정신분석학적 발달 과정과 에릭 에릭슨(Erik Erikson)의 발달 이론을 차용하고 있음을 알 수 있다. Spock, *Baby and Child Care*.

을 일반인들도 어렵지 않게 이해할 수 있는 언어로 녹여내었다. 독자들은 친근하고 아버지 같으며 권위적이지 않은 '유아 전문 의사(baby doctor)'[44]가 들려주는 '아이를 잘 키우는 방법'에 예상 밖의 진지한 관심을 보였다. 스파크는 양육자들에게 도움이 될 양육에 대한 정보를 기꺼이 공유하고자 하였다.[45]

앞에서 언급한 것처럼 의학의 전문화와 함께 각각의 분과가 성장하면서 예방적 차원에서 육아에 관한 관심이 늘어나게 되었다. 과학적인 방식의 육아가 궁극적으로는 이전의 육아에 비해 아이를 건강하게 키워내는 데 효과적이고 전문적인 방식을 제시하였지만 육아 관련 정보는 점차 일반 양육자들에게서는 멀어지고 있었다. 전문 의학 영역은 과학적 육아로 그 영향력을 확대해 가고 있었고, 기존의 전통적인 권위를 누렸던 양육자는 점차 도전을 받게 되었다. 여전히 아이를 돌보는 사람은 집에 있는 양육자였으나 어떤 방식의 육아가 효과적인가에 대한 판단의 권한은 그들의 손을 떠나고 있었다. 할머니 세대로부터 혹은 과거로부터 오는 지식은 과학적이지 않거나 미신적인 것으로 치부되었으며, 이에 주 양육자들은 최신의 과학적 방법에 대한 이해가 있어야 좋은 양육자가 될 수 있었다.[46]

그러나 당시 육아서는 의학의 권위적인 이미지를 더하는 데 일조하였다. 저자들의 말투는 딱딱했고 때로 명령조였으며, 그들이 전하는 의학지식은 단편적이어서 짧은 대신 이해하기 어려웠고, 이유에 대한 설명도 늘 부족했

---

44 『육아 상식』으로 유명해진 소아과 의사였던 스파크에게 대중적으로 붙여진 별칭.
45 Spock and Morgan, *Spock on Spock*, p.126.
46 Hardyment, *Perfect Parents*, pp.124-139. 더 정확히 말하면 당시에 과학적이라고 받아들여졌던 정보들이라고 할 수 있다.

다. 이런 상황에서 스파크의 양육서는 과학적 육아의 특권적 성격에 역행하는 것이다. 자상한 말투에 쉬운 단어로 서술되어 있던 『육아 상식』은 그 자체로 자세한 설명을 덧붙인 엄청난 양의 정보를 담고 있었다. 책이 두껍고 자세하며 전문적인 정보를 담고 있었지만 정보 전달이 최상의 목표였던 그의 양육서는 양육자들에게 안도감을 주기에 충분했다.[47]

스파크의 입장에서 양육자들에게 필요한 것은 정보에 대한 접근성뿐만 아니라, 일반인인 주 양육자가 지녔던 전문적인 지식에 대한 태도였다. 그와 부인 메리 몰건(Mary Morgan)이 함께 저술한 자서전에 기술된 묘사는 이러한 불확실성에 대한 부모의 불안을 줄이기 위해 기울인 시도를 집약해서 보여준다.

> 사실 수많은 전문가가 좋은 의도를 가지고 부모들에게 무엇을 해야 할지를 조언해 주었지만, 부모들에게 가장한 만연한 문제는 각자 가지고 있는 불확실성, 즉 '나는 충분히 아는 게 아닐지도 몰라… 또 다른 책을 더 읽어야겠어!'라고 느끼는 죄책감인 것처럼 보였다. 자신감이 없는 부모들은 오직 전문가들만이 답을 알고 있다고 생각하기 시작하였다. 그들은 감히 자신의 판단을 믿고 밀고 나갈 엄두를 내지 못하였다. 아이들은 부모들의 불안감을 느끼게 되면 불안정해질 수 있어서 이 점은 안타까운 일이다.[48]

스파크는 부모들이 가지고 있는 불안이 안정된 양육에 도움이 되지 않는

---

47 Maier, *Dr. Spock*, pp.154-155.
48 Spock and Morgan, *Spock on Spock*, p.134.

다고 생각하였다. 그 이유는 자칫 그것으로 야기될 수 있는 비이성적인 반응이 그들 스스로 좋은 양육자가 될 수 있다는 자신감을 훼손시킬 수 있다고 보았기 때문이다. 동시에 스파크가 가장 우려한 점은 양육자가 느끼는 불확실함이 아이들에게 미칠 영향이었다. 이는 종종 불안감과 연결되어 있었다.

이런 측면에서 스파크의 조언은 양육자가 아동의 정신건강 증진을 위한 적합한 환경 조성에 자연스럽게 참여하도록 일조하였다. 유아의 특성이나 행동에 대한 정보를 제공한 이유가 그저 최신의 정보를 양육자에게 쏟아붓기 위함이나 의학적 지식을 자랑하기 위함이 아니었다. 정보 전달의 목적은 적절한 발달에 관한 신호에 어떻게 반응해야 할지를 양육자들에게 알려주기 위함이었다. 예를 들어, 스파크는 1세의 지적 발달(intellectual development) 중 하나에 대해 언급한다. "이 시기 유아는 갑자기 움직이거나 큰소리를 내는 마술책, 우산 펴기, 진공청소기, 사이렌, 이상한 짓는 소리, 뛰는 강아지, 기차, 바스락거리는 나뭇가지 같은 것들에 놀랄지 모른다." 또한 "아이가 적응할 때까지는 1세 아이 근처에 아이를 깜짝 놀라게 할 만한 일들이 일어나지 않도록 하라"고 조언한다.[49] 여기서 볼 수 있듯이 스파크가 제공한 정보들은 유아 행동이나 반응에 대한 정보뿐만 아니라 양육자의 대처 방식에 대한 정보를 제공한다.

방 너머에서 흔들리는 목소리로 "안 돼"라고 말하지 마세요. 이것은 아이에게 선택권을 줍니다. … 아기가 등을 향해 가면 처음 몇 번은 아기를 다른쪽을 재빨리 들어 옮기는 것이 훨씬 더 현명합니다. 아기에게 잡지나 빈 담

49 Spock, *Baby and Child Care*, p.210.

뱃값 등 안전하면서 아기의 흥미를 끌 수 있는 무엇인가를 쥐어줍니다. …
아기가 몇 분 후 또 다시 등이 있는 곳으로 간다고 가정해보면 다시 한번 즉
시, 단호하게, 그리고 밝은 표정으로 아기를 옮기고 다른 곳으로 시선을 돌
려보세요. 아이를 옮기면서, 즉 행동과 더불어 '안 돼'라고 말하는 것은 괜찮
습니다. … 전등은 장난감이 아니라는 것을 스스로 확신하고 있다는 사실을
아이에게 능숙하게 보여주고 있는 겁니다. 선택상황, 논쟁, 화난 표정, 나무
람, 즉 상황에 전혀 도움이 되지 않는 것들에게 멀어지고 있는 겁니다.[50]

이러한 조언은 양육자의 적절한 훈육 태도를 알려줌으로써 아이에게 양
육자의 의도를 효과적으로 보여줄 수 있는 반응에 대한 예시를 제시해 준
다. 만약 양육자가 주저함을 보이거나 아이들에게 선택권을 허락한다면 그
것은 부모가 자신이 하는 행동에 대해 확신이 없다는 표시가 될 수도 있다
는 것이다. 양육자가 반응하는 데 있어서 심리학적 정보를 갖도록 함으로써
스파크는 그들이 양육 상황에 어느 정도의 확신을 하도록 해주기를 바랐다.
스파크는 더 이상 불안하지 않고 준비되었다고 느낀 양육자는 부모로서
능력이 향상된다는 느낌을 받을 수 있으며, 이는 양육자가 아이와 더 나은
관계를 형성하는 데에 도움이 되는 것이고, 더 나은 양육을 위해 필수적이
라고 생각하였다. 유아의 발달 단계를 이해하는 것은 예비 부모들에게는 자
신들이 마주한 상황이 무엇인지 자신들이 잘하고 있는지에 대해 말해줄 수
있는 사전 지식을 제공하기 때문에 중요한 것이었다.[51] 또 사전 지식을 통

---

50 *Ibid.*, pp.211-212.
51 독자들이 스파크에게 보낸 편지들에서 그들이 느꼈던 일종의 안도감과 신뢰를 느낄 수
있는 사례들을 찾아볼 수 있다. "당신 자신을 믿으세요. 당신은 생각보다 더 많이 알고

해 다음에 어떤 일이 벌어질지 아는 것은 양육자에게 일종의 안도감과 자신감을 심어주는 방법이었다. 상황에 대해 완벽한 통제를 하는 것과는 별개로, 양육자들이 가질 수 있는 통제감, 즉 통제할 수 있다는 혹은 통제하고 있다는 느낌은 훨씬 더 큰 안도감을 안겨줄 수 있었다. 양육에 대해 더욱 통제 가능한 상황을 위해서는 양육자들이 아기에 대해 그리고 아기를 키우는 과정을 이해하는 방식을 "배워야" 한다고 스파크는 믿었다.

대중적이고 쉽게 접근할 수 있었던 만큼 양육자들은 자신들도 모르게 과학적인 정보들을 자연스럽게 받아들이게 되었다. 이는 예방의학 교육의 대상이 부모가 되었다는 것을 의미하며 양육자는 자신의 아이를 키울 때 전문가에 의존하는 것이 불가피해졌다는 것을 의미하는 것이다. 스파크의 『육아 상식』은 양육자의 고통을 덜어주고 행복한 삶을 영위하기 위한 목적으로 쓰였다고 하지만, 궁극적으로 의학이 건강증진을 목적으로 일상생활에 어떻게 침투하게 되었는지를 보여주는 중요한 사례로 볼 수 있다.

양육에서 아동 발달 정보의 역할을 다루면서 고려할 사항은 "우리 아이가 어떤 단계에 있는가"와 "우리 아이가 어떤 단계에 이르러야 하는가" 사이의 구별이 필요하다는 것이다. 전자는 자신들의 아이와의 개인적인 경험으로

있다.(Trust yourself. You know more than you think.)"라는 말을 통해 그들에게 보내는 스파크의 응원에 많은 양육자가 반응을 보였다. 직접 아이를 키우는 양육자뿐만 아니라 대다수 독자들의 편지 앞부분에는 스파크에 대한 감사와 스파크의 책에 대한 찬사가 쓰여 있다. Benjamin Spock Papers, Syracuse University; 이뿐만 아니라 양육자들은 아이의 발달 상황과 자신의 실수 등의 개인적인 내용이 담긴 편지들을 보내기도 했는데, 이는 그에 대한 신뢰가 없이는 불가능한 일이었다. 이에 관련된 내용은 저자의 박사논문인 Namhee Lee, "The Spock Paradox: Permissiveness, Control and Dr. Spock's Advice for a New Psychology of Parenting for Democracy in the Mid-20th Century U.S," (Ph.D. Dissertation, Syracuse University, 2017) 참조.

알 수 있는 것이었지만 후자는 과학적 자료를 근거로 한 보편화된 정보가 있어야 할 수밖에 없었다. 집합적 자료와 개인적 정보 사이의 차이는 왜 수많은 독자가 스파크에게 자신의 개인적 상황과 의견을 편지로 피력했는지를 알려주는 실마리다. 자세히 보지 않아도 전문가의 조언의 본질적인 특징을 생각해보면 스파크의 조언은 후자의 성격을 띨 수밖에 없다. 소아과 의사로서 그는 어떻게 아이를 "적절하게" 양육해야 하는지에 대한 전문지식을 그만의 온건한 목소리로 전달하는 역할을 하였다.

5. 맺음말: 의학과 육아의 경계를 넘어

출산과 함께 시작되는 육아는 지속적인 경험이다. 그리고 어떤 지위에 있건 어떤 직업을 가지고 있건 양육자들에게 새로운 경험을 선사한다. 매 순간 자신이 이제까지 어떤 일을 했는지, 어떤 교육을 받았는지와는 상관없이 아이의 생존을 위해 보초병이 되는 순간이다. 그런 의미에서 출산은 태어난 아이에게뿐만 아니라 양육자에게도 새로운 출발을 의미한다. 출산의 경험 자체로 많은 것들이 변화하지만 그것은 그 이후 가족이라는 운명공동체로 거듭나는 여정의 시작이기도 하다.

다만 이러한 시작이 늘 희망차고 긍정적인 것만은 아니다. 경이로운 경험과 함께 찾아오는 호르몬의 변화로 인한 우울감과 미래에 대한 불안감은 양육자에게 출산 이후의 변화된 삶이 온전히 쉽지는 않을 것이라는 예고장과 같다. 그리고 많은 역사상의 양육자들이 이 예고장이 현실이며 육아라는 끝을 기약할 수 없는 지난한 과정이 시작된다는 것을 몸소 증명해주었다. 아이의 자연적 욕구와 요구 앞에서 어떤 이성적인 변명이나 구실이 통하지 않는다는 점과 그럼에도 불구하고 양육자가 갖춰야 할 태도는 꾸준함과 무한한 인내심이라는 사실은 때로 육아를 더욱 버겁게 만든다.

그래서 스파크의 "당신을 믿으세요. 당신은 생각보다 많이 알고 있어요."라는 메시지는 큰 힘을 갖게 되었다. 20세기 중반 미국의 양육자들은 자신들에게 힘을 실어주는 소아과 의사에게 큰 매력을 느꼈다. 많은 양의 육아 정보를 제공하는 것 자체가 정보의 원천이 변화했음을 보여주는 신호일지도 모르지만, 전문가에게서 오는 응원의 메시지는 오래도록 양육자들에게 사랑받았다. 그래서 스파크의 육아서의 등장과 성공은 역설적으로 양육자가 전문가의 도움이나 조언으로 아이를 키우는 것이 효과적이며 아이에게도 도움이 된다는 생각의 시작과 맞닿아있다. 이는 양육자의 자격과 역할이 변했음을 알리는 시작이기도 하였다. 즉, 좋은 양육자는 아이를 효과적으로 통제하고 아이와 교감하며 성장을 돕는 사람이어야 한다.

육아에도 상식이 있다고 했던 이 친근한 의사의 태도는 일반인이 접근하기 어려운 정보에 양육자들이 더 자연스럽고 쉽게 접근할 수 있도록 도움을 주었다. 그의 탈권위적이고 수용적인 말투는 양육자가 가지고 있었을지 모르는 의학적 지식에 대한 거부감을 없애고 500쪽이 넘는 육아 정보에 좀 더 쉽게 접근할 수 있는 토대를 마련하였다. 또한 그가 사용한 대화체 문구는 정신분석학이나 정신의학 정보를 예방의학 지식이라고 생각하지 않고 받아들이기에 충분하였다. 이러한 자연스러운 접근은 출산 이후 이어지는 육아의 영역도 의료와 의학의 영역이 되었음을 의미한다. 의학적 영향력의 이러한 확장사례는 우리가 단순히 의학의 영역에만 국한해 고찰하는 것을 넘어 인문학의 영역에서 여러모로 살펴봐야 할 필요성을 제시해준다. 다양한 관점과 영역을 확장한 관심이 지속하기를 기대해보며 이 글을 맺는다.

참고문헌
집필진 소개
찾아보기

천연한 자연과 완전한 자연 — 1970년대 중반 한국 가톨릭 가족계획 사업과 자연피임법의
경합 / 박승만

〈1차 사료〉
『경향잡지』,《동아일보》.
「교회의 이모저모」,『경향잡지』 67-7, 1975.7.
「주교회의 추계 정기총회: 결정 사항」,『경향잡지』 64-11, 1972.11.
「주교회의 춘계 정기총회: 결정 사항」,『경향잡지』 65-5, 1973.5.
「'행복한 가족' 사업연구위원회설치와 운영경위」,『한국가톨릭병원협회지』 4-2, 1973.
김승조,「가톨릭적 가족계획과 자연피임법」,『한국가톨릭병원협회지』 4-2, 1973.
김승조,「인구문제와 가족계획: 빌링스법을 중심으로 한 자연피임법」,『사목』 36, 1974.
김승조,「배란법에 의한 가족계획의 새로운 지견」,『한국가톨릭병원협회지』 7-1, 1976.
김승조,「배란주기법에 의한 자연 피임법」,『교회와 인구문제』, 서울대교구 사목연수원
        1976년도 제2차 월례연수회 자료집, 서울대교구 사목연수원, 1976.
김승조, 최성기,「성선기능자극제에 의한 배란유발」,『녹십자의보』 3-5, 1975.
대한민국정부,『제1차 경제개발5개년계획: 1961-1966』, 대한민국정부, 1962.
데이비드 흄,『도덕에 관하여: 인간 본성에 관한 논고 제3권』, 이준호 옮김, 서광사, 1998.
맹광호,「한국에 있어서의 가톨릭 가족 계획 현황과 그 전망」,『한국가톨릭병원협회지』
        5-2, 1974.
바오로 6세,『인간 생명』, 박은호, 정재우 옮김, 한국천주교중앙협의회, 2018.
박토마,「가톨릭 가족계획사업과 신앙생활」,『한국가톨릭병원협회지』 6-1, 1975.
박토마,「혼인과 가정생활」,『한국가톨릭병원협회지』 7-1, 1976.
박토마,「비자연적 피임은 죄다: '가톨릭의 명예'를 읽고」,『경향잡지』 71-8, 1979.8.
생명수,「가톨릭의 명예」,『경향잡지』 71-6, 1979.6.
조규상,「행복한 가정운동의 국내외 동향」,『한국가톨릭병원협회지』 7-1, 1976.
한국 주교단 공동 교서,「인구 문제와 산아제한」,『경향잡지』 53-11, 1961.11.
한국 주교단 공동 교서,「우리들이 지녀야 할 올바른 인식과 자세」,『경향잡지』 60-10,
        1968.10.
한국 주교단 사목교서,「건전한 가족계획」,『경향잡지』 68-8, 1976.8.
한국 주교단 성명서,「'국민 우생 법안'에 대한 우리의 견해」,『경향잡지』 56-6, 1964.6.

National Catholic Reporter

Emil Novak, "Two Important Biologic Factors in Fertility and Sterility: (a) Is There a "Safe Period?," (b) Anovulatory Menstruation as a Possible Cause of Sterility," *Journal of the American Medical Association*, 102-6 (1934): 452-454.

Evelyn L. Billings, et al., "Symptoms and Hormonal Changes Accompanying Ovulation", Lancet, 299-7745 (1972): 282-284.

Harold M. Groden, "Ovulation Regulation", *Linacre Quarterly*, 32-1 (1965): 66-72.

Humbert de Romans, "Ad studentes in medicina LXVI" in Joseph Ziegler, *Medicine and Religion c. 1300: The Case of Arnan de Vilanova*, Oxford: Oxford University Press, 1998: 314-315.

John J. Billings, *The Ovulation Method*, Melbourne: Advocate Press, 1964.

Vincente J. A. Rosales, "The Groden Method of Family Limitation", *Boletin Eclesiastico de Filipinas*, 50-563 (1976): 716-727.

〈연구 논저〉

배은경, 「한국사회 출산조절의 역사적 과정과 젠더: 1970년대까지의 경험을 중심으로」, 서울대학교 박사학위논문, 2004.

이원희, 김대기, 「성골롬반외방선교수녀회의 의료활동: 강원도를 중심으로」, 『교회사학』 14, 수원교회사연구소, 2017.

이창영, 『생명윤리: 가톨릭 교회의 가르침』, 한국천주교중앙협의회, 2003.

정현석, 「보나벤투라의 인간학에서 영혼의 자립가능성과 인간의 통일성의 관계」, 『가톨릭 철학』, 15, 한국가톨릭철학회, 2010.

조은주, 『가족과 통치: 인구는 어떻게 정치의 문제가 되었나』, 창비, 2018.

최선혜, 「1960-1970년대 한국 정부의 가족계획 사업에 대한 가톨릭의 대응」, 『인간연구』 9, 가톨릭대학교 인간학연구소, 2005.

한국가톨릭대사전 편찬위원회 엮음, 『한국가톨릭대사전』, 한국교회사연구소, 1994.

행복한 가정 운동 협의회, 『행복한 가정운동 25년: 1975-2000』, 천주교 서울대교구 평신도 사목국 가정사목부, 2000.

Anne-Claire Rebreyend, "Sexualités vécues. France 1920-1970", *Clio. Histoire, Femmes et Sociétés*, 18 (2003).

Arthur O. Lovejoy and George Boas, *Primitivism and Related Ideas in Antiquity*, New York: Octagon Books, 1973.

Charles W. Norris, "The Life and Times of John J. Billings: The Mucus Symptom, a Physiologic Marker of Women's Fertility", *Linacre Quarterly*, 77-3 (2010).

Gerald J. Schnepp and Joseph P. Mundi, "Sociological Implications of Rhythm Method

Practice", *Linacre Quarterly*, 19-2 (1952).

John T. Noonan, Jr., *Contraception: A History of Its Treatment by the Catholic Theologians and Canonists*, enlarged edition, Cambridge, MA: Harvard University Press, 1986.

Lorraine Daston and Fernando Vidal, "Doing What Comes Naturally" in *The Moral Authority of Nature*, eds. by Lorraine Daston and Fernando Vidal, Chicago: University of Chicago Press, 2004.

Marc Frey, "Neo-Malthusianism and Development: Shifting Interpretations of a Contested Paradigm", *Journal of Global History*, 6 (2011).

Richard J. Fehring, "A Historical Review of the Catholic Scientists Who Answered the Call of Humanae Vitae", in *Humanae Vitae, 50 Years Later: Embracing God's Vision for Marriage, Love, and Life*, ed. by Theresa Notare, Washington, DC: The Catholic University of America Press, 2019).

The Human Body: Papal Teachings, eds. by Monks of Solesmes, Boston, MA: Daughters of St, Paul, 1960.

18세기의 태교인문학, 『태교신기(胎教新記)』 / 김양진

〈1차 자료〉
사주당 이씨 저, 채한조 편, 『胎教新記』(全), 1938.
申綽, 사주당이씨부인묘지명. 『石泉遺稿』 권3.
유희, 先妣淑夫人李氏家狀. 『文通』 文錄2(한국학중앙연구원 정리본).
장서각 고문서연구실편, 『진주유씨 서파유희전서 I · II』, 한국학중앙연구원, 2008.
정인보, 『담원 정인보전집2』, 국학산고고.
정인보, 『태교신기음의서략』, 담원문록(정양완 역), 태학사.

〈신문 기사〉
김관철, 「태교와 출생 전 교육」, 『경인일보』 1987년 1월 12일~14일.
최익한, 「조선여류저작 상, 사주당 〈태교신기〉의 지위」, 《동아일보》, 1940년 3월 17일~
    3월 31일/7월 16일~28일.

〈연구 논저〉
강헌규, 「소화판 〈태교신기〉와 필사본 〈틱교신긔 언히〉의 비교연구」, 『공주교육대학 논
    문집』 13-1, 1976.
권영철, 「『태교신기』 연구」, 『여성문제연구』 2, 효성여대 부설 한국여성문제연구소, 1972.

권호기,「수고본태교신기」,『서지학』, 한국서지학회, 1982.

김민수,「유희의 전기」,『도남조윤제박사 회갑기념논문집』, 1964.

김민수,『신국어학사』, 일조각, 1964.

김병희,「전통태교의 현대교육적 함의-『태교신기』를 중심으로-」,『교육철학』, 2010.

김병희,「전통태교의 특성과 교육적 위상」,『아동교육』, 2012.

김세서리아,「조선후기 여성 문집의 유가경전 인용 방식에 대한 여성철학적 고찰: 이사주
　　당의 『胎教新記』와 이방허각의 『규합총서(閨閤叢書)』를 중심으로」,『한국여성철
　　학』 30, 한국여성철학회, 2018.

김영철,「『태교신기』에 나타난 '존심'과 '정심'의 교육적 의미」,『도덕교육철학』 17, 한국도
　　덕교육학회, 2005.

김일선,「조선시대 부녀교훈용도서」,『이화사학연구』 3, 1968.

김정은,「사주당의 태교례 실현과 차생활 연구」, 성신여대 석사학위논문, 1991.

김지선,「明末淸初 遺民의 기억, 서사, 그리고《女範捷錄》」,『중국학논총』 36, 중국학연구
　　소, 2012.

김혜숙,「여성주의 인식론과 한국여성철학의 전망」,『현대비평과 이론』, 한신문화사, 1998.

김희자,「태교론」, 영남대학교 석사학위논문, 1991.

박숙현,『태교는 인문학이다(박숙현의 태교신기 특강)』. 북앤스토리, 2014.

박용옥,「한국에 있어서의 전통적 여성관-이사주당과 〈태교신기〉를 중심으로」,『이화사
　　학연구』 16, 1985.

배병철,『다시보는 태교신기』, 성보사 부설 전통의학연수호, 2005.

사주당 이씨 지음/이연재 옮김,『태교신기』, 안티쿠스, 2014.

사주당 원저/최희석 편저,『(부부가 함께 읽는 태교의 고전) 태교신기』, 한국학술정보(주),
　　2010/2020.

사주당 저/최삼섭·박찬국 역해·역주,『역주 태교신기(胎教新記)』, 성보사, 1991.

서울대학교 규장각한국학연구원,『실용서로 읽는 조선』, 글항아리, 2013.

선우미정,「조선시대 유교의 자녀교육론-태교와 아동교육을 중심으로-」,『양명학』 47, 한
　　국양명학회, 2017.

심경호,「사주당 이씨의 삶과 학문」,『한국고전여성문학연구』 18, 한국고전여성문학회,
　　2009.

여정희,「《胎教新記》의 胎教思想 硏究」, 성균관대 유학대학원 석사학위논문, 2005.

유재영 역주,『女範』, 형설출판사, 1981.

유점숙,「〈태교신기〉 내용고찰」,『안동문화』 6, 1981.

윤은경,「韓醫學的 觀點에서 본『胎教新記』의 胎教論」,『대한한의학원전학회지』 31-1, 대
　　한한의학원전학회, 2018.

이강년,『태교신기 역문』, 1937.

이경하, 「본성-양육 논쟁으로 본 『태교신기』-전통태교론 및 현대유전학과의 비교」, 『인문 논총』 71-1. 서울대 인문학연구원, 2014.

이길표 · 김정은, 「사주당의 태교관에 관한 고찰」, 『한국전통·생활문화학회지』 4-1, 2011.

이남희, 「조선후기 지식인 여성의 자의식과 사유세계-이사주당(이사주당, 1739-1821)을 중심으로-」, 『원불교사상과종교문화』 68, 원광대학교 원불교사상연구원, 2016.

이만규, 「柳僖先生略傳」, 『한글』 5-4. 한글학회, 1937.

李師朱堂 原著/姜憲圭 註釋, 『(註釋/影印) 胎敎新記諺解』, 三光出版社, 1995.

이상화, 「여성학연구의 철학적 기반: 여성주의 인식론에 대한 비판적 성찰」, 『한국문화연 구원논총』, 이화여대, 1994.

이숙인, 「이사주당(이사주당): 경험을 지식화한 여성 실학자」, 『내일을 여는 역사』 61, 재 단법인 내일을여는역사재단, 2015.

이원호, 『태교-태중보육의 현대적 이해-박영문고 157』, 박영사, 1977.

이혜순, 「18세기말 19세기초 이사주당의 태교의식에서 드러나는 여성실학정신」, 『조선조 후기 여성지성사』, 이화여자대학교출판부, 2007.

임희규, 「한국의 전통적 태교에 관한 연구」, 『한국가정관리학회지』 1-1. 한국가정관리학 회, 1983.

장재천, 「한국 전통태교의 특징과 역사적 의의」, 『한국사상과 문화』, 2009.

장정호, 「유학교육론의 관점에서 본 『태교신기』의 태교론」, 『대동문화연구』 50, 2005.

장정호, 「한국 전통 태교론 비교 연구」, 『교육사학연구』, 2008.

정선년, 「『태교신기』를 통해 본 태교의 두 의미: 일상생활의 태교와 심신수양의 태교」, 부 산교대 석사학위논문, 2017.

정양완, 「수고본태교신기」, 『한국여성의 전통상』, 민음사, 1985.

정양완, 「『태교신기(胎敎新記)』에 대하여-배 안의 아기를 가르치는 태교에 대한 새로운 글-」, 『새국어생활』 10-3, 국립국어연구원, 2000.

정정혜, 「한국 전통 사회의 태교에 관한 고찰-『태교신기』를 중심으로」, 영남대 석사학위 논문, 1988.

정해은, 「조선시대 태교 담론에서 바라본 이사주당의 태교론」, 『여성과 역사』 10, 2009.

조기호, 「이사주당의 기호적응형질 고찰」, 『한국여성철학』 15. 한국여성철학회. 2011.

하채희, 「조선시대 태교 사항과 그에 나타난 여성교육에 관한 연구-『태교신기』를 중심으 로」. 고려대 석사학위논문, 1988.

한제찬, 『태교신기의역』, 1967.

몽고증과 미국 사회의 '오리엔트적 상상(Oriental Imaginary)' / 신지혜

〈1차 사료〉
Bismarck Tribune
Bremen Enquirer
Brooklyn Daily Eagle
Californians
Chicago Tribune
Daily News
Evening News
Fort Worth Star-Telegram
Greenwood Commonwealth
Los Angeles Times
Minneapolis Star
New York Times
Omaha Daily Bee
Washington Post

〈연구 논저〉
최은경, 이영아, 「신문 상담란 "지상 병원"을 중심으로 본 1930년대 식민지 조선 대중들의 신체 인식과 의학 지식 수용」, 『한국과학사학회지』 37(1), 한국과학사학회, 2015.

S. J. Gould, 「다운 증후군」, 『판다의 엄지』, 김동광 역, 사이언스 북스, 2016.

M. Keevak, 『황인종의 탄생: 인종적 사유의 역사』, 이효석 역, 현암사, 2016.

A. Solomon, 『부모와 다른 아이들』 1, 2, 고기탁 역, 열린책들, 2015.

Baynton, Douglas, "Disability in History", *Disability Studies Quarterly*, Volume 28 (Summer 2008). http://www.dsq-sds.org/article/view/108/108.

Benjamin, Georges C., Elizabeth Fee, and Theodore M. Brown, "Voices from the Past: William Augustus Evans (1865-1948): Public Health Leader at a Critical Times", *American Journal of Public Health*, Volume 100 (2010): 2073.

Bleyer, Adrien, "The Occurrence of Mongolism in Ethiopians", *JAMA*, Volume 84 (1925): 1041-42.

Bogdan, Robert, with Martin Elks and James A. Knoll, *Picturing Disability: Beggar, Freak, Citizen, and Other Photographic Rhetoric*, Syracuse: Syracuse University Press, 2012.

Brousseau, Kate, *Mongolism: A Study of the Physical and Mental Characteristics of Mongolian Imbeciles*, London: Williams & Wilkins, 1928.

Cohen, Deborah, *Family Secrets: Shame and Privacy in Modern Britain*, New York: Oxford University Press, 2013.

Crookshank, Francis Graham, *The Mongol in Our Midst: A Study of Men and His Three Faces*, London: Kegan Paul, 1924.

Crookshank, Francis Graham, *The Mongol in Our Midst: A Study of Men and His Three Faces*, 3rd ed., London: Kegan Paul, 1931.

Down, John Langdon, "Observations on the Ethnic Classification of Idiots", *Clinical Reports of the London Hospital*, Volume 3 (1866): 259-62. [Reprinted in *Heredity*, Volume 21 (1966): 695-97].

Dunlap, John E., "Mongoloid Idiocy in a Negro Infant", *Journal of Pediatrics*, Volume 2 (1933): 615-16.

Fluehr-Lobban, Carolyn, *Race and Racism: An Introduction*, Lanham, MD: Lowman & Littlefield, 2006.

Gesell, Arnold, "Clinical Mongolism in Colored Races: With Report of a Case of Negro Mongolism", *JAMA*, Volume 106 (1936): 1146-50.

Granquist, Luther, "History Note: Taking Babies from Their Moms Seemed Best for Family", *Access Press*, Volume 20 (2009.5.10).

Gudelunas, David, "Talking Taboos: Newspaper Advice Columns and Sexual Discourse", *Sexuality & Culture*, Volume 9 (2005): 61-87.

Halliwell, Martin, *Images of Idiocy: The Idiot Figure in Modern Fiction and Film*, New York: Routledge, 2016.

Hill, Albert L., "Mongolian Idiocy in Japanese: Report of Two Cases", *California and Western Medicine*, Volume 37 (1932): 192-93.

Ho, Arnold K., Jim Sidanius, Daniel T. Levin, and Mahzarin R. Banaji, "Evidence for Hypodescent and Racial Hierarchy in the Categorization and Perception of Biracial Individuals", *Journal of Personality and Social Psychology*, Volume 100 (2011): 492-506.

Hofstadter, Richard, *Social Darwinism in American Thought, 1860-1915*, New York: Beacon Press, 1992 [1944].

Howard-Jones, Norman, "On the Diagnostic Term 'Down's Disease'", *Medical History*, Volume 23 (1979): 102-104.

Jackson, Mark, "Changing Depictions of Disease: Race, Representation and the History of 'Mongolism'", in *Race, Science and Medicine, 1700-1960*, edited by Waltraud Ernst and Bernard Harris, 99-111, London: Routledge, 1999.

Jackson, Mark, "Images of Deviance: Visual Representations of Mental Defectives in Early

Twentieth-Century Medical Texts", *The British Journal for the History of Science*, Volume 28 (1995): 319-37.

Kellow, Margaret M. R., "Oriental Imaginary: Constructions of Female Bondage in Women's Antislavery Discourse", in *The Problem of Evil: Slavery, Race, and the Ambiguities of American Reform*, edited by Steven Mintz and John Stauffer, 183-98, Amherst: University of Massachusetts Press, 2007.

Löwy, Ilana, *Imperfect Pregnancies: A History of Birth Defects and Prenatal Diagnosis*, Baltimore: The Johns Hopkins University Press, 2017.

Luder, Joseph, and Latimer K. Musoke, "Mongolism in Africans", *Archives of Disease in Childhood*, Volume 30 (1955): 310-15.

Noll, Steven, *Feeble-Minded in Our Midst: Institutions for the Mentally Retarded in the South, 1900-1940*, Chapel Hill: University of North Carolina Press, 1995.

Noll, Steven, and James Trent, eds., *Mental Retardation in America: A Historical Reader*, New York: New York University Press, 2004.

Orr, Gillian, "Why Are the Words 'Mongol,' 'Mongoloid,' and 'Mongy' Still Bandied about as Insults?" *The Independent*, 2014.11.23. https://www.independent.co.uk/arts-entertainment/tv/features/why-are-the-words-mongol-mongoloid-and-mongy-still-bandied-about-as-insults-9878557.html. (검색일: 2020.3.6).

Penrose, Lionel, "The Relative Aetiological Importance of Birth Order and Maternal Age in Mongolism", *Proceedings of the Royal Society of London. Series B, Containing Papers of a Biological Character*, Volume 115 (1934): 431-50.

Pernick, Martin S., "Eugenics and Public Health in American History", *American Journal of Public Health*, Volume 87 (1997): 1767-72.

Pernick, Martin S., *The Black Stork: Eugenics and the Death of "Defective" Babies in American Medicine and Motion Pictures Since 1915*, New York: Oxford University Press, 1996.

Pessar, Patricia R., and Sarah J. Mahler, "Transnational Migration: Bringing Gender In", *International Migration Review*, Volume 37 (2003): 812-46.

Riddel, D. O., and R. M. Steward, "Syphilis as an Etiological Factor in Mongolian Idiocy", *Journal of Neurology and Psychopathology*, Volume 4 (1923): 221-27.

Roubertoux, Pierre, and Bernard Kerdelhué, "Trisomy 21: From Chromosomes to Mental Retardation", *Behavior Genetics*, Volume 36 (2006): 346-54.

Said, Edward, *Orientalism*, New York: Pantheon Books, 1978.

Spock, Benjamin, *The Common Sense Book of Baby and Child Care*, New York: Duell, Sloan and Pearce, 1946.

Stern, Alexandra Minna, *Telling Genes: The Story of Genetic Counseling in America*, Baltimore: The Johns Hopkins University Press, 2012.

Sweet, Lewis K., "Mongoloid Imbecility in the Mongolian Races: Report of Two Cases in Chinese Children", *The Journal of Pediatrics*, Volume 5 (1934): 352-58.

"The Misrepresentations of William Brady", *JAMA*, Volume 109 (1937): 1282-83.

Thomas, Morgan Hunter, "Uuganaa Ramsay: Mother of Mongols", *Ms. Magazine*, 2018.6.6. https://msmagazine.com/2018/06/06/uuganaa-ramsay-mother-of-mongols/. (검색일: 2020.3.6.).

Tomes, Nancy, *Remaking the American Patient: How Madison Avenue and Modern Medicine Turned Patients Into Consumers*, Chapel Hill: University of North Carolina Press, 2016.

Tredgold, Alfred Frank, *Textbook of Mental Deficiency (Amentia)*, London: Baillière, Tindall and Cox, 1908.

Trent, James, *Inventing the Feeble Mind: A History of Mental Retardation in the United States*, Berkeley: University of California Press, 1994.

Tumpeer, I. Harrison, "Mongolian Idiocy in a Chinese Boy", *JAMA*, Volume 79 (1922): 14-16.

Urban, Andy, *Brokering Servitude: Migration and the Politics of Domestic Labor during the Long Nineteenth Century*, New York: New York University Press, 2017.

Wang, Joan, "Gender, Race and Civilization: The Competition between American Power Laundries and Chinese Steam Laundries, 1870s-1920s", *American Studies International*, Volume 40 (2002): 52-73.

Wong, Edlie L., *Racial Reconstruction: Black Inclusion, Chinese Exclusion, and the Fictions of Citizenship*, New York: New York University Press, 2015.

Wright, David, *Downs: The History of a Disability*, New York: Oxford University Press, 2011.

Zihni, Lilian, "Imitativeness and Down's Syndrome", *History and Philosophy of Psychology Newsletter*, Volume 19 (1994): 10-18.

Zihni, Lilian, "Raised Parental Age and the Occurrence of Down's Syndrome", *History of Psychiatry*, Volume 5 (1994): 71-88.

〈1차 자료〉
문화공보부 문화재관리국, 『한국민속종합조사보고서』, 1969~1989.
문화재관리국 문화재연구소, 『한국민속종합조사보고서 산속편(상)~(하)』, 1993~1994.
동양의학대사전편찬위원회, 『동양의학대사전』, 경희대학교출판국, 1999.
許浚 原著, 李南九 懸吐註譯, 『(懸吐註譯)東醫寶鑑』, 법인문화사, 2011.
한국학중앙연구원, 『한국구비문학대계』 디지털 자료(https://gubi.aks.ac.kr/)

〈신문 기사〉
「지상병원(紙上病院)」, 《동아일보》, 1930년 3월 21일.

〈연구 논저〉
김경섭, 「한국 속신의 구조적 특징과 문화적 의미」, 『민속학연구』 9, 국립민속박물관, 2001.
김경섭, 「구조와 소통의 관점에서 본 구술단문의 특성 연구」, 『한국민속학』 43, 한국민속
　　　학회, 2006.
김경섭, 「속신에 대한 문학치료학적 조명」, 『문학치료연구』, 한국문학치료학회, 2007.
김시덕, 「일생의례 관련 속신의 종류와 기능」, 『실천민속학회』 18, 실천민속학회, 2011.
김영희 외, 『한국의 과학기술과 여성-조선시대에서 근대이행기까지』, 들녘, 2020.
김호, 『허준의 동의보감 연구』, 일지사, 2000.
박경용, 「산청 지역의 민간요법의 실재와 전승양상-의료생활사적 맥락을 중심으로」, 『실
　　　천민속학 연구』 18, 실천민속학회, 2011.
_____, 「사찰 민간의료의 전승유형과 의료민속학적 함의: 전승 스님과 치료 경험자의 사
　　　례를 중심으로」, 『민족문화논총』 52, 영남대학교 민족문화연구소, 2012.
배정순, 「외상 후 스트레스 장애로서의 낙태」, 『생명 윤리와 정책』 2(1), 국가생명윤리정
　　　책원, 2018.
백옥경, 「조선시대 출산에 대한 인식과 실제」, 『이화사학연구』 34, 이화여자대학교 이화
　　　사학연구소, 2007.
원보영, 「『규합총서』의 의료민속학적 연구: 「청낭결」을 중심으로」 『민속학연구』 11, 국립
　　　민속박물관, 2002.
_____, 『(민간의 질병인식과 치료행위에 관한) 의료민속학적 연구』, 민속원, 2013.
윤은경 · 김태우, 「의료인류학의 연구동향과 전망: 개념의 전개와 의료사와의 접점을 중심
　　　으로」, 『의사학』 29(3), 대한의사학회, 2020.
이꽃메, 「『역시만필(歷試漫筆)』의 사례로 재구성한 조선후기 여성의 삶과 질병」, 『의사
　　　학』 24(2), 2015.

이영아,「1920-30년대 식민지 조선의 '낙태' 담론 및 실제 연구」,『의사학』제22권 제1호 (통권 제43호), 대한의사학회, 2013.

이인경,「口碑 治病說話의 의미와 기능」,『국문학연구』, 국문학회, 2011.

이필영,「난산 극복을 위한 민속적 대응」,『역사민속학』41, 역사민속학회, 2013.

장철수,「[한국학 연구 50년 점검] 16 한국민속학편: 민속학 연구 50년사」,『한국학보』22 권 1호, 일지사(한국학보), 1996.

정일형,「산육속신어 연구」,『비교민속학』16, 비교민속학회, 1999.

홍만선, 민족문화추진회,『국역 산림경제 II』, 민문고, 1989.

연구자원으로서의 출산과 생명의 경제화―한국의 1960-70년대를 중심으로 / 정연보

〈연구 논저〉

곽현모,「날으는 교수팀」,『가협30년사』, 대한가족계획협회, 1991.

국사편찬위원회,「가족계획에 헌신하다: 1960년대 이후 가족계획협회 계몽원의 활동」(구 술: 백순희, 면담: 소현숙, 편집: 배은경, 소현숙),『구술사료선집 2: 진정한 농민의 협동조합을 위하여/ 가족계획에 헌신하다』, 2005.

김태호 엮음, 김근배 외 지음,『'과학대통령 박정희' 신화를 넘어 과학과 권력, 그리고 국 가』, 역사비평사, 2018.

김상현,「박정희 정권 시기 저항 세력의 사회기술적 상상」,『'과학대통령 박정희' 신화를 넘어 과학과 권력, 그리고 국가』, 역사비평사, 2018.

김승욱,「자궁내장치 Cu-7과 Alza-T의 피임효과에 관한 임상연구」,『대한산부인과학회잡 지』, Vol. 19, No. 12: 869-876, 1976.

김은실,「발전 논리와 여성의 출산력」,『새로 쓰는 성 이야기, 또하나의 문화』8, 1991.

대한가족계획협회,『한국가족계획십년사』, 1975.

대한가족계획협회,『가협30년사』, 1991.

박차민정,「'명랑한 수술'과 미완의 권리: 모자보건법에서 저출산 시대의 낙태죄까지」, 김 신현경, 김주희, 박차민정 지음,『페미니스트 타임 워프: 페미니즘이 한국 사회를 기 억하는 방법』, 반비, 2019.

박찬무, 배병주, 곽현모, 황영환,「여성불임술과 중증 합병증」,『대한불임시술관리협회 논 문집(1975-1994)』, 1989.

배병주,「불임시술의의 윤리」,『대한불임학회지』15-1, 1988.

배병주 외,『대한불임시술협회 이십년사』(1975-1994), 1998.

배은경,「한국사회 출산조절의 역사적 과정과 젠더-1970년대까지의 경험을 중심으로」, 서 울대학교 박사학위논문, 2004.

배은경, 『현대 한국의 인간 재생산: 여성, 모성, 가족계획사업』, 시간 여행, 2012.

최원규, 「생명권력의 작동과 사회복지」, 『비판사회정책』 12, 2002.

송화선, 박범순, 「초대받은 임상시험」, 『과학기술학연구』 18(3), 2018.

이성관, 김두희, 예인혜, 홍순호, 「각종 먹는 피임약의 부작용, 중단이유 및 계속율의 비교 연구」, 『예방의학회지』 제3권 제1호, 1970.

정연보, 「여성의 '몸'과 생명공학 연구」, 『페미니즘 연구』 14(1), 2014.

정연보, 「과학과 국가를 위한 몸? 줄기세포 연구와 난자 기증 담론」, 『성스러운 국민』, 서해문집, 2017.

조은주, 「인구와 통치: 한국의 가족계획 사업」, 연세대학교 박사학위논문, 2012.

지승경, 「대한가족계획협회의 초기 임신중절로서의 월경조절술 제공에 대한 연구(1974-1990): 국가의 위법적 재생산 정책에 대한 소고」, 『여성학논집』 36-1, 2019.

하정옥, 「과학연구의 대표와 재현: 여성의 누락과 집중」, 『과학연구윤리』, 당대, 2001.

하정옥, 「한국 생명의료기술의 전환에 관한 연구: 재생산 기술로부터 생명공학기술로」, 서울대학교 박사학위논문, 2006.

한국보건사회연구원, 『정부가족계획사업평가』, 1990.

한국보건사회연구원, 『인구정책 30년』, 1991.

Briggs, L., *Reproducing Empire: Race, Sex, Science, and U.S. Imperialism in Puerto Rico*, Berkeley and Los Angeles: University of California Press, 2002.

Clarke, A., "Controversy and the Development of Reproductive Sciences": *Social Problems* 37, no. 1: 18-37, 1990.

Cooper, M., *Life as Surplus: Bioetchnology and Capitalism in the Neoliberal Era*, Seattle: University of Washington Press, 2008.

DiMoia, J., *Reconstructing Bodies: Biomedicine, Health, and Nation-Building in South Korea Since 1945*, Stanford University Press, 2013.

Dugdale, A., "Intrauterine Contraceptive Devices, Situated Knowledges, and Making of Women's Bodies", *Australian Feminist Studies*, 15 (32): 165-176, 2000.

Foucault, M., *History of Sexuality: Introduction*. New York: Vintage Books, 1976.

Franklin, S., "Ethical Biocapital: New Strategies of Cell Culture." In *Remaking life and Death: Toward an Anthropology of the Biosciences*, edited by S. Franklin and M. Locke, 97-128. Santa Fe: School of American Research Press, 2003.

Hedges, S., *Contraception, Colonialism and Commerce: Birth Control in South India*, 1920-1940. Ashgate, 2008.

Helmreich, S., "Speices of Biocapital", *Science as Culture* 17, no. 4, 2008.

Jeong, Y., "Representation of Korean Women's Bodies in Biomedical Technologies: From Birth Control to Stem Cell Research" (presented at *Annual Meeting of Society for*

Social Studies of Science), 2006.

Jeong, Y., "Scientific Motherhood, Responsibility, and Hope: Umbilical Cord Blood Banking in South Korea", New Genetics and Society, Vol. 33, No. 4, 2014.

Kent, J., "The fetal tissue economy: From the abortion clinic to the stem cell laboratory", Social Science & Medicine 67(11), 2008.

Kim, S., "The Politics of Human Embryonic Stem Cell Research in South Korea: Contesting National Sociotechnical Imaginaries", Science as Culture. 23, 3, 2014.

Marks, L., Sexual Chemistry: A History of the Contraceptive Pill, Yale University Press, 2001.

Murphy, M., The Economization of Life. Durham, NC: Duke University Press, 2017.

Petryna, A., When Experiments Travel: Clinical Trials and the Global Search for Human Subjects. Princeton University, 2009.

Shin, Han Su & Kim, Syng Wook, Brief Report on Clinical Trial with IUD, Dec. 31. 1966. (Rockefeller Archive Center), 1966.

Sunder Rajan, K., Biocapital: The Constitution of Postgenomic Life. Durham, NC: Duke University Press, 2006.

Takeshita, C., The Global Biopolitics of IUD: How Science Constructs Contraceptive Users and Women's Bodies. Massachusetts and London: MIT Press, 2012.

Waldby & Mitchell, Tissue Economies: Blood, Organs and Cell Lines in Late Capitalism. Durham, NC: Duke University Press, 2006.

Waldby, C & Cooper, M., "From reproductive work to regenerative labour: The female body and the stem cell industries", Feminist Theory, vol. 11, no. 1, 2010.

Yang, J. M., "Family Planning Program in Korea", Yonsei Medical Journal Vol. 18, No. 1, 1977.

라마즈 분만법 — 과학성과 관계성의 조화 / 민유기

〈1차 사료〉

Acta Apostolicae Sedis (1956).

Bulletin de la Fédération des Sociétés de Gynécologie et d'Obstétrique de langue française (1950, 1954).

Bulletin de l'Académie nationale de médecine (1954).

Bulletin du Cercle Bernard (1954).

Bulletin officiel de la Société française de Psychoprophylaxie obstétricale (1960, 1961,

1963, 1964, 1971, 1974).

Bulletin officiel de la Société internationale de Psychoprophylaxie obstétricale (1960, 1963).

Défense de la Paix (1952).

Gazette Médicale de France (1952).

Gynécologie et Obstétrique (1946, 1958).

La Nouvelle Critique (1953).

La Presse médicale (1948).

Le Concours Médical (1953, 1966).

Le Progrès médical (1949).

Maternité (1954, 1956).

Planning Familial (1968).

Revue de la Nouvelle Médecine (1953, 1954, 1955, 1956).

Revue Française de Gynécologie et d'Obstétrique (1946).

Revue Médicale de Nancy (1955).

Revue Médicale Française (1958).

Semaine Médicale, supplément à *La Semaine des Hôpitaux de Paris* (1952).

Chertok, Léon, *Les méthodes psychosomatiques d'accouchement sans douleur: Histoire, théorie, pratique*, Paris: L'Expansion scientifique française, 1957.

Cuny, Hilaire, *Ivan Pavlov et les reflexes conditionnés*, Paris: Seghers, 1962.

Dick-Read, Grantly, *Childbirth without Fear*, London: Harper, 1944, Trans., Vaillant, J.-M., *L'accouchement sans douleur: les principes et la pratique de l'accouchement naturel*, Paris: Editions Colbert, 1953.

Harlin, Fernande, *Préparez-vous à une heureuse maternité*, Paris: Denoël, 1951.

Harlin, Fernande, *Douleur et enfantement*, Paris: Denoël, 1958.

Jeanson, Colette, *Principes et pratique de l'accouchement sans douleur*, Paris: Seuil, 1954.

Karmel, Marjorie, *Thank You, Dr. Lamaze: A Mother's Experiences in Painless Childbirth*, Philadelphia and New York: Lippincott, 1959.

Lamaze, Fernand, *Qu'est-ce que l'accouchement sans douleur par la méthode psychoprophylactique. Ses principes, sa réalisation, ses résultats*, Paris: La Farandole, 1956.

Merger, Robert, & Chadeyron, Pierre-André, *L'accouchement sans douleur*, Paris: PUF, 1964.

Mourgues, Emilien, *D'Ogino à Pavlov*, Paris: Nouvelles éditions Debresse, 1956.

Pavlov, I. P., *Conditioned Reflexes: An Investigation of the Physiological Activity of the*

Cerebral Cortex, Trans., Ed., Anrep, G. V., Oxford University Press, 1927.

Tichané. Giselle, Accouche et tais-toi: des femmes parlent, Paris: Le Centurion, 1980.

Tranec, Lola, Sans douleur, l'accouchement physiologique, Paris: Editions sociales française, 1958.

UFF, Comment vous préparez à accoucher sans douleur par la méthode psychoprophylactique, Paris, 1955.

Vellay, Pierre, et Vellay, Aline, Témoignages sur l'accouchement sans douleur par la méthode psychoprophylactique, Paris: Seuil, 1956.

Vellay, Pierre, Un homme libre, Paris: Grasset, 1985.

〈신문 자료〉

Le Monde magazine; L'Humanité; Libération.

〈연구 논저〉

Arnal, Maud, "Les enjeux de l'accouchement médicalisé en France et au Québec", Travail, genre et sociétés, no.39 (2018/1).

Baruch, Marc Olivier, dir., Une poignée de misérables, Paris: Fayard, 2003.

Cahen, Fabrice, "Le Gouvernement des grossesses en France (1920-1970)", Revue d'histoire de la protection sociale, no.7 (2014).

Caron-Leulliez, Marianne, "L'Accouchement Sans Douleur. Un enjeu politique en France pendant la guerre froide", Canadian Bulletin of Medical History/ Bulletin canadien d' histoire de la médecine, vol.23, no.1 (Spring 2006).

Caron-Leulliez, Marianne, et George, Jocelyne, L'accouchement sans douleur. Histoire d' une révolution oubliée, Paris: Editions de l'Atelier, 2004.

Curtis, Bruce, "Foucault on Governmentality and Population: The Impossible Discovery" , The Canadian Journal of Sociology/ Cahiers canadiens de sociologie, vol.27, no.4 (Autum, 2002).

Dupâquier, Jacques, et als, Histoire de la population française: v.4. De 1914 à nos jours, Paris: PUF, 1988.

Foucault, Michel, Sécurité, territoire, population, Paris: Gallimard/ Le Seuil, 2004.

Knibiehler, Yvonne, Accoucher, femmes, sages-femmes, médecins depuis le milieu du XXᵉ siècle, Rennes: Editions de l'ENSP, 2007.

Knibiehler, Yvonne, La révolution maternelle depuis 1945, Paris: Perrin, 1997.

Le Breton, David, Anthropologie de la douleur, Paris: Editions Métailié, 1995.

Meyer, Nathalie, Prise en charge de la douleur de l'accouchement: approche historique,

Thèse d'exercice en Médecine, Université de Strasbourg I, 1997.

Michaels, Paula A., "Comrades in the Labor Room: The Lamaze Method of Childbirth Preparation and France's Cold War Home Front, 1951-1957", *The American Historical Review*, vol.115, no.4 (October 2010).

Michaels, Paula A., *Lamaze. An International History*, Oxford University Press, 2014.

Prochiantz, Alain, *Claude Bernard: la révolution physiologique*, Paris: PUF, 1990.

Thuillier, Jean, *Monsieur Charcot de la Salpêtrière*, Paris: Laffont, 1993.

Thoumsin, H., Emonts, P., "Accoucher et naître: de jadis à aujourd'hui", *Revue Médicale de Liège*, vol.62, no.10 (2007).

Vergez, Béatrice, *Le monde des médecins au XXᵉ siècle*, Paris: Complexe, 1996.

Vermorel, Henri, *Les douleurs de l'accouchement et la psychoprophylaxie à la lumière de l'enseignement physiologique de Pavlov*, Thèse de médecine, Université de Lyon, 1955.

Vuille, Marilène, "L'Invention de l'Accouchement sans douleur, France 1950-1980", *Travail, genre et sociétés*, 34-2 (2015).

Wells, Jonathan C. K., Desilva, Jermy M., and Stock, Jay T., "The obstetric dilemma: An ancient game of Russian roulette, or a variable dilemma sensitive to ecology?", *Yearbook of Physical Anthropology*, no.55 (2012).

민유기, 「68혁명 전후 프랑스 좌파연합과 공동정부프로그램」, 『서양사론』 109, 한국서양사학회, 2011.

민유기, 「프랑스의 피임 자유화에 대한 보수와 진보의 사회갈등과 해소(1956-1974)」, 『프랑스사연구』 38, 한국프랑스사학회, 2018.

민유기, 「68년 이후 프랑스 여성운동과 낙태 합법화」, 『프랑스사연구』 39, 한국프랑스사학회, 2018.

티나 캐시디, 『출산, 그 놀라운 역사』, 최세문 외 옮김, 후마니타스, 2015.

상업적 대리출산의 상품화 문제에 대한 철학적 고찰 / 김현수

〈연구 논저〉

강지연, 「불임 클리닉의 "자연임신"-자연의 경계를 재구성하는 생의학의 수사」, 『비교문화연구』 제18집 제2호, 서울대학교 비교문화연구소, 2012.

권복규, 「대리모와 난자매매에 대한 법적·윤리적 문제」, 『의료정책포럼』 4-1, 대한의사협회 의료정책연구소, 2006.

김상찬, 「AID에 의하여 출생한 자녀의 법적 지위」, 『법학연구』 41, 한국법학회, 2011.

김선혜, 「'제3자 생식' 규제를 둘러싼 한국의 재생산 정치: 난자·정자공여와 대리모는 왜 문제가 되었는가」, 『여성학연구』 29-1, 부산대학교 여성연구소, 2019.

김영균, 「플라톤의 철인정치론」, 『동서철학연구』 58, 한국동서철학회, 2010.

김향미, 「대리모 논란에 대한 법리적 이해」, 『법철학연구』 15-1, 한국법철학회, 2012.

김현진, 「대리모를 둘러싼 프랑스의 법적 동향」, 『강원법학』 54, 강원대학교 비교법학연구소, 2018.

김현진, 「대리모 출생아의 친자관계 - 2018. 5. 18. 선고 서울가정법원 2018브15 결정을 중심으로」, 『법학연구』 22-3, 인하대학교 법학연구소, 2019.

마이클 샌델 지음, 김명철 옮김, 『정의란 무엇인가』, 와이즈베리, 2017.

송대현, 「플라톤의 국가에 대한 아리스토텔레스의 비판」, 『철학사상』 제45권, 서울대학교 철학사상연구소, 2012.

송석현, 「첨단의료보조생식에서의 법적 문제-과학적 증명에 기반을 둔 친자법(親子法) 개정안을 중심으로」, 『연세 의료·과학기술과 법』 9-2, 연세대학교 법학연구원 의료·과학기술과 법센터, 2018.

유지홍, 「인공자궁 등 첨단의료기술에 근거한 체외배아의 법적지위 고찰」, 『과학기술과 법』 제7권 제2호, 충북대학교 법학연구소, 2016.

이병화, 「국제대리모계약에 관한 연구」, 『국제사법연구』 22-1, 한국국제사법학회, 2016.

이정희, 「라마르크주의 환경개념의 역사: 라마르크와 19세기 진화론 논쟁을 중심으로」, 『역사학연구』, 제63호, 호남사학회, 2016.

임마누엘 칸트 지음, 백종현 옮김, 『윤리형이상학 정초』, 2014, 아카넷.

최성경, 「대리모계약의 효력과 모자관계 결정-서울가정법원 2018.5.18. 자 2018브15 결정을 계기로 하여」, 『홍익법학』 21-2, 홍익대학교 법학연구소, 2020.

최하영, 「인공자궁:논의의 맥락과 몇 가지 쟁점들」, 『여/성이론 제37호, 여성문화이론연구소, 2017.

플라톤 지음, 박종현 역주, 『플라톤의 국가(개정 증보판)』, 서광사, 2005.

Bircher J, "Towards a dynamic definition of health and disease", *Medicine, Health Care and Philosophy* 8, springer. 2005.

JTBC, 2021.01.25., https://news.jtbc.joins.com/article/article.aspx?news_id=NB11989507 (최종방문일: 2021.01.26.)

Le Monde, 2020.08.01., https://www.lemonde.fr/societe/article/2020/08/01/loi-bioethique-l-assemblee-adopte-le-projet-de-loi-en-deuxieme-lecture_6047874_3224.html (최종방문일: 2021.01.26.)

뉴시스, 2020.08.27., https://newsis.com/view/?id=NISX20200827_0001143961&cID=10101&pID=10100 (최종방문일: 2021.01.26.)

뉴시스, 2020.10.06., https://newsis.com/view/?id=NISX20201006_0001188803 (최종방문

일: 2021.01.26.)

대한생식의학회, https://www.ksfs.or.kr:4443/general/treat.php (최종방문일: 2021.01.26.)

서울경제, 2020.07.22., https://www.sedaily.com/NewsView/1Z5EGL6X69https://www.sedaily.com/NewsView/1Z5EGL6X69 (최종방문일: 2021.01.26.)

연합뉴스, 2011.06.03., https://www.yna.co.kr/view/MYH20110603004700038 (최종방문일: 2021.01.26.)

헤럴드경제, 2018.11.14., http://news.heraldcorp.com/view.php?ud=20181114000562 (최종방문일: 2021.01.26.)

예방육아의 첨병―벤저민 스파크의 『육아 상식』 / 이남희

〈1차 사료〉

Spock, Benjamin, *The Common Sense Book of Baby and Child Care*, New York: Duell, Sloan, and Pearce, 1946.

_____, *Dr. Spock Talks with Mothers Growth and Guidance*, Boston, Massachusetts: Houghton Miffin Company, 1961.

_____, *Decent and Indecent: Our Personal and Political Behavior*, New York: McCall Publishing Company, 1969.

_____, *Dr. Spock on Parenting: Sensible Advice from American's Most Trusted Child-care Expert*, New York: Simon and Schuster, 1988.

_____, "Teaching the Broader Aspects of Pediatrics", *Pediatrics* (January 1950).

_____, "True Love Makes Them Grow", *Ladies' Home Journal* (May 1954).

_____, "Children's Health: Accent on Emotions", *National Parent-Teacher* (December 1954).

_____, "Good Manners Are Often Just a Question of Taste", *Ladies' Home Journal* (March 1956)

Spock, Benjamin and Mabel Huschka, "The Psychological Aspects of Pediatric Practice", *The Practitioners Library of Medicine and Surgery, 8* (1938).

Spock, Benjamin and Mary Morgan, *Spock on Spock: A Memoir of Growing with The Century*, New York: Pantheon Books, 1989.

〈연구 논저〉

Aldrich, C. Anderson and Mary M. Aldrich, *Babies Are Human Beings: An Interpretation of Growth*, New York: The Macmillan Company, 1938.

Apple, Rima D., *Perfect Motherhood: Science and Childrearing in America*, New Brunswick, New Jersey. Rutgers University Press, 2006.

_____, *Mothers and Medicine: A Social History of Infant Feeding, 1890-1950*, Madison, Wisconsin: University of Wisconsin Press, 1987.

Bloom, Lynn, *Doctor Spock: Biography of a Conservative Radical*, Indianapolis & New York: Bobbs-Merill Company, 1972.

Cleverley, John F. and D. C. Philips, *Visions of Childhood: Influential Models from Locke to Spock*, New York: New York Teachers College Press, 1986.

Feldstein, Ruth. *Motherhood in Black and White: Race and Sex in American Liberalism, 1930-1965*, Ithaca, New York: Cornell University Press, 2000.

Freud, Sigmund, *The Problem of Anxiety*, New York: Psychoanalytic Quarterly Press and W. W. Norton & Co., 1936.

Gesell, Arnold, Frances L. Ilg, Louise B. Ames, and Janet L. Rodell, *Infant and Child in the Culture of Today: The Guidance of Development in Home and Nursery School*. New York: Harper & Row, 1974.

Graebner, William, "The Stable World of Benjamin Spock: Social Engineering in a Democratic Culture, 1917-1950", *The Journal of American History* (December 1980)

_____, *The Age of Doubt: American Thought and Culture in the 1940s*, Boston, Massachusetts: Twayne Publishers, 1990.

Hale, Nathan G, *The Rise and Crisis of Psychoanalysis in the United States: Freud and the Americans, 1917-1985*, New York: Oxford University Press, 1995.

Hardyment, Christina, *Perfect Parents: Baby-care Advice Past and Present*, Oxford: Oxford University Press, 1995.

Holt, L. Emmett, *Care and Feeding of Children*, New York & London: D. Appleton & Company, 1926.

Hubbard, Mary Ellen, "Benjamin Spock, M.D.: The Man an His Work in Historical Perspective", Ph.D. Dissertation, Claremont Graduate School, 1981.

Hulbert, Ann, *Raising America: Experts, Parents, and a Century of Advice About Children*. New York: Alfred A. Knopf, 2003.

Illouz, Eva, *The Modern Soul: Therapy, Emotions, and the Culture of Self-Help*, Berkeley: University of California Press, 2008.

Jones, Landon Y., *Great Expectations: American and the Baby Boom Generation*, New York: Coward, McCann & Geoghegan, 2008.

Lerner, Max, *America as a Civilization: Life and Thought in the United States Today*, New

York: Simon and Schuster, 1957.

Leavell, H. R. & E. G. Clark, *Preventive Medicine for the Doctor in His Community: an Epidemiological Approach*, New York: McGraw Hill, 1965.

Macrina, David M., "Historical and Conceptual Perspective on Health Promotion" *Handbook of Health Promotion and Disease Prevention*, New York: Kluwer Academic/Plenum, 1999.

Mayer, Thomas, *Dr. Spock: An American Life*, New York: Basic Books, 1998.

Mintz, Steven, *Huck's Raft: A History of American Childhood*, Cambridge, Massachusetts: Belknap Press of Harvard University Press, 2004.

Petigny, Alan Cecil, *The Permissive Society: America, 1941-1965*, New York: Cambridge University Press, 2009.

Porter, Roy, *The Greatest Benefit to Mankind: A Medical History of Humanity*, New York: W. W. Norton & Company, Ind., 1998.

Shorter, Edward, *A History of Psychiatry: From the Era of the Asylum to the Age of Prozac*, New York: John Wiley & Sons, Inc., 1997.

Sulman, Michael A., "The Freudianization of the American Child: The Impact of Psychoanalysis in Popular Periodical Literature in the United States, 1919-1939." Ph.D. Dissertation, University of Pittsburgh, 1972.

Watson, John B. and Rosalie Alberta(Rayner) Watson, *Psychological Care of Infant and Child*, New York: W. W. Norton & Company, 1928.

Weiss, Nancy Pottishman, "Mother, The Invention of Necessity: Dr. Benjamin Spock's Baby and Care Care", *American Quarterly, 29* (Winter 1977)

Mental Health Atlas 2017, Geneva: World Health Organization, 2018.

김양진: 경희대학교 국어국문학과 교수이자 경희대학교 문과대학 부학장으로 재
직 중이며 한국어 단어 연구에 깊은 관심을 가지고 있다. 『우리말수첩』 등
10여 권의 저역서와 「한국어의 형태와 형태소」, 「한민족어와 만주어의 형
태론적 동형성」, 「시어와 문법」 등 100여 편의 논문이 있다.

김현수: 경희대학교 인문학연구원 HK+통합의료인문학연구단 HK연구교수. 도가
철학 전공으로 노자와 장자의 철학을 중심으로 연구하였다. 최근에는 의
철학 관련 연구를 수행하고 있다. 『코로나데카메론1, 2』(공저), 「펠레그리
노를 통해 본 의료인문학」, 「고통받는 환자의 온전성 위협과 연민의 덕」
등 다수의 논문이 있다.

민유기: 경희대 사학과 교수이자 글로컬 역사문화연구소장으로 도시사학회장을
역임했다. 프랑스 도시사, 정치문화사, 국제교류사, 젠더사를 연구하며,
다수의 논문과 저역서를 출간했다.

박승만: 가톨릭대학교 의과대학 인문사회의학과에서 연구와 교육을 담당하고 있
다. 현대 한국에서 의학 지식이 생성되고, 작동하며, 정당화되는 과정을
역사를 통해 살피려 한다. 『비려비마: 중국의 근대성과 의학』 등을 번역하
고, 「어느 시골 농부의 '반의사'半醫師 되기: 『대곡일기』로 본 1960~80년대
농촌 의료」 등의 논문을 발표하였다.

신지혜: 경희대학교 인문학연구원 HK+통합의료인문학연구단 전 HK연구교수, 전
남대학교 역사교육과 조교수로 미국 뉴저지 주립대학에서 역사학 박사학
위를 받았으며, 현재 이민과 질병의 역사를 연구하고 있다. 주요 논문으로
는 「미국 국경에서의 정신병」, 「20세기 초 엘리스 섬의 이민 아동과 질병」
등이 있다.

염원희: 경희대학교 인문학연구원 HK+통합의료인문학연구단 HK연구교수이며, 고전문학 전공으로 무가(巫歌)에 담긴 한국인의 심성과 생태주의적 의미를 연구하였고, 관련 논문과 저서를 집필하였다. 최근에는 한국 민속문화에서 출산의례를 재해석하는 연구를 수행하고 있다.

윤은경: 경희대학교 인문학연구원 HK+통합의료인문학연구단 전 HK연구교수. 경희대학교 한의과대학을 졸업한 뒤 동대학원에서 원전학과 의료인류학을 공부하며 난임을 연구했으며, 이후 임신과 출산을 비롯한 다양한 의료와 인문사회학이 교차하는 지점에 관한 연구를 해오고 있다. 대표 논문과 저술로는「한의학적 관점에서 본 태교신기의 태교론」과『아프면 보이는 것들』(공저)이 있다.

이남희: 이화사학연구소 박사후과정 연구원으로 재직 중이며, 미국 현대사 전공자로 정신의학사 및 치유문화, 전쟁사 등에 관심을 두고 있다. 대표 연구로는「행복추구의 조건: 2차 세계대전과 건강한 시민 만들기」,「예방의학과 육아: 벤자민 스팍의『육아 상식』을 중심으로」 등이 있다.

정연보: 성공회대학교 시민평화대학원, 사회학전공 교수로 주요 관심 분야는 젠더 연구와 과학기술사회학이다. 대표 저서와 논문으로는『성스러운 국민』(2017, 공저),「4차 산업혁명 담론에 대한 비판적 젠더 분석」(2018) 등이 있다.